U0120850

知音旧唱片

纵横精华第二辑·历史的侧影

主编：刘未鸣

中国文史出版社

《纵横精华》编辑委员会

主　编：刘未鸣

执行主编：金　硕

编　委：全秋生　孙　裕
　　　　李军政　胡福星

目 录

孙中山与梅屋庄吉的友情

———
唐宝林

1895 年，孙中山从檀香山经香港回国，决心发动武装起义，推翻清朝统治。他面临的最大困难是缺乏经费与武器。孙中山与他的老师英国医学博士康德黎商量，康德黎表示愿意帮忙。在一次宴会上，康德黎将孙中山介绍给为人侠义，在香港有一定影响的日本著名的实业家梅屋庄吉，这便是他们二人的初次见面。两天以后，孙中山来到梅屋照相馆，梅屋把他带到自己的书斋。交谈中，孙中山要使被称作"睡狮"的中国猛醒的决心，深深地感染了梅屋。他紧紧地握住孙中山的手说："您发动革命吧！我以资金帮助您。从今天起，我是属于您的。"

梅屋资助孙中山领导的武装起义

孙中山领导的第一次起义是 1895 年的广州起义。为筹备这次起义，孙和梅屋频繁地来往于香港、广州之间。梅屋提供了经费，并以贸易商的身份作掩护，购买和运送武器。但起义之事被清政府察觉，未及发难即遭失败，以致孙中山最早的盟友陆皓东和会党首领朱贵全及丘四等均遭杀害。

在康德黎和梅屋的劝说下，孙中山搭船出走神户。为了避免给梅屋招来麻烦，商定以后通过孙中山的友人欧建时进行联系。

1900 年，义和团运动在中国北方蓬勃兴起。孙中山准备乘机在广东发动第二次起义。7 月中，他乘船到达香港海面，但港英当局不准他登陆。在一只舢板上，孙中山与香港的兴中会会员举行紧急会议，决定由郑士良等赴惠州发动起义，史坚如等赴广州活动以资策应，梅屋帮助杨衢云、陈少白等向他们接济饷械。当时革命党用重金秘密购买了一批武器。梅屋则冒着生命危险完成了接收这批武器的任务。

10 月 6 日，惠州起义爆发。孙中山在台湾积极准备内渡指挥和筹运军械支援，后因日本政府及台湾日本当局的破坏，起义再次失败。

1905 年 7 月，孙中山到东京筹建同盟会。这时，梅屋已把香港的照相馆转让给别人，回到了日本。一天，他来到孙中山的寓所，二人谈起同盟会的筹建事宜及机关报的印行计划。梅屋表示：由于他的电影生意兴隆，他将可以拿出更多的钱来支援革命。几天后，梅屋再访孙中山，当场提供了一笔现款，其中的一半，成为机关报的印行经费。在梅屋的援助下，11 月，《民报》终于创刊。

1910 年 11 月，孙中山在槟榔屿召开秘密会议。策划在广州准备更大规模的武装起义，并决定从西贡和日本购买武器。在日本为之积极活动的，就是梅屋。他在东京日比谷的街角设立了事务所，挂出"承认中国共和国促进同盟会"的牌子。同时，为了支援这次起义，他还几次送萱野长知、宫崎滔天等志士到中国，直接帮助孙中山工作，并为他们提供了旅费、活动费和留日家属的生活费。

经过一段时间的准备，1911 年 4 月爆发了著名的黄花岗起义。起义虽因敌众我寡而失败，但它沉重地打击了清王朝的统治，为武昌起义的胜利奠定了基础。

10月10日，武昌起义爆发。在上海同盟会总部的负责人陈其美致电梅屋："武昌起义成功，恳请派遣萱野氏及（援助）资金。"梅屋接电后，于10月底即提供革命经费、活动费、旅费等11万元。11月，他又给进行武昌攻防战的同志们寄去17万元。

这个时期，日本产生了好几个支援孙中山革命活动的民间团体，主要有善邻会、中国问题同志会、太平洋会、有邻会等。梅屋和头山满是有邻会的主要发起人。他们派遣了由6名医生和10名护士组成的医疗团，在头山满率领下，于12月7日前赴上海。梅屋负担了这一行人的准备金、旅费、报酬及留守人员的生活费。他还受陈其美的委托，为革命军制作了军票，这是中华革命军发行的第一号军票。

1912年1月1日，孙中山在南京就任中华民国临时大总统。梅屋立即致电祝贺说："衷心祝贺您就任大总统。同时，我愿为早日使贵共和国得到各国的承认而努力奋斗！"

1月18日，梅屋以"承认中国共和国促进同盟会"的名义，在精养轩举行招待会，参加者有政界、言论界、在中国的日本浪人等有识志士72人。在会上。梅屋作了孙中山就任临时大总统以来中国政情的报告；会议一致通过了推动政府早日承认中华民国政权的决议。

孙中山亡命日本住在梅屋家

1912年3月12日，袁世凯窃取了临时大总统的职位。他一上台，立即残酷镇压革命党人。孙中山领导的"二次革命"遭到失败。袁悬赏重金购买孙中山等革命领导人的首级，并派出大量刺客。孙中山不得不在1913年8月9日再次亡命日本，来到神户港。但日本政府已决定接受袁世凯的要求，不准孙中山登陆，并要逮捕他。梅屋与犬养毅、头山满、古岛一雄等日本友人立即进行援救工作。头山满去活动政府首脑，终于达到默许孙中山留日的目的。梅屋则委派萱野长知、菊池良一与古岛一雄接应孙中山。

由于孙中山来日消息已在报上披露，他们经过周密策划，才使孙中山安全地到了东京，先在头山满住宅隐蔽两天，最后到大久保百人街梅屋家安身。为了避免被袁世凯情报机关及其刺客发觉，孙中山几乎不再外出，同外部的联络由梅屋担任。头山满还派了四名青年壮士住在梅屋家中保护，梅屋也备有手枪常不离身。孙中山这次在日本的时间长达两年零八个月，由于梅屋等人的保护，袁世凯派人行刺的计划终未实现。

孙中山在梅屋家中安顿下来后，就继续积极策划倒袁活动。他频繁地与日本朝野有影响的人士进行秘密会谈，筹集讨袁借款和购买武器。据千势子回忆，当时孙中山部下的革命志士，经常有四五个人住在梅屋家里。对于孙中山饮食起居的照顾，甚至更换汗衫、支取零用钱等琐细事，均由梅屋夫人来负责。这是梅屋的主意：为了安全，一切有关孙中山的事情都不让婢仆来做。这个时期，是孙中山与梅屋庄吉夫妇关系最亲密的时期。

在梅屋家里举行结婚仪式

据日本外务省档案《关于孙文动向件》记载，宋嘉树于 1913 年 8 月 4 日，即孙中山亡命日本的前几天，携眷来日。29 日，宋的二女儿宋庆龄在美国留学毕业后，也径赴日本。宋嘉树原是孙中山的秘书，孙任临时大总统后，宋的大女儿宋蔼龄接任秘书，因而宋氏父女来日后与孙中山的接触频繁。1914 年 5 月以后，宋蔼龄准备与孔祥熙结婚。宋庆龄便接任孙中山的秘书。共同的目标，使宋庆龄与孙中山之间产生了感情，而宋庆龄与梅屋夫妇的关系也就随之日益密切了。这年9月，宋氏姐妹回上海时，梅屋夫妇还特意赶到横滨港送行。

1915年10月，宋庆龄再次来日本，与孙中山完婚。这桩婚事遭到双方亲朋中大多数人的反对，梅屋夫人也曾劝说过孙中山。但孙中山对宋庆龄的深情，感动了梅屋夫人，她非但不再劝阻，而且亲自陪伴孙中山和宋庆龄置办结婚用品，帮助他们操办婚事。10月25日，孙、宋在日本著名律师、证婚人和田瑞家里办理手续，双方交换结婚誓约书。他们的新房，安置在宋庆龄住的"中山寓"，11月5日举行了结婚仪式。

结婚仪式和宴会在梅屋家二楼大厅举行。由于环境所限，仪式十分简单。介绍人是梅屋夫妇。新郎、新娘喝了梅屋夫人斟的酒后，犬养毅唱了祝福歌。然后，由头山满做中介人，孙中山与梅屋庄吉、宋庆龄与梅屋夫人分别结成义兄弟和义姐妹。

筹建中国最早的航空学校

1916年4月27日，孙中山离日归国，5月9日在上海发表第二次讨袁宣言。

这次讨袁战争最大的困难仍然是缺乏经费与武器。为此，中华革命军东北军总司令居正特委任梅屋庄吉为"中华革命军东北军武器输入委员"。在梅屋的文书中，至今还保留着这张委任状和武器订货单，它们成为梅屋援助讨袁战争的佐证。

还在中华革命党总部设在"中山寓"的时候，梅屋就将日本民航的创始人之一坂本寿一介绍给孙中山。此后，孙中山与坂本寿一谈到了在革命战争中运用飞机的问题，并向中华革命党提议在杭州西湖开辟飞机场，开办航空学校，请坂本任教，让戴天仇（季陶）负责与坂本联系，筹办此事。梅屋从坂本口中知道这些情况后大喜，他说："太好了，我来助你一臂之力。报酬、资金等不必担心，一切由我来承担。"

受到鼓励的坂本，即与孙中山具体商量筹建中华革命党航空学校的步骤。鉴于当时中国国内的政治状况，他们商定航空学校校址暂时设在日本滋贺县近江八日市街的冲野野原。他们还在东京的中国留学生中招募志愿报名者，经坂本面试，最后录取了47名学生。在多方的努力之下，中国最早的航空学校诞生了，学校门口挂起了"中华革命党近江八日市飞行学校"的牌子。

在学校每天的训练项目中，头一项是让学生在飞机场练习骑自行车，之后是汽车驾驶的速成训练，飞机场的地租及购买原料、自行车、汽车的费用，学生的住宿费、伙食费、津贴等，都是梅屋送来的。当时梅屋是这个学校的顾问，还掌管党的经费，负责供应工作。

1916年3月22日，袁世凯被迫取消帝制。5月18日，他派人在上海刺杀了孙中山最得力的助手陈其美。由于形势紧迫，梅屋等人决定把航空学校迁到中国内地。就这样，"中华革命军东北军航空队"正式成立了，坂本任中华革命党航空顾问及航空队总司令。

6月6日，袁世凯在全国的一片讨伐声中毙命，黎元洪接任大总统，实权却落在袁世凯的心腹、皖系军阀段祺瑞手中，段继续与革命军为敌，中华革命党准备派出航空队，一举粉碎北京政府。7月2日，航空队到达青岛东北军总部所在地，但孙中山认为袁世凯死后政局会有所变化，指示各方"按兵不动"，待与黎元洪协商后再定。9月21日，东北军与北京政府代表签署了和平条约，这一支中国最早的空军，也随着中华革命军的解散而解散了。

在孙中山逝世以后的日子里

1925年1月26日，孙中山病重，住进了北京协和医院。正在患病的梅屋得知后，一面与几位友人商量，立即派萱野到北京帮助照料，一面通知在大连的义女梅子及其丈夫冈本理治，要他们赶到北京，代表自己前往慰问。

3月12日，孙中山逝世，梅屋同中国人民一样悲痛欲绝。4月12日，他忍着病痛参加了日本友人在青山会馆举行的追悼会，他决心为孙中山的未竟事业而继续努力奋斗。

梅屋首先考虑的是如何使孙中山永远活在人们心中。一天，他对女儿千势子说："日本人民如此尊敬孙文，要把它具体表示出来。中国人民对于孙文的遗嘱是竭诚遵守的。但中国的文盲多，也须用形象来显示。我相信这是宣传孙文伟业的一种最好方法。"他曾设想，建造七尊孙中山铜像，分立在中国各地。

但是在1927年以后，梅屋的生意每况愈下，经济日益困难。尽管如此，他还是作了极大的努力，耗费了巨额资金，以四年时间，铸造了五尊孙中山铜像，分别竖立在今南京中山陵、广州中山纪念堂、黄埔军校旧址、中山大学、武昌起义纪念地。

1929年3月，梅屋全家护送第一尊铜像到上海，随后转运南京。蒋介石夫妇在家中接见了他们，并与梅屋全家合影留念。

1934年11月23日，梅屋患癌症在东京逝世，享年67岁。当时举行了盛大的安葬仪式。为了表彰他为中国革命和日中友好作出的贡献，中国驻日公使蒋作宾送去青天白日旗和日章旗，覆盖在他的灵柩上。

孙中山与犬养毅的交往

张良群

孙中山先生 30 多年的革命生涯中，约有三分之一的时间侨居日本，不仅得到驻日华侨、留学生、民间志士的援助，也得到了日本政界的支持。这中间，日本民党领袖犬养毅先生起了重要作用。

"予与日本政界人物交际之始也"

1897 年 8 月 16 日，孙中山由伦敦经加拿大到达日本横滨，暂居横滨外国人居留地 119 番陈少白先生寓所。日本大陆浪人宫崎寅藏、平山周等主动造访，并陪同孙中山赴东京与日本民党领袖犬养毅秘密会见。

犬养毅（1855—1932），号木堂，日本冈山县人，1874 年入东京庆兴义塾。毕业后到报知新闻社工作。1881 年任《秋田日报》主笔。1877 年西南战役时随军采访，成为知名记者。后得日本外相大隈重信知遇，任统计院权少书记官，开始步入政界。1882 年与大隈组织立宪改进党，当选为东京府会议员。1890 年当选为众议院议员，以后一直连任。

1896 年参与组织进步党，任常务委员。次年，经斡旋从外务省机密经费中争取部分资金，派宫崎寅藏、平山周、可儿长一等三人，到中国南方考察革命党和秘密结社，并研究中国国情。宫崎等在上海从《每日新闻》所载伦敦电讯见有"中国兴中会领袖孙逸仙目下在英京伦敦蒙难获释，不久，他预备从伦敦出发，到日本旅行"的消息。于是，遂调查孙中山的活动。后在书店购得《伦敦蒙难记》，则将此书摘要译成日文向犬养毅报告。到香港后，又从整理旧报纸中得知孙中山生年、籍贯、学历及近况，分四五次报告犬养毅。宫崎、平山在横滨与孙中山会晤后，即赶回东京，向犬养毅详细报告。犬养毅当即表示，希望与孙中山会面。

9 月上旬，在宫崎、平山、可儿等三人陪同下，孙中山在东京牛込区马场下町犬养寓所，拜访了犬养先生，受到了犬养的热情接待，并进行了长时间亲切交谈。为安全和方便起见，犬养毅等把孙中山安排在数寄屋桥旁的对鹤馆居住。在登记时，孙先生"要把真实姓名隐埋，保守秘密，写一个假名字"，平山周与可儿长一想到刚才来的时候，路过有乐町中山侯爵家的前面，所以最好是将他改写为中山名樵。于是平山周就在旅馆名簿上写了"中山樵"三个字。孙中山的名字，从此就用开了。1898 年 3 月号《日本与日本人》杂志上发表佐藤宏的文章，介绍孙中山创建兴中会，举义反清，后在伦敦遇难，转赴美国的情况，并评价说，"只有这样，才能成为真正的革命党，才会有一线光明"。这是日本报刊首次描述中国革命家孙中山的形象。

孙中山与犬养毅相见后，犬养毅凭借自己的政治地位和人际关系，先后牵线搭桥，介绍孙中山结识了不少日本政要。如外相大隈重信、商务大臣大石正己、外务省敕任参事官尾崎行雄等。孙中山称与犬养毅先生的初次相会，为"予与日本政界人物交际之始也"。随后，又结识了副岛种臣及其在野之士、头山满、平冈浩太郎、秋山定辅、中野德次郎、铃木久五郎等。各志士对于中国革命事业，先后多有资助。

孙中山与日本政界人物结识后，首先顺利地解决了在日本暂留问题。孙中山时为清政府悬赏通辑的要犯，又被香港驱逐出境。鉴于大隈、犬养先生的影响，宫崎、平山等欲留孙中山在东京居住。此事向外务省报告后，次官小村寿太郎以"中日战争方告结束，将反清革命党人庇护在日本，恐引起清政府误解日本援助革命党人"，故表为难。犬养毅亲赴大隈外相官邸，与大隈重信恳谈。大隈外相终于被说服了，决定"援引外国人居留地以外地，特放聘用外国人方式办理"。由外务省敕任参事官尾崎行雄与东京府知事久我通久商议，结果孙中山以平山周中文教师的名义在东京居留。

时值经济拮据的犬养毅，为解决孙中山的生活费用，只好发动友人慷慨解囊。进步党党员、九州福冈煤矿资本家、玄洋社首任社长平冈浩太郎，负担一年的生活费用，冈山县议员、《山阳新闻报》创始人坂本金钢亦资助孙中山在东京住月余。因孙中山住处靠近清驻日公使馆，又由犬养安排迁至早稻田鹤卷町 40 番地高桥琢也家，还安排平山周、可儿长一与孙中山同住，以保证安全，照顾生活。其间，经犬养安排，孙中山得以与大隈重信晤见，并由宫崎、平山等陪同，游览东京名胜，访问福泽谕吉，参观陆军演习。1898 年 2 月 3 日，犬养毅又抱病致函东亚同文会骨干陆实，请其照顾孙中山生活。函称："持呈此函之平山周氏现与孙逸仙同寓一处，最近，除孙外，尚有王（质甫）、陈（少白）二人来此。彼等亦广东革命党员。弟刻下卧病中，诸事不能兼顾。与神鞭君磋商结果，务请吾兄为照顾彼等一切。至于生活费用，由平冈浩太郎氏按月送上，他日当面谢平冈也。"

之后，日本政府收回治外法权，外侨得以自由居住。因中国侨商多居横滨，为便于宣传活动，孙中山与陈少白移居横滨，借住在温炳臣家。生活费用仍由日本友人资助。据温惠臣记述："兄长温炳臣在横滨当银钱兑换商，住在山下町120番地。孙文先生在明治31年也搬到了我们这里来住。我们家是个西洋式的二层砖瓦建筑，一层和二层各有四间房，孙先生住在下边，我们住上面，门外还有'番兵'。兄长和孙文在广东时就是朋友了，兄长负责孙文的伙食。""孙文先生身无分文，很多事情都依靠了日本的朋友的帮助和照料。"

力促康梁与孙中山联合

犬养毅与孙中山结识，对孙中山革命运动理解、同情与支持，有其自己的目的，即想通过壮大中国革命力量，推翻清朝朝廷，达到其对外采取强硬措施的主张。而孙中山则利用日本与清朝的矛盾激化，争取日本的支援，达到"颠覆清廷"的目的，因而，孙中山与犬养毅结识后，两人一直保持着密切联系。

1898年9月28日，维新变法失败。维新派人士谭嗣同、刘光第、林旭、杨锐、杨深秀、康广仁等六人在菜市口惨遭杀害。康有为逃居香港，梁启超避居日本使馆。孙中山在日本闻讯后，即派宫崎寅藏赴香港，平山周赴北京，把康梁二人接至东京。为争取与改良派联合抗清，孙中山拟亲往慰问。但康有为自称"身奉清帝衣带诏，不便与革命党往还"，拒绝会见。事为犬养毅所知，犬养不满中国新党人因此意存隔阂，几经斡旋，约孙中山、陈少白、康有为、梁启超四人于10月26日到他家会谈。康有为托故不到，孙、陈、梁通宵达旦，讨论彼此合作问题。据陈少白说："一夜的话，不外陈说合作之利，彼此宜相助，勿相扼。梁启超答应回去同康有为商量再作答复。"数日后，孙中山派陈少白拜会康有为，陈痛言满清政府已不可救药，"非革命，国家必无生机"。康却认定，"今上（指当今皇上）圣明，必有复辟一日"。结果不欢而散。

自1899年春至5月，犬养毅、宫崎寅藏等人在孙中山与康有为两派之间往来协调，欲使两派提携合作。几经努力，康派勉强同意派代表区榘甲与孙中山、陈少白在东京爱岩下的对阳馆会谈。然而，因立场上的根本对立，会谈归于失败，合作终未成功。孙中山大发感慨："康梁不合作，自有合作人。离了他们，我们还不革命啦！"

"人生得一知己，可以无憾"

犬养毅在想尽办法促使孙中山与康梁合作的同时，也积极支持孙中山发动武装起义。1900年6月，孙中山、郑士良、犬养毅、头山满等在研究惠州起义计划时，孙中山语气激昂地说："义和团进入京、津，清廷震动。和康有为合作的努力，已成徒劳。再次举义，此其时也。……一旦惠州得手，立即挥兵东进。"犬养毅关切地问："枪械弹药都准备好了吧？"当得到郑士良答复后，遂让随从捧上40来把长短不一的名贵军刀，并有感而发道："这次发难，实为中国革命之大举，平生性好搜集宝刀，这些——就算是我的一点贡献吧！"

1900年9月19日，孙中山自横滨致函犬养毅，告以筹款事宜。函谓："木堂先生足下：前委谋之件，已与友人商之，因近日金融太紧，彼有资之又出贷他人，恐不能一时收回，故无解决。彼原可得余资一二万元，而又带侠气，故弟留一介绍书于他，在彼于事决之时持来见先生，而交涉如事。然彼来否未可必。若来，则望先生随机而勉之，或可令之出一万元。弟今日起程赴神港待船，前途如何，若有好音，立行飞报。此致。即候大安不一。孙文拜启。九月十九日。"

10月21日，孙中山致函犬养毅，告以惠州起义军进展顺利，广东各地同志起而响应，唯枪炮弹药皆从清兵夺来而用，尚乏接济之源，请其游说日本政府，为起义军提供军械。"若今得洋铳万杆、野炮十门，则取广州省城如反掌之易耳。"

11 月 16 日，孙中山从横滨抵东京，即至牛込区马场下町 35 番访问犬养毅。因犬养赴静冈县出席进步党支部大会未归，便与来会之宫崎寅藏会晤，等待犬养返宅。故在此留宿一晚。翌日午后 4 时犬养归宅，继续会谈。当时到京的平山周亦来会见。是夜同在犬养家住宿。会谈内容虽未曾披露，但孙中山与犬养毅关系密切程度却可见一斑。

对于孙中山援助菲律宾的反美运动，犬养毅给予热情帮助。当孙中山代为菲律宾独立军购买军火发生困难时，犬养毅便推荐民党干事、众议院议员中村弥六办理。但由于中村弥六与军火商大仓喜八郎合谋舞弊，"代购武器，尽属废物"。大仓得赃款 5 万元，中村及其同伙分贪 1.5 万元。孙中山便告宫崎寅藏，"向中村索还械弹原价 6.5 万元"。犬养毅亲自出面与大仓交涉，要他归还原价，大仓最后答应退还 1.5 万元。犬养毅派宫崎向中村交涉，但中村抵赖，不愿退赃款。孙中山又发现中村曾伪造"孙逸仙"字样的印章及书信等。中村的不轨行径，遭到日本民党内外一致谴责，又被东京《万朝报》载露，中村恼羞成怒，拒不退款，犬养毅将其开除民党名籍。最后，中村退款 1.3 万元了事。

孙中山赴越南进行革命活动，犬养毅亦热情支持。1902 年 7 月 30 日，孙中山致函平山周，告以"弟尚不能成行，为之奈何？兄有何良法，幸为指教。弟欲日内来京，兄何时回音，望为示知。"平山将此事告知犬养，犬养乃致函先生。10 月 18 日，先生复函犬养，谓："奉读来示，领悉一切，感激与惭愧同深。人生得一知己，可以无憾。弟于先生见之矣。谨拟于廿二日午间到贵邸面谈各节。"为了尽快解决问题，次日，犬养将此函附寄陆实先生，并在函中称："向孙逸仙所陈之事，请见附函。所谈之事已粗有眉目。向孙所谈之事，务请吾兄竭力帮助。除麻溪（神鞭知常）、孙外，弟已参加共商此事。资金可由友人中设法之。"

是日，孙先生赴犬养府邸商议，犬养又遂致函陆实。告"关于孙逸仙之事，刻下已与彼磋商，以千元左右即可出发前往。孙之期待盼吾兄鼎力以助之"。

孙中山在犬养、陆实等支持下解决了经费，便于 12 月 4 日乘"烟迪斯"号离开日本赴越南河内，发动华侨，建立革命组织，并与法国印支政府官员会晤。

为"发扬先烈，用照信史"，提供宣传排满资料，孙中山于 1902 年与犬养毅、曾根俊虎等在东京红叶馆会谈。鉴于"太平天国一朝，为吾国民族大革命之辉煌史，只有清廷官书，难征文献"，命刘成禺以日人所著《满清纪事》、曾根俊虎著《清国近世纪乱志》为本，参照自己所藏吟唎著《太平天国革命亲历记》，犬养所赠另一英人著《太平天国起义》等书，并搜罗遗闻，撰著成书。

1913 年 2 月 10 日，为了加快中国实业发展和铁路建设，孙中山以筹办全国铁路全权名义，乘"山城丸"自上海起程赴日考察，至长崎、门司、下关、横滨、东京时，皆受到中日及印度、欧美各国人士热烈欢迎。2 月 14 日晚 8 时半，孙中山至东京新桥车站时，犬养毅、涩泽荣一、头山满、尾崎行雄、大仓喜八郎等日本重要人士和全体中国留学生以及印度、欧美各国人士五六千人伫候欢迎。2 月 16 日晚，犬养毅以日本政友会总裁名义与寺尾亨、头山满在芝区红叶馆为孙中山举行宴会，与宴者约 50 人，双方话旧至晚 9 时左右。

1913 年 8 月上旬，日本政府受袁世凯请求，发出不希望孙中山在日本居住的训令称："……无论就帝国的情况而言，还是从孙逸仙的利害来看，此时居住日本绝非上策。"孙中山在由台湾转航神户途中，电致日本友人犬养毅等称："文如去欧美，对我党前途实多影响，故无论如何，希在日居住，俾便指挥。9 月船抵神户，并望与同志叙晤密商。"犬养毅对日本政府的行为持不赞成态度，认为日本政府这样冷待孙中山"实在太不应该"，表示"要跟山本权兵卫（首相）和牧野外相交涉"。后来，山本首相勉强同意，孙中山才秘密住在诹访山别墅。

1914 年 8 月，孙中山认为"刻下欧洲战乱确为中国革命之空前绝后之良机"。断定举义的有利时机已到，着手筹备武装起义。孙中山派遣居住在东京、大阪、长崎的革命党员 300 余人回国，分赴各地鼓吹革命，筹划起义。同时，他往访犬养毅、头山满、板垣退助等，表示希望得到日本的外交、经济、军事援助。8 月中旬，孙中山派菊池良一至日本国民党本部，转告他对大战和三次革命的认识和想法，并征询犬养毅意见。犬养回复说，要慎重行事。8 月 24 日下午，孙中山会见犬养毅。孙中山首先向犬养毅谈起世界大势，兼及东亚问题。作结论道：东亚问题之解决，归根结底在于人种问题。故黄种人应该团结对抗白种人云云。并称：刻下欧洲战乱确为中国革命之空前绝后之良机，据最近对中国内地以至南洋及美国等地之形势调查，革命声势愈加高涨，相信此时乃举旗之大好时机……此时若在中国内地发生动乱，必给日本带来极大好处。为此日本政府务必支援中国革命。孙中山表示，如南洋不能筹足所需军饷，"即使附加任何条件，也靠阁下在日筹款云"。犬养称："我意如周围条件允许，现正是举革命大旗之大好时机，关于筹款一事，待与头山氏充分商议后答复。"8 月 26 日犬养毅再次来访，与孙中山、廖仲恺、戴季陶会谈约一小时。

1914 年 11 月 5 日下午，孙中山偕戴季陶至牛込区马场下町拜访犬养毅，经戴翻译，会谈一小时许。

1923 年 11 月 16 日，孙中山致函时入山本权兵卫内阁任邮电大臣兼文部大臣的犬养毅，批评日本政府对华政策，劝告日本政府帮助中国革命并首先承认苏俄。函称："山田君来称，先生此次入阁，将大有为，可助吾人未竟之志，以解决东亚百年问题，闻之狂喜。"继而批评列强反对中国革命之政策，并指出日本对华政策"向亦以列强之马首是瞻，致失中国及亚洲各民族之望，甚为失策也"。先生于函中分析欧战后世界大势之变化，被压迫民族、尤其亚洲民族已觉醒，赤露（苏俄）已成"欧洲受屈人民之救主而强权者之大敌"；"今亚洲人民受屈者比欧洲人民尤甚，故其望救亦尤切，本洲既无济弱扶倾、仗义执言之国，故不得不望于赤露。"孙中山预言，将来之世界战争，"必为公理与强权之战"，"而排强权者固以亚洲受屈之人民为多，但欧洲受屈人民亦复不少，是故受屈人民联合受屈人民以排横暴者。……"孙中山先生希望犬养能"行其志"，使日本"为受屈者之友"；劝告日本"其一，日本政府此时当毅然决然以助支那之革命成功，俾对内可以统一，对外可以独立，一举而打破列强之束缚，从此日支亲善可期，而东亚之和平永葆；其二，日本当首先承认露国（俄国）政府，宜立即行之，切勿与列强一致"。

私交甚密相互敬重

孙中山与犬养毅交往，在政治观点上时有分歧。孙中山就任临时大总统后，1912年1月7日，犬养毅与头山满等抵南京祝贺，并怂恿孙与岑春煊、康有为等有实力、有声望之人物联合；甚至团结段祺瑞共同对付和孤立袁世凯。孙中山未采纳他们的意见，犬养毅甚为失望，因而拒绝接受南京临时政府政治顾问之职。

但是，两人私交甚密，相互敬重，关系融洽。犬养毅常邀孙中山一起叙旧，每每海阔天空无所不谈。一次犬养毅等一批朋友请孙中山赴宴，以叙友情。当孙中山与朱执信、黄兴准时赴约，来到犬养事先安排的饭店时，犬养毅正在看书，见孙中山等到来，遂放下书本，吩咐女仆奉上茶水。"老朋友，您在看什么书？"孙中山客气地问道。"《华盛顿传》。"犬养毅答。接着犬养毅含笑对孙中山说："我是真敬佩你，但我请问你，你最喜欢的是什么呢？"孙中山毫不犹豫地回答："革命！推翻清政府。"犬养毅说："你是著名的革命家，你最喜欢革命，这是谁都知道的，但除了革命之外，你最喜欢的是什么？"孙中山沉默了一会儿，笑着回答："Woman（女人）。"犬养毅拍手说："很好。再次呢？"孙中山回答："Book（书）。"犬养毅大笑，说："毕竟你说出了老实话。我知道你很喜欢看书，原来你喜欢女人还在书之前。那么你是忍耐着女人的爱而忘我读书的，真了不起呀！""NO！NO！"孙中山见犬养毅误解了自己的意思，说道："我认为，千百年来女人不过是男人的附属品或玩物，充其量做个贤内助。然而我认为，她和母亲应该是同义语。当妈妈把身上最富有营养的奶汁喂给孩子，当妻子把真诚的爱献给了丈夫，她们的贡献是那么无私和高尚，这难道不值得爱吗？可惜的是，我们很多男人却不懂得这种爱，不珍惜这种爱，践踏这种爱。"谈到激动处，孙中山竟站了起来，眼噙泪花吟咏一首诗：

女人是平凡的。

月朗星稀，是女人用晨炊点燃新的一天。

牵牵连连，是女人将零零碎碎补缝成一个美丽。

女人是不平凡的，

风雨交加，是女人为我们打开家门。

坎坎坷坷，是女人给我们关怀和温馨。

然而，女人又是伟大的，

人类常把母亲比作美丽和博大的化身，

人类在生育女人的同时，女人也生育了整个人类。

世界少不了女人，

如少了女人，

这个世界将失去了百分之五十的真，

百分之七十的善，

百分之百的美。

没有女人也就没有了人类。

在旁的日本朋友神情专注地听着孙中山动情的诗意话语，深感惭愧。

宴会中，孙中山不时地翻阅《华盛顿传》一书。这时犬养毅安排四名如花似玉的艺伎，莲步点点，轮流为孙中山祝酒。犬养毅对孙中山说："朋友相聚，推心置腹。中山先生，你觉得今天给兄祝酒的女人哪一个最漂亮？"孙中山放下书本，笑答："都很漂亮。"友人又问："但其中谁最漂亮？"孙中山顺口回答："都一样漂亮。"友人又指着坐在他身边的艺伎说："是不是她最漂亮？"孙中山这时才抬起头来端详了一下，大家都在期待着孙中山说声"是"，然而孙中山却慢悠悠地说："十年前她一定比现在更漂亮。"众人听了拊掌大笑。

1915 年 10 月 25 日下午，孙中山与宋庆龄的婚礼在梅屋庄吉家二楼大厅举行。前来祝贺的众多日本朋友中，犬养毅是唯一的一位执掌日本政权的政界人士，并发挥其日本著名男高音歌唱家的专长，演唱了一支《祝福歌》为好友祝贺，把婚礼推向高潮。

1924 年 11 月 22 日，孙中山为收拾时局前往北京，绕道日本。出发前，孙中山致电犬养毅、头山满，电称："今天从上海出发，不日可有拜会的机会。"24 日下午"上海丸"抵神户码头时，犬养毅在不便出面的情况下，派代表古岛一雄前往欢迎。

1925 年 2 月上旬，犬养毅、头山满及日本东京各报纸等，著文称赞孙中山"全人格之思想家、革命家的血性儿，乃亚细亚民族之大政治家"。病危中的孙中山先生于 2 月 10 日致犬养毅、头山满电称："特派萱野氏问疾，至感。由于勇气与自信力，希望战胜病魔，祈释念。"

1925 年 3 月 12 日，孙中山在北京逝世。犬养毅闻之，悲痛异常，遂向孙中山家人发来唁电："谨表哀悼孙中山先生逝世之忱，犬养毅。"在日本东京举行的孙中山追悼谈话会上，犬养毅沉痛悲切的谈话，令与会者悲痛不已。

1929 年 5 月下旬，犬养毅专程来中国，参加了 6 月 1 日在南京中山陵举行的孙中山奉安大典。《中山陵园史录》中有这样一段记述："参加奉安大典的各方面代表共 945 人……外宾中以日本来宾最多，达 130 多人，其中许多人是孙中山的故友。如犬养毅、头山满……奉安典礼结束，孔祥熙领杠夫将灵榇移入墓室，孙中山家属戚属、中央代表蒋介石、故旧代表犬养毅、各国专使代表欧登科随进入墓室，率领杠夫将孙中山灵榇奉安于圹内。"

宋庆龄与黄琪翔的革命情谊

———

黄久恒

　　黄琪翔，字御行，1898 年 7 月出生在广东梅县水车墟木莲塘村。1922 年回广东参加革命。

　　宋庆龄与黄琪翔是广东同乡，彼此相识很早，相交很深，但黄琪翔在政治思想上受到宋庆龄的影响，继而建立起深厚的革命友谊，则是从大革命失败后开始的。

　　1928 年 8 月，黄琪翔流亡德国柏林。宋庆龄与黄琪翔、叶挺、邓演达在广州革命政府和北伐时期，便在打倒军阀和反对国民党右派的斗争中建立了友谊。后来，又由于国内革命形势进入低潮流亡旅居海外，两人在柏林相聚了。心中的喜悦难以形容，而回首往事，又让双方感慨万千。

　　宋庆龄在柏林的住所是保密的，能允许到她寓所来的只有黄琪翔、邓演达、叶挺等少数人。他们在一起纵谈国内形势，探讨挽救中国革命的办法，商议组建新的革命组织，以复兴中国革命，继承孙中山先生的遗志。不久，宋庆龄、叶挺等先后离开柏林。

1929 年 5 月间，黄琪翔接到宋庆龄由莫斯科给他的一封电报，说她要来柏林有事和他商量，要黄琪翔到车站接她，黄如约接到宋庆龄。宋对黄说，国民党在南京建造好中山陵，要将孙中山灵柩由北平香山碧云寺移葬南京，要她回国主持"奉安典礼"。宋问黄可否陪她回国。黄琪翔略有顾虑，说他在大革命中任第四军军长，反对蒋介石背叛革命，人所共知，回去恐有危险。宋庆龄告诉他，愿以全力担保不发生任何意外。于是黄琪翔下定决心，以秘书名义陪同宋庆龄由柏林乘火车经莫斯科回国。到莫斯科时，受到苏联政府负责人的接待。车到沈阳，张学良到站迎接，宋庆龄之弟宋子良、宋子安也随同前来。进入北平后，黄琪翔与宋庆龄以及南京来的迎接人员，一同参加了孙中山的"奉安典礼"，护送孙中山灵柩到南京，安葬在中山陵。之后，黄琪翔即陪同宋庆龄回到上海。

1932 年，淞沪抗战爆发后，黄琪翔亲临前线，协同蔡廷锴指挥作战。为了支援抗战黄琪翔还发动群众，进行募捐、慰问等活动。此时，宋庆龄也亲临淞沪抗战前线慰问。同月 30 日，在宋庆龄、何香凝、黄琪翔等人的主持和组织下，一天工夫就筹设了几十个伤兵医院。他们在前线慰问时，天正下大雪，而官兵只穿单、夹衣各一套。他们回沪立即发动捐制棉衣运动。几天内就捐制了全新棉衣裤 3 万多套，运送给全体官兵穿用。

全面抗战爆发后，黄琪翔任第八集团军副总司令、第十一集团军总司令、第六战区副司令长官等职，转战多个战场。此时，宋庆龄常往抗战前线慰问、慰劳抗日将士，与黄琪翔时有过从。宋庆龄动员和组织民众宣传抗日、支援前线。中国战时儿童保育会成立时，宋庆龄与黄琪翔等人任名誉理事长，他们捐款、捐物为保育会收养难童起到了推动作用。

抗战胜利后，黄琪翔曾多次表示反对内战，希望国内实现和平。1947 年 6 月，黄琪翔出任中国驻德国军事代表团团长。出国前，黄琪翔住在上海靖江路，与宋庆龄为邻。宋庆龄对黄琪翔特别热情，经常请黄琪翔到她家去喝茶畅叙，请他吃饭。圣诞节时，宋庆龄还送给黄琪翔由国外寄来的兰花。当宋庆龄得悉黄琪翔将要离国赴任时，关心地说，战败后的德国，什么都很缺乏，于是送给黄琪翔许多东西，装成一个大木箱，给黄琪翔带去德国。

新中国成立后，黄琪翔当选第一、二、三届全国政协常委及农工民主党副主席兼秘书长，与宋庆龄见面的机会多了。这一时期，经常有各界名士来黄琪翔家做客，如宋庆龄、朱德、叶剑英、贺龙、陈毅、习仲勋、李维汉、郭沫若等党和国家领导人以及傅作义、黄绍竑、章伯钧、李四光等爱国民主人士。黄琪翔每次都热情款待，亲切交谈。冯玉祥夫人李德全与黄琪翔、郭秀仪伉俪住在近邻，更是常来常往。

几十年来，黄琪翔与宋庆龄的真挚革命情谊，令人不能忘怀。

贺龙与武当道长的传奇交往

———
柯 云

1931 年秋初，枫叶刚红之时，贺龙率领红三军来到武当山下的湖北房山县，建立了革命根据地。刚站住脚跟，便遭到当地土匪武装马大脚和张长腿的突然袭击，战士伤亡较重，需要马上抢救治疗。可是敌人封锁很严，伤员到哪里就医呢？这使贺龙陷入困境。在一旁的郭凡政委，一时也一筹莫展，两眼望着蹲地大口大口抽烟的贺龙出神，倏地只见他起身向着云缠雾绕的武当山，双眉舒展，摸摸一字胡道："我倒想起了一个好地方。"

"什么好地方？"

贺龙用烟斗指点高山耸立的白云深处。

郭政委思索地说："那地方乃仙家之地，当然很好，只是听说那位徐道总有点清高，会不会被拒之门外呢？"

贺龙用烟斗敲敲手掌说："我想应该是没有问题的。"接着讲了他们以前书信交往的情谊。郭凡点了点头。

当即由贺龙亲自签名给徐道总写了一封长信，派通讯员连夜送上武当山的紫霄宫。

徐道总看罢信，遂在信上用毛笔端端正正地批了 10 个字："明日午夜正，开山门相迎。"

贺龙甚喜，连夜集合队伍，趁着月色，快速直奔武当山。经过几个小时的艰难行军，到紫霄宫时，已是深夜一点了。正欲停歇时，忽然传来几声钟响，震撼山谷，撕破寂寞的山林。贺龙还没弄清何事，徐道总已集合 50 多名道人排队迎立东天门外。清朗的月光下，贺龙带头与他们行过道教礼节之后，对徐道总说："这次只怕要你担风险了。"徐道总说："贺将军说哪里话，我们已是老朋友了。"

红军入宫，徐道总吩咐将早已备好的饭菜和自制谷酒，端上餐桌，为贺龙接风洗尘。

饭毕，徐道总请贺龙来西宫院，将床铺、医疗设施一一指给他看。贺龙高兴地说："这简直是一座理想的红三军医院啊！"他又领贺龙来到父母殿的偏房，说："这几间房子就作你的卧房与办公室行吗？"

"行行行。"贺龙频频点头微笑，"您想得多周到啊！"

徐道总的确为贺龙想得特别周到，还将得意弟子冷合斌、水合一、李合起等叫到贺龙面前，指着弟子们对他说："从此，他们就是你的贴身警卫。"又将罗教培、尹教运等几名精通医术的道人安排为医疗护理员，并为伤员采集草药治伤。

从此，武当山的紫霄宫便成了贺龙的驻地，又是隐蔽的红军医院。徐道总与贺龙的感情甚笃，彼此以忘年之交而自豪。徐道总即兴还念了"紫气东来云腾龙"之句，向贺龙表达自己的心意。贺龙感激万分，每天除了工作之外，就向徐道总学练武功，拜徐为师。郭政委为表诚意，改名为郭合起。徐道总属紫霄掌第 16 代大师，武功盖世。俗话说，名师出高徒。加上贺龙本身就有一定武功，尤其是拳术剑法，非一般人所及。二人经常探讨至深夜不倦。贺龙经过徐道总精心点化，如鱼得水，似虎添翼。深得徐道总的赞扬。

一天，徐道总教罢功夫，与贺龙就地休息，望着他那奇特的一字胡说："依老道看来，将军必有心事。"贺龙说："当然有心事嘛，这么多的伤员何日能康复啊！"徐道总捋捋胡须笑了笑说："非也，非也，将军之意绝非在此。"贺龙一惊："他真是神仙？怎么猜中了我的心思？"的确，此时贺龙考虑的不是伤员，因为伤员在这里均有好转，不久将可陆续出山。他的心病倒是缺子弹。

徐道总派人以道家的打扮四处化缘，暗察敌情。访了半月终于得到了一个重要情报，国民党为"进剿"红军，给当地土匪马大脚增援一批子弹，已用船运经老河口而来。这天下午，太阳已偏西山，巍巍的武当主峰，抹上一片金色的余晖。徐道总轻敲贺龙的办公室的门，贺龙开门一见他那满脸笑容，知道有喜讯传来，迎面便说："我猜徐师必有要事商量。"徐道总说："你不是需治病良药吗？我们今晚去取就是。"接着将侦探的敌情，详告于他。贺龙大喜，经二人仔细合计，决定夜袭老河口。

夜阑人静，陡然天降大雨。贺龙亲自领一连人埋伏在老河口的右岸。徐道总带上三名轻功高手，头戴面罩，潜近伏击圈。将近深夜一点，贺龙先开一枪，立即引出枪声大作。敌人毫无准备，又逢滂沱大雨，如惊弓之鸟，一时不知所措。徐道总与三个弟子趁机飞上敌船，施展绝技，一连杀死数名护船匪兵，逼迫船工迅速靠岸，很快结束了这场战斗。这次夺得了子弹50余万发。贺龙紧握徐道总的手感激万分地说："多亏您再次帮助。"徐答道："不、不，这全是您这条活龙的福分，要不怎么雨随人意呢？"说罢两人相视而笑。

武当山乃仙家之地，敌人根本不知道这里还藏了"一条龙"呢！红三军的伤员们安心在这里养伤，许多战士与贺龙、郭政委一道向徐道总及其徒弟李合起、冷合斌、水合一等人学了武当拳和武当剑。几十天时间不算长，道人与红军却完全融成了一体。一天，道人们听说贺龙要出山，徐道总苦苦挽留，贺龙讲明真情后，才依依不舍地为他们办了饯行酒。酒席间，贺龙为表感谢之情，赠给他黄金 2 斤，徐道总婉拒，经贺龙再三说服才作为纪念品留下了。

临别时贺龙将已恢复健康的伤员带出，让那些尚待治疗的伤员继续留下治疗。徐道总安排冷合斌、水合一等继续照顾。直到 1932 年秋，徐道总才将剩下的那部分伤员分批护送到房山县归队。

没想到，由于叛徒出卖，1932 年冬初，丹州地方国民党部队营长马老七带上一伙匪徒，夜袭紫霄宫，直逼徐道总要交出贺龙和金子。徐道总理直气壮地指着天空吼道："要找贺龙很容易，他腾云驾雾满天游，你们自己去找吧！要交金子嘛，没有！要命倒有一条。"马匪自讨没趣，悻悻而去。没过多久，马匪又带上 30 余人，冲进紫霄宫，刁难徐道总。

马匪气极败杯，恼羞成怒。不几日，又暗派八名匪徒，持枪刺杀徐道总。恰好那天乌云遮日，山风陡起。徐道总下山办事，行至万松亭山垭口时遇上匪徒。他见势不妙，知道在劫难逃，就故意停步，决心与敌人拼个你死我活。谁知，敌人却不动手，他又续行。当他刚要起步时，匪徒举枪向他射击，他一个"仙人指路"，抓住敌人的枪管，"啪、啪"两发子弹射向空中，他反手将两个匪徒抛下深涧。不料就在这时，埋伏在草丛中的敌人从他背后开了两枪，他掉转身子，一个箭步抓住敌人的枪杆，连人带枪，冲下悬崖，而他自己也再未睁眼了。

贺龙闻此噩讯，不禁泪水长流，连夜集合队伍，向敌人射出复仇的子弹，他挥武当剑取下了马匪的首级，将它带在徐道总坟前，为他祭坟。

李济深与叶挺的患难之交

王光远

李济深和叶挺，一个是国民党军政界的元老，一个是共产党的著名将领。两人却有过密切的交往，并建立了真挚的友谊。

保定军校的一对校友

李济深是广西苍梧人，生于 1885 年；叶挺是广东惠阳人，生于 1896 年，二人相差 11 岁。

李济深毕业于广州黄埔陆军中学，后在学兵营任排长，再入广东陆军讲武堂，1909 年入保定军官学校。在校期间李济深曾一度参加广东北伐军，直到 1914 年毕业，留在学校担任教员。

叶挺先后毕业于广东陆军小学、武汉陆军第二预备学校，1916 年考入保定军官学校。1918 年叶挺从保定陆军第六期毕业，原准备去德国留学，因家贫不得不放弃这一志愿，只好暂回家中务农。1919 年叶挺追随孙中山革命，去漳州参加陈炯明领导的援闽粤军，在第一支队任参谋。

1920 年，孙中山命令援闽粤军回师广州，攻打桂系军阀莫荣新。叶挺率一支先锋队首先出发，在淡水附近的黄皮径，击溃了敌人的伏兵，接着又攻取了惠州，这是叶挺从军后打的第一个漂亮仗。粤军回到广州后，叶挺升任为工兵营副营长。

李济深 1921 年初由北京回广西探亲，路经广州，遇到时任粤军参谋长兼第一师师长的邓铿，两人曾在学兵营共事，过从甚密。邓铿一定要他留在粤军服务，李济深只好留了下来，任第一师副官长。

这样，李济深和叶挺就由保定陆军军官学校的一对校友变成了一起战斗的战友。

孙中山的两个追随者

1921 年 5 月，孙中山在广州就任非常大总统职，邓铿奉命组建总统府大本营警卫团，以第一师参谋长陈可钰为团长；以第一师机关枪营编为第一营，薛岳任营长；以第一师工兵营编为第二营，叶挺任营长；以游击第二十七营编为第三营，张发奎任营长。李济深接任第一师参谋长。

为了讨平桂系，准备北伐，孙中山率军进入广西，并在桂林设立了大本营。李济深和叶挺都随军来到桂林。由于陈炯明阻挠北伐，时任湘军总司令的赵恒惕也反对北伐军进入湖南，孙中山被迫回师广东，在韶关设立大本营，改道江西出兵北伐。李济深随同第一师很快占领了赣南数县。

1922 年 6 月 16 日，陈炯明发动叛变，围攻总统府，孙中山到永丰舰避难。叶挺率第二营与叛军进行了英勇的战斗，击退叛军的多次进攻，最后掩护大家顺利突围。

叛乱发生时，李济深正在攻打赣州的前线，闻讯后积极主张回师讨逆，第一师师长梁鸿楷却态度暧昧，有的团长反而投靠了陈炯明。李济深愤而提出辞职，后孙中山派人传话，让他继续留在第一师，将来会大有作为的。

同年 10 月，以许崇智为首的粤军组成东路讨贼军，以杨希闵的滇军、刘震寰的桂军组成西路讨贼军，向广州进攻。李济深也率第一师参加了讨逆战斗。1923 年 1 月 16 日孙中山的军队占领广州，陈炯明通电下野，逃回惠州。2 月，孙中山在广州重组军政府，总统府成立宪兵司令部，叶挺被任命为参谋长兼第一营营长。

同时，粤军也进行了改编，李济深出任第一师师长。7 月，又被任命为梧州善后处处长，后又被任命为西江善后督办，驻军肇庆。周恩来曾说："1923 年以前，孙中山部下比较带有一点革命性的部队，是李济深的第一师，这是邓铿系统的部队，大革命时代的张发奎、叶挺、邓演达以至陈诚，都出自这个师。"

1924 年 1 月 20 日，在广州召开了国民党第一次全国代表大会，实现了第一次国共合作。同年，叶挺经聂荣臻、王若飞介绍，加入了中国共产党。孙中山决定派一批干部去苏联学习，在叶挺的一再要求下，经孙中山批准，叶挺来到苏联，进入莫斯科东方大学学习，结识了不少共产党人。

从出师北伐到暂时分手

1925 年 3 月 12 日孙中山逝世后，国民党在广州成立了国民政府，军队也进行了改编，统称国民革命军。李济深出任第四军军长，下辖陈铭枢的第十师、陈济棠的第十一师、梁鸿林的第十二师，张发奎的第一独立旅、余鹰扬的第二独立旅。

1925 年 8 月，叶挺和聂荣臻、熊雄等 20 多人奉调回国，一起回到广州。中共广东区委周恩来、陈延年等人研究决定，由叶挺负责组建一支以共产党员为骨干的部队。叶挺来到肇庆，在李济深支持下，组成了国民革命军第四军独立团，在肇庆市阅江楼设立了团部。叶挺任团长兼第四军参谋处长，周士第任团参谋长，曹渊任一营营长，贺声洋任二营营长，杨宁任三营营长，这些人均为共产党员。

1926年3月，第四军再次扩编，除第十师、第十一师外，张发奎任第十二师师长，徐景唐任第十三师师长。另有叶挺的独立团、郭思演的炮兵营，是实力最强的。苏俄军事顾问加仑曾说："这个军是国民党在粤军中的柱石。"

北伐开始后，李济深担任了国民革命军总司令部参谋长，决定由副军长陈可钰率领叶挺独立团和陈铭枢、张发奎两师参加北伐，陈济棠、徐景唐两师留守广东。独立团作为开路先锋，率先出发。经汀泗桥、贺胜桥战役，消灭了吴佩孚的主力，第四军名声大振，被誉为"铁军"。李济深曾多次致电嘉奖。

11月下旬，第四军再次扩编，陈铭枢师改编为第十一军，张发奎师仍称为第四军，叶挺任第十一军第二十四师师长兼武汉卫戍司令。留守广州的两个师改编为第八路军，李济深任总指挥。

1927年3月，叶挺曾回广东招兵，李济深命令韶关、南雄、连州等地的地方官员大力协助，很快招募了一个团。

大革命失败后，叶挺参加了八一南昌起义，后又领导了广州暴动。因政见不同，李、叶二人暂时分手。

共同反蒋的日日夜夜

1929年，蒋介石和桂系发生了尖锐的矛盾，蒋介石一面准备武力讨桂，一面假意电请李济深来南京，调解双方关系，李到南京后即被蒋扣押。李济深虽属粤系，但他是广西人，与桂系关系密切，蒋介石深怕他和桂系结成"粤桂联盟"，故而将他扣押。3月27日，又将他"永远开除党籍"。直到"九一八"事变之后，蒋介石第二次下野，才将李济深释放并恢复了党籍。后李济深又被任命为军委办公厅主任。

1927年12月，叶挺参与领导了广州起义，起义失败后有人竟指责他"表现消极"，给予留党察看六个月的处分，叶挺不服，前往莫斯科申诉，王明等人仍指责他"消极怠工""政治动摇"。叶挺忍受不了这种诬陷，一气之下，流亡去了德国。他后来回忆说："那时党内清算中国革命失败的问题，我觉得有些脱离事实，同时因失败情绪的影响，与国民党、共产党都脱离了关系。"

这时，从囚禁中恢复自由的李济深，公开指责国民党当局误国，要蒋介石发布"罪己诏"，主张召集全国政治人物共商国是。远在海外的叶挺对此十分敬佩。"一·二八"淞沪抗战爆发后，李济深发出通电，要求国民党"以最大之决心，共谋长期之抵抗"。结果蒋介石和汪精卫却同日本签订了丧权辱国的《淞沪停战协定》，并把十九路军调往福建"剿共"。李济深愤而辞去一切职务，去了香港。

在外流浪四年的叶挺，救国心切，也于"九一八"事变后回到澳门。不久，就去香港拜访了李济深，二人对国是深感痛心，一致认为只有抗日反蒋，中国才有出路。

1933年11月20日，李济深、蔡廷锴、蒋光鼐等人领导了"福建事变"，成立了"中华共和国人民革命政府"，李济深被推选为主席，叶挺作为军事顾问也随同李济深一起来到福州。在此之前，十九路军就派陈公培与红军取得了联系，后又派总部秘书长徐名鸿为全权代表前往瑞金，双方签订了《反日反蒋初步协定》，决定互派常驻代表，中共派来的是潘汉年，十九路军派去的是参谋处长尹时中。尹时中曾建议改派叶挺前去，他和朱德及其他将领相熟，红军中又有不少第四军中的旧相识。但也有人认为叶挺的名气太大，不易公开抛头露面，他又没在十九路军中任过职,不好作为十九路军的代表,此事只好作罢。

"福建事变"失败后,李济深回到香港,叶挺回到澳门,二人仍经常来往。

1935 年,中共派潘汉年、宣侠父等人去香港活动,在他们推动下,李济深、陈铭枢、蒋光鼐、蔡廷锴等人与各方联络,7 月,在香港成立了"中华民族革命同盟",简称"大同盟"。推举李济深、陈铭枢、蒋光鼐、蔡廷锴、徐谦、冯玉祥、方振武、陈友仁、李章达、王造时、朱蕴山、梅龚彬、陈希周等为中央委员,李济深任主席。下设组织、宣传、军事、民运、海外、总务等部,叶挺被推举为军事部部长,主要任务是联络国民党军中的反蒋将领,宣传"大同盟"的主张。

"大同盟"还出版机关报《大众日报》和《民族阵线》《战线》等刊物。宣传部部长梅龚彬和叶挺商量,由叶挺主持在澳门板樟庙街开办了一家小型印刷厂,负责印刷"大同盟"的报刊和其他宣传材料。

抗日战争爆发后,叶挺出任新四军军长。李济深出任战地党政委员会副主任,他曾介绍不少进步青年加入新四军,一些和李济深有过联系的反蒋武装领导人,也要求编入新四军,上报后蒋介石却批示:"此种部队,不准改编。"

1940 年,李济深调任军事委员会桂林办公厅主任。

对叶挺的无限关怀

1941 年 1 月 6 日,蒋介石制造了皖南事变,叶挺被扣押。先押解在江西宁国的上官云相总部,后押解到上饶第三战区司令长官部,顾祝同前来劝降。叶挺义正词严地表示:"我是军长,一切由我负责。如果蒋介石真是为了什么国家民族的利益,真是为了什么军令法纪的问题,那么,我请求公开用军法审判。我将把事实的真相宣告于全国人民面前。

假如我军真如蒋介石说的那样，那也只能由我个人负责。"

李济深得知叶挺被扣押的消息后，立刻写了两封信：一封给陈诚，要他关注叶挺的安全；另一封给顾祝同，要他对叶挺多加关照，并准备派一名医生前去给叶挺看病。

1941 年，叶挺由上饶押往重庆，途经桂林，李济深命秘书把他接到自己的办公室，两人相见感慨万千，促膝倾谈至深夜。叶挺提出：从桂林去重庆途经贵州，那里路途艰险，蒋介石很可能用制造交通事故的办法，对他进行谋害，希望李济深派一架飞机送他去重庆。李济深很快作出安排，把他安全送抵重庆。

在重庆，陈诚曾陪同叶挺去见蒋介石，蒋对他说："只要你承认事变是共产党制造的，你就可以出任战区副司令长官，也可任司令长官。"叶说："现在我还没有人身自由，怎么能考虑这个问题呢？"并滔滔不绝地揭露了"皖南事变"的真相，要求释放全体被俘战士。蒋介石被质问得哑口无言。再次把他押解回恩施，交给陈诚看管，陈诚对他还是比较关照的。

1943 年，陈诚调任远征军司令长官，问叶挺有何打算。叶说："我有三条路可走：第一是逃跑，第二是自杀，第三是到桂林和任公（李济深）一起住。"经蒋介石批准，同意他去桂林，但要由第四战区司令长官张发奎看管。

李济深得知叶挺要来桂林的消息，即电召在曲江的梅文鼎来桂林，梅曾是叶挺的副官，李济深给他一笔钱，让他在建干路买了一栋两层小楼，供叶居住。叶挺来后，名义上是"恢复自由"，实际上仍在特务的严密监视之中。这时叶挺经济上十分困苦，生活来源几乎全靠妻子李秀文姐夫麦畅生每天到丽泽门外去摆地摊，拍卖李秀文从澳门带来的行李，卖一点吃一点，连叶挺最心爱的照相机也卖掉了。

　　为了帮助叶挺，李济深又让他全家搬到桂林远郊的观音山下，和尹时中等人住在一起。这里前有草地，后有荒山，可以多养猪、放羊、喂鸡，贴补家用。虽仍有特务监视，叶挺一家生活还是比较安定的。

　　1943 年底，日军有进犯湘、桂之势，蒋介石害怕叶挺在混乱中逃脱，准备采取措施。在重庆的周恩来得到消息后，立即致电桂林共产党领导人胡希明。胡把叶挺请到李济深的办公厅，向叶传达了周恩来的口头指示："蒋介石是不敢公开杀害叶将军的，嘱咐叶将军不要走，走，会给蒋介石找到借口，反而不利。"叶挺听后，感动得流下热泪。

　　12 月 25 日，突然有人在叶挺家门外高喊："你家的羊跑到山上去了。"叶挺急忙去找，结果遭到特务的绑架。李济深得知后十分气愤，把负责西南地区的特务头子杨继荣找来，命他迅速查办，交出叶挺。第二天，杨向他报告，是根据蒋介石的手令，由宪兵五团押解叶挺去了贵州息烽。饱经风霜的李济深以为再也见不到叶挺了，不觉潸然泪下。

　　不久，叶挺被押往重庆，并将正明、华明、扬眉三个孩子接来同住。李秀文带五个孩子留在桂林。日军向桂林进攻前夕，李济深曾安排一条船送她们离开桂林，因船被特务扣留，李秀文带着全家流亡到罗定，住在友人谭冬菁家中。几经周折，才和李济深取得了联系，在李的帮助下，全家搬到了广州。

　　1946 年 3 月 4 日，被扣押五年之久的叶挺终于获释，李济深也正在重庆出席国民党六届二中全会，二人久别重逢，相见甚欢，两位挚友都沉浸在胜利与希望之中。不料，4 月 8 日，在飞往延安途中，飞机失事，叶挺遇难。消息传来，李济深悲痛万分，写下一副哀痛的挽联：

　　　　旋乾转坤，胜利还需谋建国；
　　　　疾风暴雨，艰危不幸失雄才。

半生革命总同路　一世交情有几人

——邓宝珊与续范亭的友情

邓成城　邓引引　王鸿藻　王西平

　　1943 年 11 月，延安。时任国民党晋陕绥边区总司令的邓宝珊先生，从"陪都"重庆参加完会议后，在北返榆林途中，下榻于陕甘宁边区政府交际处，与老友续范亭再次相会。续范亭时任八路军晋绥军区副司令员兼晋绥边区行政公署主任。因长期患病，1941 年到延安治疗休养。一天，毛泽东约请邓宝珊到杨家岭住地，和周恩来、朱德一起畅叙时局。续范亭应邀陪同。座谈中，毛、周、朱、邓、续就国民党当局的政策趋向、抗战形势、民族前途等交流了各自的看法和主张。毛泽东、周恩来、朱德还对邓宝珊驻守榆林以来，率部抗击日寇西侵，协同八路军守备黄河，长期维护与边区的睦邻关系，致力于团结抗战的举措，给予赞赏和充分肯定。正所谓，身居窑洞，纵论天下；话逢知己，情趣炽然。续范亭即兴口占一诗赠邓宝珊："三十年来土与尘，欣君五十刃尚新，半生革命总同路，一世交情有几人。"回到住处，续范亭特意把此诗记下并自注云："予与宝珊民国 3 年（1914 年）相识于华山下，计来

30 年矣。30 年中常在一起革命。抗战以来，我在晋西北，宝珊在榆林总军，1943 年过延安感旧，在毛主席、周副主席处口占。"这首诗，是邓宝珊与续范亭一世交情的高度概括和真实写照。

忆当年，陕西华山下初次相识，时邓宝珊 20 岁，续范亭 21 岁。两个志同道合的青年人，朝夕相处，感情与日俱增，一世交情，由此而始。

辛亥革命后，袁世凯倒行逆施，窃国殃民，神州大地虎狼横行，革命党人惨遭迫害。原籍甘肃天水的邓宝珊，14 岁从军入新疆，在伊犁辛亥起义中战功卓著，后因和其他革命党人一起从事反袁（世凯）斗争，被袁世凯在新疆的爪牙通缉，后经西伯利亚至东北、华北，辗转回到故乡天水暂住了一段时日，终因革命理想尚存，不甘就此碌碌度日，继而又赴陕西，欲联络同志再举义旗。1914 年夏，邓宝珊游华山时结识了老同盟会员刘蔼如，两人一见如故，遂同往华山脚下杨家园的革命党人郭希仁家中。刘蔼如、郭希仁既是长者，也都是有识之士，他们在杨家园村玉泉院，以讲学为名，联络各地革命党人纵论天下大势。一时间，华山之下风云际会，各地的革命党人纷纷闻讯而来。他们彼此之间坦露襟怀，探讨革命方略，畅谈革命理想，共同的志向和抱负把他们紧紧凝聚在了一起。

续范亭在回忆这段往事时写道："民国 3 年 9 月，续桐溪（西峰）、胡景翼、孙岳、邓宝珊、史可轩、刘守中、郭希仁、刘蔼如、董振武、胡德夫、续范亭等十余人，聚首华山下之杨家园，计划北方革命，当以陕西为根据地，然后联络滇川出兵潼关，以颠覆北洋系之老巢，中国革命，必须打倒北洋系方能成功。以此为目标，大家分头进行革命，以可谓华山聚义也。"

华山聚义，是北方革命党人自发进行的一次革命联络活动，也是一次凝结北方民主革命政治军事力量的聚会。虽然没有制订具体行动纲领和计划，但实质上形成了一个政治军事集团，确定了立足陕西，扼关中出潼关，会同全国革命党人，为推翻袁世凯政权，打倒北洋军阀政府而奋斗的基本目标。后来，华山聚义的大多数成员，都成为国民革命军的重要组成部分——陕军的骨干力量，对以后全国革命形势的发展和变化，产生了不可低估的影响。当时，邓宝珊和续范亭是聚义志士中年龄最小的。在与众多革命党人相处过程中，获得了深刻教益，倒袁（世凯）意志更加坚定，人生目标更加明确。邓宝珊与续范亭从此结下了手足之情。邓宝珊对长自己一岁的续范亭始终以兄长视之。在此期间，为人忠厚，手脚勤快的邓宝珊主动承担起担水、劈柴、运粮、采购等诸多杂务，深得大家的信任和喜欢。30 多年后，续范亭说起华山聚义时的邓宝珊"少年英俊，同志多爱之"。

1918 年初，邓宝珊随张义安、董振武，为响应孙中山先生反对北洋军阀专制的"护法"号召，发动了反对北洋政府在陕西代理人的"三原起义"，树起了"陕西靖国军"义旗，推胡景翼为右翼总司令。5 月，靖国军内部商定迎于右任返陕主持靖国大计。8 月 9 日，陕西靖国军总司令部成立，于右任为总司令，续西峰为总参议，所有靖国军改编为六路，胡景翼为第四路总指挥，邓宝珊为胡景翼的第四路支队长。续范亭任胡景翼部参谋，再次与邓宝珊共事。1923 年邓宝珊为胡景翼暂编第一师第一旅团长，续范亭在邓部任参谋长，共同参加了征讨吴佩孚的战争。续范亭的同窗好友徐永昌，时任孙岳（字禹行）部团长，后官至国民政府军令部部长，随蒋政权退居台湾后，于 1989 年出版的回忆录中说："我自来认为范亭是一人才，彼所以常常害病，精神不好，正是怀才不遇所致。因言之于禹行，禹行界之以营长（此时军队中营长地位很属重要）。追范亭由彰德来，我告以此意，范亭说，他同西峰几年来与宝珊相处甚好（西峰在民国八年、九年、十这几年间，流亡在陕时，均得宝珊帮助），'今不帮他来帮你，于心不安'。"

续范亭长期奔走革命，生活在动荡之中。1927年初，担任国民联军军事政治学校校长的续范亭三十有四，仍未成家。为此，时任国民联军驻陕总司令部副总司令的邓宝珊和夫人张玉燕，帮助和介绍续范亭与许玉侬喜结良缘。这一时期，邓宝珊夫妇还鼎力促成了当时任国民联军总政治部部长、著名共产党人刘伯坚与王叔振的婚事。续范亭在他1926年11月11日的日记中写道："晚与宝珊谈话，意不觉时已十点钟矣，学问话多谈，于人大有好处。"君子之交淡如水，邓宝珊与续范亭之间的友谊堪称典范。

"九一八"事变后，在国内抗日呼声日趋高涨的形势下，南京政府任命邓宝珊为西安绥靖公署驻甘肃行署主任。邓宝珊力邀续范亭为驻甘行署参谋长，于1932年3月莅任。当时甘肃大小军阀割据自封，横征暴敛，加之连年自然灾害，民生凋敝，达于极点。驻甘行署名义上是甘肃全省的最高军事指挥机构，但对各派、系拥兵自重的大小官员们却奈何不得，邓、续二人纵有宏图大志，也难有施展余地。时值国民党军政要员朱绍良及随员罗、马诸人视察兰州，当地官员大事宴请，挥霍无度。目睹此情，续范亭愤慨不已，作诗云："猪羊骡马会兰州，吃得山空水断流；桥上行人频拍马，河边舟子善吹牛。八年战乱民心丧，四省沦亡国势蹙；山河破碎家安在？我问将军羞不羞！"1934年上半年，驻甘行署撤销，邓宝珊改任陆军新编第一军军长。新一军参谋长一职被南京派员接任，续范亭改任新一军总参议。此时，我国上空，乌云密布，日本帝国主义侵占东北，继而策划华北事变，亡我之心，更加露骨。国民党当局对此视而不见，仍然热衷于"围剿"红军；官场倾轧、中饱私囊，日甚一日。这些腐败现象使续范亭深感忧虑和苦闷，欲斗不能，欲罢不忍。

1935 年 11 月 15 日，续范亭来到南京，欲借南京政府召开第五届国民代表大会之机，呼吁抗日救国，并寄希望于国民代表大会上能够研究和制订抗日救国的方针大计。在拜访了国民政府行政院院长汪精卫等权势人物后，续范亭深感失望。在他下榻的国民饭店里，参加国民大会的代表也多住于此，终日车水马龙，灯红酒绿，应酬不暇，乌烟瘴气。续范亭忧心更甚。在民族危急，国家存亡的紧要关头，国民大会没有作出任何决议，见到的仅仅是蒋介石在关于外交建议案中的几句话，"和平未到完全绝望的时候，绝不放弃和平；牺牲未到最后关头，绝不轻言牺牲。"续范亭的希望彻底破灭了。生为男子，报国无门；身为军人，请缨无路。心中只有失望、悲观、愤怒和痛苦。12 月 26 日下午 4 时，在南京中山陵，他只身一人，哭拜了中山陵之后，以短剑剖腹，欲借自杀警醒国人，后被友人送往医院得救。对于续范亭的惊人之举，国内各报不顾当局压制，纷纷披露，海外媒体也多有转载，各方面、各阶层慰问电报、信函或到医院探望者，多不胜数。

惊悉此举，邓宝珊即发急电给续范亭："惊悉吾兄忧国至深，愤而自刺，闻之实觉不安，除兑洋 500 元暂作药费外，报国之日方长，尚希旷观静摄。特电奉慰。"1936 年 2 月初，续范亭伤势日渐好转，即将出院，邓宝珊闻讯后，为安排他出院后的生活，特地偕家人并偕杨虎城等老朋友们为他治伤疗养筹措的款项，由兰州赶到南京。对于邓宝珊一家人的到来，续范亭非常高兴，深深地感到亲情和暖意。邓宝珊夫妇与许玉侬商量，鉴于范亭身体有待恢复，思想情绪和精神状态也需调整，安排他就近在江浙一带疗养休息。邓、续两家同在上海、苏州、无锡等地休息调养 50 余日，4 月邓宝珊始返兰州，续范亭一家转往杭州休养，半年后北返西安。

　　续范亭在南京中央医院被救治时，友人拍摄过一张父女相依于病榻上的珍贵照片。随着时间的流逝和战乱的侵扰，长女续磊手中的这张照片丢失。20 世纪 80 年代初，历经"十年浩劫"的邓宝珊长女邓惠霖，将自己珍藏多年的这张历史写真的照片，赠给续磊，延续和再现了邓宝珊与续范亭的一世深情。

　　1936 年 12 月 12 日，西安事变爆发，12 月 20 日，续范亭衔杨虎城命，由西安疾赴陕西大荔，处理紧急军务。第二天事毕返回时，特意绕道三原县，专程探望了邓宝珊的家眷，给邓夫人张玉燕及家人带来极大安慰。

　　1937 年，邓宝珊奉命调防陕北榆林，任第二十一军团军团长。当年 10 月，续范亭专程去榆晤面，几次彻夜长谈，倾诉久别情怀，共叙时局变化。1938 年 9 月，应二战区北路军总司令傅作义电邀，邓宝珊赴山西河曲参加军事会议，又一次见到了续范亭及南汉宸、罗贵波，他们是代表战地动员委员会及中共方面参加会议的。南汉宸是一位 1926 年加入中共的老党员，早在 1922 年就与邓宝珊和续范亭熟识，当时是中共派驻战地动员委员会的副主任。罗贵波是八路军一二○师三五八旅政委。此次会议期间，邓宝珊同续范亭及南汉宸、罗贵波进行了更加深入的交谈，并就榆林方面和晋西北、陕甘宁的协防问题交换了意见。

　　1938 年 4 月，邓宝珊赴陕西武功参加胡宗南主持召开的军事会议。时延（安）、榆（林）之间道路畅通，邓宝珊乘汽车从延安穿城而过未惊扰中共领导人。事后得悉，中共领导甚以为憾，曾专门致电邓宝珊表示歉意。5 月，邓返回榆林路过延安时，仍未告知中共方面，一行人投宿于延安南关一家骡马大店，被延安有关方面发现，逐级上报。毛泽东知道后，指示边区政府交际处一定要热烈欢迎，隆重接待。边区政府交际处处长金城当夜赶到骡马店，请邓及一行搬往边区政府招待所，被邓婉辞。次日清晨，金城又来面见邓宝珊，转达了毛泽东和陕甘宁边区政府的挽留之意。盛情难却，邓不便再辞，遂留住下来。接着，毛泽东同八路军留守兵团司令员萧劲光亲来看望，并请邓及随行人员午餐，李富春、萧劲光、周小舟等作陪。毛泽东和邓宝珊都很健谈，言语投机，相见恨晚。邓被毛的真诚所感动，在延安留住一周，参观了抗大、陕北公学等，出席了欢迎晚会和群众大会，见到了正在陕北公学学习的二女儿邓友梅。结识毛泽东，对邓宝珊后半生所走的道路产生了极大影响。邓宝珊与续范亭再次相见，已是 1943 年。当年 6 月，邓宝珊奉国民党中央电召去重庆开会，并指定他绕道宁夏来渝，不必路经延安。邓对此极为反感，他愤愤地说："不指定路线便罢，指定了，我偏要路过延安。" 6 月 8 日从榆林启程时，邓特意决定骑马而行。17 日到达延安。毛泽东在杨家岭中共中央礼堂为邓一行接风洗尘。出席宴会的有朱德、贺龙、林伯渠、李鼎铭、南汉宸、续范亭等数十人。第四天，毛泽东再次在交际处设宴为邓宝珊饯行。11 月，邓宝珊返榆途中，再次经停延安。续范亭参与全程接待。11 月 17 日，是续范亭 50 寿辰，边区政府设宴祝寿。邓宝珊和贺龙、林伯渠、谢觉哉、南汉宸等人席间一再举杯，为老友祝福。革命大家庭的这种融融暖意给邓宝珊留下了深刻而美好的印象。这次在延安，两位老友又有机会畅叙旧情，二人一起参观游览，一起拜访新朋旧友，邓还参加了边区劳动模范代表大会并讲了话。半月时间一晃而过，军务在身的邓宝珊不得不与续范亭依依惜别，不料，就此一别，竟成永诀。

邓宝珊此次往返都坚持在延安逗留，既是他为人行事的个性使然，也是他被毛泽东等中共领袖的风采和魅力感召所致。他内心还有一个愿望，就是借此之便，探视病魔缠身的老友续范亭。当邓宝珊得知续范亭由晋绥转延安治病休养后，即写信嘱咐在延安的女儿邓友梅抽暇多予照料。对此，续范亭在留下的文字中也多有提及。

延榆相连，信使往还。收录于《续范亭文集》中的书信共有七封，仅致邓宝珊的就有五封。这五封信写于 1946 年 10 月 21 日至 1947 年 2 月 22 日，时间跨度仅四个月。五封信有一个共同的主题，就是动员和督促邓宝珊早下决心，早举义旗。在 1946 年 10 月 21 日的信中说："大家都相信，你始终是革命的，但多犹豫不决。此间同人，切盼你当机立断，及时发通电，主张民主和平。""这里毛、朱及西北局诸负责人决定你们宣布以后，孔从周部调回绥米，曹、胡也归建制。关中尚有几部，统一起来归你指挥。"值此之际，国民党当局已悍然决定发动全面内战，企图"三个月内消灭共军"。续范亭对邓宝珊也更加挂念。12 月 9 日又致信邓宝珊，深情地说："回想华山聚义诸人中，除蔼如、宝峰外，仅你我二人耳。而我又几成废疾。革命历史，如欲继续，只有集中于你一身。不是要你多少实力，也不是要你从此吃苦如共产党人。只借你的号召，影响全国有为之士耳。""欲拔泥足，要早做准备，要有办法，不然必有进退维谷双方责难之时，不知何以自处也。"在 1947 年元月 17 日，由于延安备战，续范亭在转移晋绥途中暂居绥德，再次致信邓宝珊，强调说："周（恩来）副主席此次回来，谈到你的问题，他说将来能有资望统一指挥起义的民主军，长江以北，只你一人而已。非过语也，可见此间当局，切盼殷且诚也。"信中还写有"看了淳化贴，如睹故人"一句。可见，邓宝珊特意把自己珍藏多年的集中华书法艺术之大成的肃本淳化阁拓贴，赠予续范亭，为病中老友增添几分翰墨情趣和精神慰藉。

对于中共方面的高度信任和殷诚切盼，对于老友续范亭的良苦用心和深情厚谊，邓宝珊心领神会，了如指掌。但就他当时的处境而言，下定决心，断然起义，尚有重重困难。邓宝珊把自己心中的所思所虑如实地写信告诉了续范亭，明确表示了决不参与内战，更不会效忠于国民党当局；在适当时候，当为人民出一番力的意愿。续范亭于 1947 年 2 月 22 日回信说："我们把你的手函及谈话内容转至延安，毛泽东回信说，'按宝珊地位及现在局面也只能做到这一步，现在各守原防，将来再决进止。'毛、朱当然对此期望更深，对你的为难处当然多能谅解也。"这封信后，还附诗两首。言辞真切，语重心长，侠肝义胆，跃然纸上。邓宝珊看了诗句，微微一笑，表情中分明透露出浓浓深情和理解。

续范亭于 1947 年 9 月 12 日上午 11 时在山西兴县溘然长逝。接到噩耗，邓宝珊悲痛万分，他抬起头来望着窗外南天上变化莫测的云层，凝思无语。不知是想起了当年聚义华山时和续范亭共同度过的难忘的岁月，还是回忆起四年前与续范亭再次相会于延安时的欢愉情景。战乱无情，使自己不能亲往吊祭，抚棺一恸，绵绵情意，只能深深埋藏于心中。

根据续范亭遗愿，中共中央 9 月 13 日致唁电追认他为中国共产党正式党员。毛泽东敬挽：为民族解放，为阶级翻身，事业垂成，公胡遽死？有云水襟怀，有松柏气节，典型顿失，人尽含悲！《晋绥日报》发表了《续范亭生平》。新中国成立初期，续范亭夫人许玉侬还将此件送请邓宝珊审阅和补充修改。

续范亭逝世仅仅一年余，邓宝珊终于回到了人民的怀抱，实现了他在延安欢迎大会上讲的"我当为人民事业尽一番力"的诺言。1948 年底，他应邀作为傅作义先生的全权代表，专门从归绥（呼和浩特）莅临北平，完成了北平和谈的义举。邓宝珊在特定的历史时刻，作出历史的贡献，得到了毛泽东主席和中共中央的首肯，续范亭的厚望也得到了圆满的回应。

文强与金山的曲折交往

何 蜀

在抗日战争胜利后不久，东北内战正十分激烈之际，身为国民党东北地区特务首脑——军统局东北区区长（后改称保密局东北督导室主任）的文强，却与中共地下党员金山有过一次奇特的交往。

当时，著名电影明星金山，以国民党中央宣传部接收大员的身份，率领一班人马前往东北长春接收"满映"。

"满映"，是日伪时期设在长春的"满洲映画株式会社"，是伪满洲国的"国立"电影制片公司，远东最大的电影生产基地，其设备和规模都超过了日本本土的电影公司。

抗战胜利时，长春被苏军解放，日本关东军派驻"满映"坐镇的理事长服毒自杀。当时延安电影团曾派出钱筱章、田方等人会同从苏联归来的袁牧之，参加了对"满映"的接管工作。

1946 年 4 月 14 日苏军撤离长春，中国共产党领导的人民军队随即进驻。不久，在国共两军四平街血战之后，国民党军"乘胜"进抵长春，随着人民军队的被迫撤出，袁牧之等也只得匆匆撤离，接管"满映"自然也就无法进行了。

这年夏季的一天，国民党中宣部副部长李维果忽然来到沈阳义光街四段 46 号东北行营督察处找文强，李维果告诉文强，国民党中宣部打算接收"满映"。此时的"满映"情况十分复杂，有许多"地下"分子在其中活动，害怕接收会有阻力，特来请他相助。

文强问他那些地下分子有何背景，李维果说，据说是有苏联留下的间谍，还有中共的、朝鲜的、日本的，形形色色的人都有，搞不清楚。

文强一听，毫不犹豫地说：

"本着主权接收的原则办事，什么阻力也不必惧怕。请派一能员来见我，以面授机宜，助其完成任务。"

李维果这才露出放心的笑容：

"代表中宣部来接收'满映'的专员，你应该是认识的，就是大名鼎鼎的电影明星金山，我叫他明天就来见你。"

第二天上午，风度翩翩、英气勃勃的金山果然来了。

文强看过他主演的几部电影，对他的表演天才十分欣赏。略事寒暄后，文强当即给金山写了三封介绍信，分别写给长春警备司令部少将督察长崔志光、长春市警察局局长司赓扬、军统局北满站少将站长王力。

文强在信中写明：务盼协助中宣部专员金山完成接收任务，可以强制执行手段将占据"满映"的不法之徒驱逐，但非必要时不得拘禁。

金山拿到三封介绍信，十分高兴。分手时，文强还要他放心，握着他的手说：

"待你动身之前，我还将嘱咐我的主任秘书陈绎如给那三处负责人分别去电话，定能协助你妥善完成任务。"

文强那时怎么也不可能想到，金山不仅是共产党员，而且是接受了周恩来的指示，才设法凭他在国民党内的社会关系争取到了国民党中央宣传部的任命，而成为"接收专员"的。

得到文强的协助后，金山果然顺利完成了对"满映"的接收，将"满映"改名为长春电影制片厂，自任厂长。不久，著名演员张瑞芳也来到长春，他们一起拍摄了反映东北人民从受压迫到奋起反抗、收复祖国河山的故事片《松花江上》。张瑞芳饰演女主角，金山导演。

为顺利拍好此片，金山又曾去找过文强，文强自谦对电影是外行，但表示大力支持，通知下属有关单位为金山拍片大开绿灯。

直到东北战争形势转变，长春被解放军包围后，金山才率他的"接收班子"，带着已拍好的《松花江上》拷贝飞离长春。1947 年 11 月，《松花江上》在上海公映，好评如潮，被誉为"惊人的现实主义电影"。

20 余年后，在"文化大革命"中，文强还关在战犯管理所劳改农场时，从北京来了一批批"外调人员"。第一次提审他的时候，一人开门见山道：

"电影导演、演员金山，现已查明，他既是大叛徒，又是大特务。你应该早就清楚的了！"

文强不知所云，摇头说"不清楚"。

"放老实些！"一个矮胖子猛然一拍桌子，大声吼道："我问你，日本投降后，你是不是在东北搞特务工作？"

"那时我是在东北……"

"金山是不是偷偷摸摸向你报到了？"

"什么报到？"文强这才回想起那次与金山见面的事："金山是来接收电影厂的。"

坐成一排的外调人员们相互交换了一下眼色，似乎打开了缺口，露出得意的神情。

"他找你说了些什么机密话，干了些什么坏事？"

"他要我帮助他们接收电影厂，我答应了，因为他们是代表国民党中宣部的。"

"你知道不知道他是中共地下党员？"

"当然不知道。"文强忍不住笑了，"要是那时我知道他是中共秘密党员，谁还肯帮他接收电影厂？我一定立刻下令把他抓起来了！"

以后又经过多次提审，外调人员反复逼供、诱供，千方百计想要从文强这里搞到有关金山是"国民党特务"的材料，但毫无结果。因为文强当时和其他许多国民党高级战犯都给自己立下了一个"三不抹黑"的原则：不给共产党抹黑，不给好人抹黑，不给自己抹黑。因此无论怎样逼供、诱供，他们都坚持实事求是，决不瞎说。

文强于 1975 年获特赦后，被安排为全国政协文史专员。"文化大革命"结束后，20 世纪 80 年代初的一天，文强到政协礼堂出席一个会议。走进礼堂时，一个老人走到他面前，颤抖着声音问：

"文老先生，你还记得我吗？"

文强看了又看，觉得有些面熟，但想不起在何时何地见过，这位老人激动地紧握着他的手说：

"我是金山呀！文老先生，我感激你，那时没有向外调人员乱说，要是那时你说了半句不实的话，我就活不到今天了……"

金山说到这里，两眼泪水盈盈，几乎要哭出声来。

就在那次见面后不久，金山就在紧张工作中病发去世了。

胡乔木与赵元任的交往

———

武在平

赵元任是著名的语言学家，1910 年毕业于南京江南高等学堂。后赴美入康奈尔大学，获哲学博士学位。1920 年回国，曾任清华大学研究部导师、中央研究院历史语言研究所语言组主任。1938 年赴美国，1945年任联合国教科文组织中国代表团代表、美国语言学会会长。在音位学理论、中国音韵学、汉语方言及汉语语法方面造诣较深。著有《国音新诗韵》《国语问题》等，译有《阿丽思漫游奇境记》。胡乔木同志对我国的语言文字也很有研究，上大学的时候，曾听过赵元任的音韵课，对赵元任很敬佩，但过去由于各种原因他们一直没有交往。直到粉碎"四人帮"以后，他们才有机会见面，在一起的所谈所想，仍然是围绕着我国语言文字改革工作，从中可以看出他们对我国语言文字的热爱和关心。

一部难得的好书

赵元任于 1968 年在美国出版了《中国话的文法》，这本书是用英文写的，原本是写给外国人研究中国话用的，但时任中国社会科学院语言研究所所长、中国文字改革委员会副主任的吕叔湘对此书非常感兴趣，认为它对研究汉语口语有很高的价值。1979 年，吕叔湘特将此书翻译成中文，书名为"汉语口语语法"，由商务印书馆出版。因为原书是供英语读者用的，论述得繁简不一定都合乎中国读者的需要，因此吕叔湘在翻译的时候，斟酌情况，重要的地方全译，多数地方删繁就简，少数地方从略，但是就内容说，没有实质性的削减。胡乔木在 1981 年患胆囊炎准备做手术期间，认真读了这部书，并于 5 月 16 日给吕叔湘写了一封信，对赵元任的书给予赞赏，认为："这是一部难得的好书"，并肯定吕叔湘的翻译工作，说："多亏你辛苦译出来。"信中他还对吕叔湘在翻译中的问题，包括一些技术性的问题，提出了 40 条意见，那种对语言学专业知识的精通和一丝不苟的认真态度令人敬佩。胡乔木在信的末尾说道："语言学比较地可说是冷门，这书以及以前国内出的一些很有价值的书（赵氏的著作未译的，也有比较重要需要译出的），如能有人写篇书评介绍一下就好了。"

赵先生的歌集应出版

1981 年 5 月中旬，赵元任应中国社会科学院邀请，从美国归国访问。5 月 19 日晚，社会科学院和北京大学等语言学界的专家、学者在人民大会堂设宴招待赵元任。作为社会科学院院长的胡乔木因病住院准备手术，未能主持宴会，但他还是带病在晚宴前会见了赵元任。

6 月 8 日，胡乔木在医院又一次会见了赵元任，同去的有赵元任的二女儿赵新那、女婿黄培云，还有当时担任社会科学院外事局局长的王光美同志。会见中，乔木谈到他曾听过赵先生的一次音韵课，当时是旁听生，很受教益。以后因工作关系没有再去。胡乔木说，他已经将赵先生著的《汉语口语语法》读完了。胡乔木还关心赵元任研究的《通字方案》。这个《通字方案》是赵元任 1973 年 5 月回国访问时带回来的改革汉字的新作。该方案采用同音代替的办法，把汉字减至 1900 个。当时赵元任带回的《通字方案》文稿有两份，分别送北京大学和中国科学院语言研究所。后来周恩来总理会见赵元任时提出要把《通字方案》印出来。赵元任回答说："我听取了大家的批评意见，修改后再印吧。"胡乔木问道：这个方案"是否在哪里印了，还是在修改？这个稿子现在在哪里？"赵老回答说："在美国。"胡乔木建议赵先生的著作最好由国内翻译出版，并请社会科学出版社与赵元任商量。

赵元任不但是著名的语言学家，还是音乐学家，曾专攻过和声学、作曲法，会摆弄多种乐器，毕生都与钢琴为伍。他一生作过 100 多首音乐作品。赵元任还为同时代的诗人谱曲，其中有刘半农的《教我如何不想他》、徐志摩的《海韵》、刘大白的《卖布谣》、胡适的《他》、陶行知的《小先生歌》、施谊的《西洋镜歌》等。胡乔木非常喜欢这些具有民族风格的歌曲，他说："我听过一个歌'爱我的中华……'歌词很有感情，这个歌还应唱。赵先生的歌集应出版。"

胡乔木说："赵老翻译的《阿丽思漫游奇境记》语言很好。我读过，我的孩子也读过。今后还要叫孙子读。是否建议少年儿童出版社出版？加一个好看的封面，配上插图。这本书的作者也是学数学的。赵先生翻译得特好，用北京话译的。赵先生曾写过一个序，以后商务印书馆如再印，应恢复印序。少年儿童出版社出版时可不要序，因序言的含义较深，儿童不好懂。有些语言与现在通行说法不一样处，可做些修改，使儿童易于接受。改变处要征得赵老先生同意。"20 世纪 20 年代，赵元任先生应聘赴美哈佛大学教中国语言课之前，在他还没有开始进行方言调查并且决定在学术方向上主攻语言和语言学之前，他做了一件了不起的工作，那就是翻译了《阿丽思漫游奇境记》，这本小小的童话书，吸引着那个时代万千少年儿童的心。

诗歌中的平仄问题

6月11日，胡乔木从医院出来，专门到宾馆拜会赵元任，见面的第一句话，乔木很谦虚地说："今天我是专门就一个学术问题来向您请教的。"乔木就音韵学尤其是诗歌中的平仄等问题，同赵元任进行了探讨，他们交谈得非常融洽。这天谈话后，胡乔木感到意犹未尽，于是第二天胡乔木又给赵元任写了一封信，就诗歌中的平仄问题向赵元任请教。他首先谈道："昨天向您提出的问题，因限于时间，说得太简略，很难表达出我为什么要重视这个似乎不那么重要的问题。因此再多说几句，请您原谅。"胡乔木在信中向赵元任提出了这样几个问题。

胡乔木认为，平仄如果只是一种人为的分类，而没有某种客观的依据，是很难理解它为什么能在一千多年间被全民族所自然接受，而成为习惯。这种习惯远不限于诗人文人所写的诗词骈文联语，而且深入民间。过去私塾里蒙童的对对并不需要长时间的训练，巧对的故事也并不限于文人。民歌中常有大致依照平仄规律的，如著名的"山歌好唱口难开""桃红柳绿是新春""赤日炎炎似火烧""月儿弯弯照九州"等。甚至新诗中也有"教我如何不想他""太阳照着洞庭波"这样的名句。

胡乔木接着谈到古代用平韵的作品，远远超出用仄韵的。他说平仄之分，至少在周代即已开始被人们所意识到，所以《诗经》《楚辞》中用平韵的作品，远远超出用仄韵的，这绝不是一个偶然的现象。后来历代诗赋词曲和现代的歌谣、歌曲、新诗，一直没有什么改变。这个事实，有力地说明平声和仄声确有明显的虽然是不容易讲清楚的区别，无论各自的实际调值在各时期和各方言区有多大不同。它还引出另一个不容易答复的问题：为什么汉语里平声字多？

胡乔木提出的第三个问题是，中国诗歌何以由《诗经》《楚辞》时期的以偶数字句型为主变为两汉以后的以奇数字句型为主？偶数字句诗除辞赋体外，六言诗始终不流行，八言诗根本没有（当然不算新诗），奇数字句诗基本上也只限于五七言（不包括词曲），在民歌中大多数是七言。四六言变为五七言的语言学上的原因不清楚，是否古汉语的发展在此期间出现了某种重要变化？

从上述提出的这几个问题来看，说明胡乔木对于音韵学问题钻研得非常深。胡乔木提过问题后又说："向您这样高龄的前辈提出这些问题，于心很觉不安。不过我终于不肯放过这个求教的机会。您在返美以后，如能把您的一些想法告诉赵如兰（赵元任的长女）教授，请她给我回一封信，我就感激不尽了。"两天后，胡乔木又给吕叔湘、李荣写信，也请他们安排社会科学院语言研究所的同志们研究一下这几个问题。

赵朴初与赵元任的三次交往

朱　洪

一

1973 年 5 月 13 日晚上 9 点，周恩来总理、人大常委会副委员长郭沫若、国务院教科组组长刘西尧在人民大会堂会见了美籍中国学者赵元任和夫人杨步伟及其子女。参加会见的还有周培源、吴有训、邹秉文、黎锦熙、竺可桢、吕叔湘、丁西林、赵朴初等，共约 50 人。

81 岁的赵元任和 85 岁的夫人杨步伟是 4 月 21 日抵达北京的。自 1938 年离开昆明出国，这是 35 年后他们第一次返回大陆。二女儿一家在大陆，他们已经分别 27 年。对于杨步伟来说，除了见许多亲戚、朋友，看看当年生活和工作过的地方外，她还想了解一下祖父杨仁山居士创办的金陵刻经处的情况。

大家随便聊天，除了大外孙女婿林迈不是中国人，其他都是中国人，因此会见不用翻译。周总理在谈话中说道，赵先生执教清华大学时，他曾考虑去跟先生学语言学，后来先生给罗素做翻译暂时离开了清华大学，所以没能去学，也就不曾见着先生。赵元任听了非常高兴，说，幸亏没有跟我学语言学，不然中国可就少了一个好总理。大家听了周总理和赵元任先生风趣的谈话，不时爆发出欢快的笑声。

周总理了解到杨步伟关心祖父杨仁山创办的金陵刻经处情况，特意邀请中国佛教协会会长赵朴初出席会议，佛教兴盛与大规模的佛教经典的翻译有关，近代唯识学振兴，是因为杨仁山在清末从日本引进了国内失传的唯识学典籍。在《佛教常识答问》一书里，赵朴初曾专门介绍杨仁山居士对中国佛教的贡献："近代的佛学提倡者首推杨仁山（1837—1911）。为了培养人才和扩大佛典流通，便利佛学研究，他用了几十年的光阴，致力于讲学和刻经事业。他所创办的金陵刻经处曾经刊印了由日本取回的我国已经遗失的性、相诸宗的重要著作，因而使性、相两宗的教义得以复兴。金陵刻经处同时又是讲学场所，谭嗣同、章太炎等都在那里听他讲学，在他的培育影响下产生了一些佛教学者，其中突出的是欧阳竟无居士。"

在会上，赵朴初回顾了金陵刻经处解放以来的情况。1952 年夏天，金陵刻经处板房内杂草丛生，一片凋敝。圆瑛法师、赵朴初等以抗美援朝名义成立了"金陵刻经处护持委员会"，并请专人负责管理。不久前，刻经处来信说，经版虫蛀、人为损害严重，赵朴初给周总理写了信，要求将金陵刻经处尽快归还佛教部门管理，总理非常关心，立即批示同意。为了协调各方面的关系，赵朴初多次到南京指导工作。杨步伟听了赵朴初的介绍，非常高兴，连声感谢。

这一夜，大家尽兴而谈，一直谈到午夜 12 点后，周总理还安排了风味小吃作夜宵。谈笑间，许多信息，齐齐集中到一起。赵元任深感周总理的办事效率，他在回忆文章里写道："这样的一个晚上的谈话等于两个晚上谈的。"

《人民日报》报道了周总理会见赵元任夫妇的情况。

二

1979 年 8 月，以赵朴初为团长、丁光训为副团长的中国宗教代表团一行十人到美国普林斯顿出席第三届世界宗教者和平会议。会议上，赵朴初和日本宗教界朋友联名提案，建议"世宗和"领导人访问各有核国家，要求这些国家领导人不首先使用核武器，获得大会通过。

会议结束后，赵朴初和李荣熙取道旧金山回国，于 9 月 13 日到加州拜访了赵元任、杨步伟夫妇。58 年前，赵元任夫妇结为伉俪，留美同学胡适是男方证婚人。72 岁的赵朴初，在他们面前，又是一代人了。借杨仁山居士之缘，赵朴初到赵元任家，有宾至如归、不胜今昔的感慨。赵元任夫妇十分高兴赵朴初的到来，为了聊天和尽地主之谊，坚持留客人在他们家客房住一夜。

这是赵朴初和赵元任夫妇第二次交往。六年前，在周总理安排下，他们相互认识，但在人民大会堂的见面，高朋满座，顾不上细谈。这次在赵元任旧金山的家中见面，大家尽兴而谈，十分开心。他们谈得最多的是杨步伟女士祖父杨仁山创办的金陵刻经处的情况。1978 年 10 月，赵朴初到南京下榻在双门楼宾馆，江苏省宗教局的李安、田光烈同志专门汇报了金陵刻经处的恢复情况，说房产归还已部分解决，深柳堂主要房舍也修复一新，但大部分房舍仍然被外单位占用。老当时要求他们尽快着手经版的整理，恢复被"文革"中断了的印经业务。

杨步伟 1913 年留学日本，1919 年，安徽督军柏文蔚为 500 人的女子北伐队办崇实学校，请佛教居士杨仁山的孙女杨步伟当校长。但她后来选择在北京西绒线胡同创办了"森仁医院"，自任院长。凑巧的是，赵朴初现在也住在绒线胡同北京第二医院对面，即"森仁医院"旧址，谈起旧事，宾主其乐融融。

杨步伟十分感谢赵朴初和中国佛教协会对金陵刻经处的关注，拿出2000 美元，请赵朴初转交金陵刻经处，她告诉赵朴初，今年是我的 90 寿辰，我对亲友说，谁要送寿礼给我，我就捐给金陵刻经处。赵朴初深感杨女士对金陵刻经处和佛教事业的关心。次日临行，赋诗一首，贺杨步伟 90 岁生日。

三

1981 年 3 月 1 日，杨步伟女士去世，享年 92 岁。5 月 17 日，88 岁高龄的赵元任应中国社会科学院的邀请抵达北京访问，他在甜甜蜜蜜 60 年的老伴去世后两个多月回到中国，一来排遣对老伴的思念；二来就是重访包括金陵刻经处在内的故处，以代替老伴再了凤愿。

6 月 2 日上午，即赵元任从南京、常州、上海参观回北京的第三天，赵朴初到北京饭店拜访了赵元任。

这次见面，两人谈得最多的还是金陵刻经处。赵元任告诉赵朴初，他到南京后，去看了延龄巷金陵刻经处。早在 1936 年 12 月 29 日，即杨仁山居士百岁诞辰日，赵元任和杨步伟夫妇带着孩子参加了延龄巷杨仁山家中和杨仁山墓地举行的隆重的佛教纪念仪式。

因为拜访赵元任的人很多，他们相约，在赵元任离开北京前，再见一次。6 月 10 日下午，赵朴初再次拜访赵元任，会谈时在座的有杨仁山居士的后代、杨步伟一脉的亲戚杨若宪、杨若英、杨若芳、鲍正鹄。

三天后，赵元任乘飞机离开北京回旧金山。次年 2 月 24 日，赵元任在美国因心脏病去世，终年 89 岁。

在杨步伟和赵元任夫妇相继去世后，赵朴初继续关心金陵刻经处的发展。1994 年 7 月，赵朴初在给刚获得克拉尼亚大学哲学硕士学位的留学僧净因贺信中，还提到杨仁山居士："近代以降，中斯两国的佛学交流和合作，从杨仁山居士和达摩波罗居士开始，中经太虚大师和马拉拉色克拉教授的热情倡导，先后派出数批学僧前往斯国留学，为我国对南传佛教的研究和人才培养作出了杰出的贡献。"

1996 年 10 月，过了 90 岁的赵朴初在一次大病后，写了遗嘱，并对来看他的前秘书宗家顺先生说："我已经过 90 岁了，今后我不在了，谁来管佛教文化的事？还是建个董事会吧！你找些人商量一下，拟个名单给我。"在生命的最后几年，赵朴老放心不下的是，成立中国佛教文化研究所、金陵刻经处、中国佛学院董事会的事。

郭沫若与陈布雷的文士情

张宗高

　　一个文坛泰斗，一个江浙才子；一个是中华人民共和国的政府要员，一个是旧政权的国策顾问。他们虽然政见各异，但在学识领域和个人感情方面却又是一对挚友，这就是郭沫若和陈布雷。

　　陈布雷在文坛上知名比郭沫若稍早。1911 年夏，陈布雷从浙江高等学堂毕业后，即应上海《天铎报》的聘请，出任主要撰稿人，开始写政论文章，锋芒初露；后又任《申报》和《四明日报》特约撰述；1920年后任《商报》主笔，用"畏垒"笔名发表社论及杂文，提倡民主革命，笔力雄健锋利，享誉一时。

　　此时，郭沫若则刚从日本回国，同郁达夫、成仿吾在上海成立了"创造社"。郭沫若的诗文充满激情，如黄河长江豪放奔腾，猛烈地冲击着帝国主义和封建主义的藩篱，声誉亦如明星东升，名扬海内外。

　　当时郭、陈两人都在上海，虽未曾谋面，但互慕文名。郭沫若称陈布雷"如椽大笔，横扫千军，令人倾慕"。陈布雷当年在《商报》上发表的文章，《向导》周刊也曾予转载。可是终因各种局限，他只走到资产阶级民主革命这一步为止。郭沫若则不然，不仅向封建主义发起冲锋，而且自北伐开始即投笔从戎，担任了国民革命军总司令部总政治部副主任，与叶挺将军一起直打到长江流域。当时在上海的陈布雷，在北伐的进军中也写了一些鼓吹革命的文章。

陈布雷第一次见到郭沫若是在 1927 年春。当时陈应蒋介石的邀请，专程从上海赶往南昌，他在北伐军总部见到了郭沫若。见郭沫若身着戎装，英姿勃勃，陈布雷很倾慕地说："沫若先生，今日一睹风姿，真是三生有幸。"面对一袭长衫、文士气派的陈布雷，郭沫若也很尊敬地说："畏垒先生的时评，真是力透纸背，横扫千军。"两人遂有相见恨晚之感。

陈布雷毕竟是书生，对当时即将爆发的一场政治斗争——"四一二"清党，还木然不知所以。而郭沫若却敏锐地觉察出蒋介石的野心，并发表讨蒋檄文《请看今日之蒋介石》，无情地揭露了蒋介石的反革命面貌。蒋介石恼羞成怒，到处通缉郭沫若，郭被迫流亡日本。直到 1937 年"七七"卢沟桥事变，郭沫若时时都在期望有一天能回到祖国。

一别 10 年，陈布雷此时已当上了蒋介石的幕僚长，但他对郭沫若还深情缱绻，念念不忘。蒋介石对郭沫若也未能忘却。一天，他当着陈的面恨恨地说："郭沫若这个人哪，嗯，写我的那篇文章太刻毒了！这几年他在日本究竟干了些什么？"

"蒋先生，"陈布雷小心翼翼地回答，"据说郭沫若在日本十年，主要是研究殷墟甲骨文和殷周青铜器铭文……"原来，"七七"事变后，郁达夫（时任福建省政府委员）找到了陈布雷说："布雷先生，眼下我中华民族，男女老少，奋起抗战，委员长在庐山讲话也号召全民奋起，地无分南北，人无分老幼。郭沫若现流亡日本，处境危险，他很想回国从戎，参加抗日，布雷先生是否能向委员长疏通一下？"郁达夫说的

"疏通一下"，就是希望蒋介石撤销通缉郭沫若的命令，陈布雷立刻答应。今见蒋介石提及郭的事，他捧出事先准备好的一叠郭沫若在日本研究中国古代社会的书籍给蒋介石看。蒋接过书，随手翻了翻，目光盯住陈布雷，面带疑问。

陈布雷忙趁势说："蒋先生，郭沫若为国争光，这些书在国际学术界影响很大。听说郭沫若现在想回国参加抗日，所以想请示蒋先生……"蒋介石不吭声，等了一会儿又问："他真是在研究乌龟壳和骨头?"

"不错，是在研究古代历史。"陈继续向蒋进言，"这是一个人才，人才难得啊!"

"可是他写我的文章……"

"蒋先生，"陈布雷鼓起勇气，"此一时也，彼一时也。那时是各为其主，现在他就是研究古代历史。若把这种人才搜罗起来，正可以说明你的宽容大度，用人唯才。"

"那么这个通缉令……"

"蒋先生，我看正好以抗战开始，地无分南北，人无分老幼，有钱出钱，有力出力，共赴国难为理由撤销这个通缉令。"

见蒋介石开始有些松动了，陈布雷又说："蒋先生，郭是'日本通'，我国抗战理应借重他；而且他现在处境很危险，日本政府已派人严密监视他。"

蒋介石这才点点头说："那我就写一张手令，撤销通缉令。"

陈布雷非常高兴，但转而又接着说道："蒋先生捐弃前嫌，重视人才，为海内外所景仰。可是这个撤销通缉令的命令不能马上公布，一旦公布反而使郭沫若走不脱。蒋先生，这事请交给我全权处理好了。"

陈布雷立刻把这消息告诉了郁达夫和共产党员李克农。中国共产党经过细心安排，通知了郭沫若。郁达夫也通过别的途径给郭沫若写了一封信，说："今晨接南京来电，嘱我致书，谓委员长有所借重，乞速归。我已奔走见效，喜不自胜……目今强邻压迫不已，国命危在旦夕，大团结以御外侮，当系目今之天经地义……"

郭沫若接到信，又与南京政府驻日本的大使馆秘密联系，于1937年7月25日起程，化装乘日本"皇后"号头等舱回国。

7月27日，郭沫若到了上海。9月19日，蒋介石电召郭沫若去南京。24日傍晚，蒋介石在陈布雷的陪同下，接见了郭沫若，陈布雷仍穿一身长袍，蒋介石也着灰色长袍，两人都面露笑容。

陈布雷显得分外高兴，他很钦佩郭沫若的才气，深深为自己在郭沫若回国一事上出了一点力而高兴，也为罗致了人才共同抗战而兴奋。虽然郭沫若回国一事，国民党上层人物陈仪、邵力子、张群等都给蒋介石做过工作，但陈布雷可称得上是最有力的疏通者。

1938年4月，郭沫若在周恩来和许多朋友的敦促下，就任军委会政治部第三厅厅长，主管抗日宣传工作，这时正是国共两党合作抗日民族统一战线的发展时期。陈布雷在蒋介石的身边也负责宣传工作，因此两人又有了接触和联系。见面时，陈布雷很诚恳地对郭沫若说："很欢迎沫若兄常来谈谈，说句实话，只有道德相同的人，我才愿与之交往。有些趁机发国难财的人，即使到我家，我也是不见的。"郭沫若也很坦率地说："我很佩服先生的如椽大笔，请多为鼓吹抗日而出力啊！"

1941年11月16日，是郭沫若50诞辰，又是他从事创作生活25周年纪念日，重庆文化界准备发起大规模庆祝活动。周恩来、邓颖超一起先到天官府郭沫若的住所祝贺，周恩来说："庆祝的声势一定要大，这样能鼓舞进步文化人更好地为革命作出贡献。"又说："为了便于开展工作，我们也要邀请邵力子、陈布雷、张治中等做发起人。"周恩来对陈布雷的外甥，当时在郭沫若领导的文化工作委员会工作的翁泽永说：
"小翁，请你传话给你的舅舅布雷先生，对他的道德文章，我们共产党
人是钦佩的，但希望他的笔不要为一个人服务，要为全中国四万万人民
服务。"郭沫若也说道："唉，为老蒋拿笔杆子，这不是一件好差
使啊！"

第二天，翁泽永把周恩来的意思及郭沫若的话传给陈布雷听了。陈
听了后，沉思良久，避开正面回答，说："恩来先生我衷心敬佩，可惜
国民党里像恩来先生这样的人太少了。"陈布雷沉吟良久，又感叹地说：
"唉！知我者沫若先生也！"

"舅舅，"翁泽永说，"还想请你当郭沫若先生 50 诞辰和从事创作生
活 25 周年纪念活动的发起人。"

"好，好。"陈布雷欣然允诺，一破常例，立刻在"缘起"的横轴
上签了名，并且挥笔立就写了一封给郭沫若的贺信：

> 沫若先生大鉴，《三叶集》出版时之先生，创造社时代之先生，在
> 弟之心中永远活泼而新鲜。至今先生在学术文化上已卓尔有成，政治生
> 活实渺乎不足道，先生之高洁，先生之热烈与精诚，弟时时赞叹仰佩。
> 弟虽一事无成，然自信文士生涯，书生心境，无不息息相通。国家日趋
> 光明，学人必然长寿。此非寻常祝颂之词也。唯鉴不尽。
>
> 弟陈布雷谨上

陈布雷自从做了蒋介石的幕僚长后，对社会活动很少参加，特别是
对祝寿一类活动，更是不喜附和，这次为了庆祝郭沫若的生日，他表示
了十分激励的心情，实属少见。陈布雷擅长写政论文章，特别是跟随蒋
介石后，专写文告之类文章，作诗极少，可是为了庆祝郭沫若的生日，

他又作了一首贺诗，而且字斟句酌，注入了真情：

> 郭沫若君五十初度，朋辈为举行二十五周年创作纪念，诗以贺之。
>
> 澷澜奔流一派开，少年挥笔动风雷；
>
> 低徊海漄高吟日，犹似秋潮万马来。
>
> 搜奇甲骨著高文，籀史重征张一军；
>
> 伤别伤春成绝业，论才已过杜司勋。
>
> 刻骨辛酸藕断丝，国门归棹恰当时；
>
> 九州无限抛雏恨，唱彻千秋堕泪词。
>
> 长空雁阵振秋风，文士心情金石通；
>
> 巫岫云开新国运，祝君采笔老犹龙。

陈布雷写罢诗，对在场的友人陈方说："芷町兄，弟不善书法，请兄代书在立轴上如何？"

"一定效劳。"陈方看了陈布雷的诗后，说："布雷先生大作感情真挚，可谓力作，但是'文士心情金石通'是否改成'文士心情脉脉通'？"

"芷町兄一改，在立意上更为好了，可是否有点不够自谦，我与郭君是不能相比的啊！"

"你们两人都有如椽大笔，且你的贺信中，不也包含这个意思吗？"陈布雷最终还是同意了。于是，工于书法的江西才子陈方在立轴上洋洋洒洒一挥而就。

贺诗是翁泽永送去的。当时四面八方汇送给郭沫若的贺联、诗词、文章不计其数，可是郭沫若对陈布雷的贺诗特别注意，他问翁泽永说："是否布雷先生手笔？"

"诗是他自己写的，写在贺幛上的是陈芷町代笔。"

郭沫若听罢马上挥笔写了一首答诗，并附一谢信：

畏垒先生赐鉴：五十之年，毫无建树，猥蒙发起纪念，并迭赐手书勖勉，寿认瑶章，感激之情，铭刻肝肺。敬用原韵，勉成俚句以见志。良知邯郸学步，徒贻笑于大方，特亦不能自已耳。尚乞教正，为幸。

专复。敬颂

时祉

弟郭沫若顿首十一、二十三

茅塞深深未易开，何从渊默听惊雷；

知非知命浑天似，幸有春风天际来。

欲求无愧怕临文，学卫难能过右军；

樗栎散材绳墨外，只堪酒战策功勋。

自幸黔头尚未丝，期能寡过趁良时；

饭蔬饮水遗规在，三绝韦编叉象词。

高山长水仰清风，翊赞精诚天地通；

湖海当年豪气在，如椽大笔走蛇龙。

敬步原韵呈畏垒先生教

沫若初稿

陈布雷收到郭沫若的谢信和诗，不禁连连叹息："知我者郭先生也！郭先生才是如椽大笔走蛇龙也。唉！相信文心脉脉通，如椽大笔走蛇龙！"

郭沫若的挚友柳倩

屠建业

2004 年，在海内外享有盛誉的著名诗人、学者、书法家柳倩先生无疾而终，享年 95 岁。

柳倩原名刘智明，是郭沫若的挚友和同乡。郭沫若是四川乐山人，柳倩是乐山所辖荣县人，两地连壤，山水相依。柳倩在 1932 年于国立成都大学中文系毕业后，就追随郭沫若到上海。1932 年，柳倩和穆木天、蒲风等人发起成立"中国诗歌会"创办《新诗歌》杂志。1933 年，郭沫若、穆木天介绍柳倩加入"左联"。当时刚刚 20 岁出头的柳倩正是血气方刚的热血青年，是郭沫若的得力助手，深得郭沫若的赏识。柳倩加入了上海地下党组织，隐姓埋名，做了许多秘密的工作。

上海赋诗迎郭老

1937 年"七七"卢沟桥事变后，日军侵犯华北。远在日本流亡的郭沫若心急如焚，抑制不住自己的爱国热忱，毅然决定"别妇抛雏"，离开日本爱妻安娜和儿女，义无反顾奔赴国难。

1937 年 7 月下旬郭沫若回到上海后，上海的文化界人士奔走相告，大家都觉得他回来是值得庆幸的大事。当时，正值国共第二次合作，国民党当局也正式发表声明撤销了对郭老的通缉令。不几天，上海文化团体为欢迎郭沫若归来，在八路军驻上海办事处特意举行了洗尘宴会。宴会由办事处主任潘汉年主持，应邀参加的文化界同人有穆木天等几十位，柳先生也参加了那次宴会。宴会首先由潘汉年致欢迎词，接着郭沫若讲话。那天郭沫若讲话不多，但话语铿锵有力，动人心魄。他说："我要为赴国难而归，敢为国而牺牲献身。"席间大家频频举杯。郭沫若朗诵了一首七律诗："又当投笔请缨时，别妇抛雏断藕丝。去国十年余泪血，登舟三宿见旌旗。欣将残骨埋华夏，哭吐精诚赋此诗。四万万人齐蹈厉，同心同德一戎衣。"郭沫若是流着泪朗诵的，在场的无不为之动容，潸然而泣。柳倩当即写了一首《鸷鹰归来了》诗，欢迎郭沫若。诗是这样写的：

> 鸷鹰归来了，
>
> 在那东北的天郊，
>
> 十年忍着河山破碎，
>
> 终于斩断了拘囚的镣铐。
>
> 你听惯了多少哭声与号叫，
>
> 你怀念祖国的泪伴着扶桑的晚潮。
>
> 使你再不忍听那全民族的吼声，
>
> 扬子江带来的呼啸。
>
> 你终于归来了，
>
> 赶上这抗战的怒潮。

你终于归来了，

忘却雏鹰的啼叫。

敌人的铁骑响彻大地，

前线正吹起抗战的军号。

四万万五千万人正欢迎你，

祖国将交还你昔日的宝刀。

这首诗表达了柳倩作为一个文学青年对郭沫若毅然从日本回到祖国的敬意和感慨。郭沫若是柳倩走上文学道路的师长和引路人。在 20 世纪 20 年代，柳倩就爱读郭沫若的诗。郭沫若的诗作《女神》《星空》等，柳倩几乎能够背诵，对柳倩后来从事新诗创作启发很大。柳倩也很喜欢读郭老的译诗，他经常反复诵读郭沫若所翻译的雪莱的诗和歌德的诗。

参加战地服务队

1937 年上海"八一三"事变后，上海文化界空前活跃，文学、戏剧、电影等各方面的作家、诗人及艺术家们，在中国共产党的领导下，纷纷投入抗日救亡运动。刚刚从日本归国的郭沫若不负众望，担负起领导文化界参加抗日救亡运动的重任。他往返于上海和香港之间，从事文化统战工作。在敌机频繁轰炸扫射下，他还不顾个人安危，亲自前往战地，会见第八集团军总司令员张发奎将军，向张发奎提出组织一支战地服务队，以加强对民众的宣传和组织动员工作。因当时正是国共合作时期，爱国将领张发奎将军很赞赏郭沫若的建议，他说："就叫第八集团军战地服务队吧。"

当时，上海战云密布，兵荒马乱，文化界人士都面临着一个随军到前线还是撤到武汉去的选择。郭沫若问柳倩打算到战地还是到武汉去，柳倩说："请郭老安排好了。"郭沫若说："你单身一个人，没什么牵挂，到前线锻炼去吧。"柳倩为能有机会随军到抗日前线高兴极了，当晚他给四川荣县家乡的母亲写了一封长信，要她老人家千万别惦记远方的儿子，并在信中嘱托弟弟和妹妹来照顾老人家的生活。信未写完，好友王亚平来了，他俩在一起商量，决定一起到战地服务队去。

鉴于郭沫若在文化界的声望，蒋介石做出姿态抛弃前嫌，任命郭沫若担任国民政府军事委员会政治部第三厅厅长。郭沫若离沪前完成了第八集团军战地服务队的组建工作。战地服务队由政工人员和上海各界文化战士共 30 余人组成，钱亦石任队长，队员中有柳倩的好朋友、小说家何家槐，以及王亚平、孙慎等。这几个人都分到宣传科，由石凌鹤担任宣传科科长，柳倩在宣传科担任编辑组组长。

为了适应军队的生活，按张发奎将军的指示，战地服务队组成后便开赴嘉兴进行短时间整训。这群文化人一夜之间穿上了灰色军装，大家除感到振奋外，又觉得责任重大。每天清晨，战地服务队集合，进行一些基本的队列操练，还进行行军礼练习、防空演习等。在嘉兴整训期间，他们书写抗日标语，刻印传单向民众散发。

上海沦陷后，战地服务队奉命由嘉兴撤到松江。松江到处是一片混乱状态，形势十分严峻。石凌鹤科长同杜国庠商议，决定服务队立即出发，向浙西方向转移。当整装时，松江城里响起了紧急空袭警报，只见居民们扶老携幼往城外跑，宣传科在科长带领下，利用城外田埂疏散卧倒，两架日军飞机飞临松江上空盘旋并俯冲投弹扫射，有不少群众死于这次空袭中。服务队员第一次目睹日军的侵略暴行，大家愤怒地表示，要记住日军在中国土地上犯下的罪行，用我们手中的笔坚决同敌人进行战斗。

从松江出发，战地服务队于当天夕阳西下时才到达宿营地，夜晚宿在紧靠河边像是难民搭的草棚里。经过几天行军后，他们就要到杭州了，这时突然接到集团军司令部的命令，要他们继续行军赶到建德待命。战地服务队在杭州没有停留，即乘船溯富春江而上经桐庐到达建德。由于建德离前线远些，所以当时城里气氛稍微缓和，一切显得宁静。服务队抓紧时间上街进行宣传，有的在街头教学生唱抗日救亡歌曲，有的写大标语，有的在街头进行演讲，一天下来很劳累，但没有一个人叫苦，因为大家都有一个共同的心愿，坚决把全民的抗日战争进行到底。

不久，战地服务队从浙江建德县前往浙赣交界的江山县。几天后，张发奎将军发来电报，要战地服务队的队长和科长去总部见面并汇报工作。柳倩同何家槐、孙慎几个队员趁此机会抓紧作了一次社会调查，实际也是深入下去接触社会积累文艺素材。当时江山县临时成了一个后方基地，这里设立了战地医院，从前方送来了不少伤病员。队员们便深入其间去做政治思想工作，并进行慰问演出。

这期间，柳倩曾去武汉出席了中华全国文艺界抗敌协会会议，并在会上汇报了战地文艺宣传工作，引起与会者的重视并给予鼓励。柳倩在武汉与郭沫若见面，经郭沫若介绍，加入了中华全国文艺界抗敌协会。

当服务队到达湖南长沙后，传来了武汉失守的消息。不久，长沙发生大火，战地服务队徒步行军赶到平江一带。在当地地下党配合下，战地服务队组织群众进行军事训练，发动群众开展游击战。当时张发奎将军已调任第二兵团司令员，服务队仍在他领导下开展工作。

由于随军征战，战地服务队员只剩下 20 余人了。有的途中生病暂时离队，也有个别掉队而失去联系的。在 1939 年 4 月间，战地服务队到达广东韶关，由于长途行军劳累，柳倩也病倒了。在病中他坚持创作了长篇叙事诗《果园地带》，这首诗后来发表在湖南衡阳的《力报》上。他还将随军征战的一些短诗结集名《在太阳下》。在广西《救亡日报》上，他也发表过诗歌作品。

在韶关，战地服务队改称战时工作队，又叫战干团。当时中共中央南方局统战工作做得好，在他们的推动下，服务队员大都分配了适当工作，使柳倩这些文化战士大有用武之地。钟敬文和郁风被分到第二兵团政治部工作，柳倩被分到长官部做秘书工作。

1940年春，张发奎司令员发来指示，要柳倩负责把战干团带到广西柳州。到柳州后，战干团帮助群众恢复春耕，还做了打扫战场及安置伤病员等工作。

一天，衡阳力报社一位记者带着柳倩的弟弟禾波找到柳倩。禾波谈了许多四川家乡的情况。后来柳倩从报纸上见到郭沫若及一大批文化人士聚集到山城重庆的消息。柳倩毅然在柳州离开了战干团，取道汉口乘轮船直奔重庆，开始了抗战的新生活。

重庆岁月

1940年年底，柳倩到达重庆。

一天，柳倩到天官府，见到了郭沫若，郭沫若热情地握住柳倩的手，与他亲切交谈。郭沫若说："你来重庆之前，怎么不写信或发电报来，现在文工会的人事已安排满了。"看郭老的神情好像遇到了难处。过后柳倩才得知，郭沫若从武汉撤到重庆后开始仍担负国民政府第三厅厅长职务，不久，由于蒋介石消极抗日，国共合作的形势发生了新的变化。这年9月间，蒋介石出于反共的需要，公然下令要郭沫若辞职，并强令所有三厅的工作人员必须集体加入国民党。郭沫若对此十分愤慨，坚决拒绝了蒋介石的无理要求。郭沫若等全体三厅工作人员毅然集体辞职。蒋介石担心这些社会名流涌向延安成为后患，于是决定成立一个相当于部级的单位安排这批文化人士，名称叫国民政府军事委员会政治部文化工作委员会，以笼络、羁縻这批文化人士。郭沫若出任文工会的主任，办公处设在天官府 7 号。

不久，按照郭沫若的意见和安排，柳倩得以进入文工会工作，当时在文工会的还有白薇、臧云远等。

1941 年 1 月，发生了震惊全国的"皖南事变"，国民党再次掀起反共高潮。在重庆，国民党当局有一批特务对我们党的领导同志暗中监视，也对郭沫若以及文工会、中华文艺界抗敌协会的宣传活动暗中监视。在郭沫若的住处周围经常有便衣特务活动。为了防止敌人下毒手，保存我党在文化战线上的力量，中央有关部门曾有计划地将一些已暴露党员身份的同志护送到敌后各抗日根据地去工作。柳倩按郭沫若的意见仍留在文工会。尽管重庆的"白色恐怖"日益加剧，但文学活动一天也没停止。为了推动全国抗战文艺事业的发展，在郭沫若的领导下，作家们以手中的笔为武器，以《新华日报》和《新蜀报》为阵地，创作了大量配合抗战的文艺作品。诗歌界尤其活跃，诗人们经常聚在一起谈诗论文，共同探讨新诗的发展方向以及怎样为抗战服务。常和柳倩在一起的有臧克家、力扬、王亚平、方殷、白薇等。这批文化人在山城的文化生活很丰富，大家为了抗战这个大目标，互相学习，坦诚相见。几十年后再回忆那难忘的岁月，他们内心时时泛起感情的波澜。

重庆时期，郭沫若以极大的精力和热情投入到文艺创作之中。他创作了话剧《屈原》，以屈原爱国主义思想为主线，再现屈原那不屈不挠的抗争精神。他运用以古讽今的手法，无情抨击国民党反动派推行的投降卖国政策，真切地表达了全国人民团结抗战的愿望，给当时恐怖黑暗的山城注入了一线光明。为了祝贺《屈原》的演出成功，周恩来同志代表党中央在天官府设宴招待全体演职人员，其中有扮演屈原的金山、扮演婵娟的张瑞芳和扮演宋玉的孙坚白等。柳倩和陈白尘、方殷、任侠等也出席了那次宴会。

柳倩和郭沫若都是四川人，两人自然口味相同，爱吃四川菜。天官府附近有家菜馆，主人叫马老太婆，她开的豆花馆有可口的麻辣牛肉。马老太婆的刀工好，她把卤好的香喷喷的牛肉切成薄片，再拌上葱花和油辣子，味道非常可口。麻辣牛肉是郭沫若和柳倩最爱吃的一道菜。柳倩曾多次请郭沫若去喝酒，时间长了，郭沫若和柳倩成了这家豆花馆的常客。马老太婆了解到郭沫若是个名人，一次她在柳倩和郭沫若去喝酒时提出请郭沫若为她的豆花馆题写一个店名。郭沫若欣然答应，挥毫写了"星临轩"三个大字，从那以后，那家豆花店的生意非常兴隆，回头客不少，马老太婆赚了不少钱。

在重庆几年间，柳倩除在文工会工作外，还与王亚平等创办过《春草集》《诗人》《诗家》杂志，同力杨等编辑过《新民报》文艺副刊"虹"以及《文艺新论》等。

解放战争时期，柳倩于 1947 年离开了重庆，辗转到上海开始了新的战斗生活。

书法爱好者的良师益友

柳老既有在炮火纷飞的战争年代舍生忘死、奔赴国难的义举，又有在和平时期潜心治学、献身艺术的执着追求。

柳老对古体诗造诣很深，时时有感而发，笔耕不辍，其诗作已逾万首。他有《抹不掉的伤痕》《锦绣中华》《柳倩诗词选》等一批诗文书法集相继面世。柳老在戏剧创作方面的著述也成就斐然，经柳老改编的《孔雀东南飞》《打龙袍》等一批优秀剧目在国内外影响很大，在戏剧爱好者中口碑甚佳。

早在"文革"以前，柳老的书法作品在文化艺术界就很有名气。十一届三中全会纠正了"左"的路线，经过拨乱反正，各行各业都焕发生机，蓬勃发展。在有关部门和领导的积极支持下，经过一段时间的努力，当时年近古稀的柳倩与舒同、启功等书法界前辈和一批有识之士终于促成了中国书协和北京书协的诞生。柳老作为两届核心领导成员在其中担任了重要工作。进入耄耋之年，柳老率先提出让贤，积极推荐沈鹏、李铎、欧阳中石等德才兼备、年富力强的书法家担任书协领导职务，柳老淡泊名利、知进知退、举荐新人的君子之风一时在书法界传为美谈。

柳老的行草书独辟蹊径，别具一格。早在孩童时代，柳老就对"二王"和孙过庭的书法情有独钟。几十年下来，他临王羲之的《兰亭序》、孙过庭的《书谱》达两三千遍。他临《书谱》能把其中未收到的汉字按孙过庭的笔势及笔墨神韵将之惟妙惟肖地"创造"出来，行内人无不叹为观止。柳老学书的方法是广临百家，真草隶篆、颜柳欧赵无不涉猎。柳老的行草书刚柔相济，遒劲与秀美兼容，他的狂草更是笔走龙蛇，神气贯通。

柳老有一股"老当益壮，宁知白首之心；穷且益坚，不坠青云之志"的精神，进了古稀之年后的时间却成了他创作的高峰期，他的书法作品和诗词新作不断问世。他的书法作品被社会各界广为收藏，中南海、人民大会堂、天安门、毛主席纪念堂都珍藏着柳老的精品。1990年，适逢他80华诞，中国文联、中国书协等单位在中国历史博物馆为柳老组织了柳倩诗书画展，在首都引起了轰动。

我认识柳先生是在1987年的深秋。人民大学朱靖华先生托我到中央档案馆装裱一批准备去美国讲学带的礼品字画，其中就有柳老的几幅作品。当我把裱好的字画给朱先生送去的时候，先生抽出一幅柳老的书法说："这件作品送你，以后你可以随时找柳先生请教。"从此以后，我和柳老接触渐多，来往日密，结成了师生之谊和忘年之交。

几十年来，柳老自强不息，广积善缘，成为无数书法爱好者的良师益友。柳老身兼多项社会职务，包括中国书法协会常务理事、中国书协北京分会副主席、中国书法协会顾问、中国诗书画研究会会长，中国书画函授大学副校长、中国楹联学会副会长等。百忙之中的老先生对前来求教的后学特别耐心、热情，真正做到了诲人不倦。书法界不少后起之秀都受益于柳老。书法家刘炳森经常就诗词写作向柳老请教。刘先生感慨地说："柳老书法作品，大都以自己的诗作为题材，我很佩服。我也要向老先生学习，在填词作诗上下功夫。"赵家憙等一批中青年书法家的成长过程也都渗透着柳老的辛勤汗水和不倦教诲。

柳老的艺术作品，一字千金。但他淡泊金钱，不计名利。他经常为希望工程等慈善事业捐钱赠物，有求必应，慷慨得很。可老先生私事出行从不打夏利以上的的士，为的是节省几块钱。

1998 年国庆前夕，柳老和画家女儿柳晓叶从家藏书画中拿出 200 多幅精品，无偿捐献给烟台市政府，这些书画陈列于烟台市图书馆。图书馆大门两侧挂着柳老撰写的楹联——"上举下张纵横天下，左扶右担博览古今。"此联也是这位知识分子、革命老前辈博大胸襟的真切写照。

帮助鲁迅改变命运的人

——鲁迅挚友许寿裳

陈漱渝①

  鲁迅一生助人甚多，特别是帮助弱势群体和文学青年。他的"人生计划"就是"随时为大家想想，谋点利益"（1935 年 12 月 14 日致周剑英信）；又说："在生活的路上，将血一滴一滴地滴过去，以饲别人，虽自觉渐渐瘦弱，也以为快活。"（1926 年 12 月 16 日致许广平信）鲁迅为人力车夫包扎伤口的故事，为女佣王阿花赎身的故事，以及甘为文学青年当梯子、当垫脚石的许多故事，至今仍广为流传。

  然而鲁迅一生也得到了一些中外友人的帮助，特别应该提到的是他一生的挚友许寿裳先生。虽然许先生十分崇仰鲁迅，视鲁迅为相交 35 年的畏友，也被鲁迅研究的通人冯雪峰称为"终生忠实于鲁迅的一位朋友"（见冯雪峰遗稿：《鲁迅传》），但有一点却很少被人提及，那就是他同时也帮助鲁迅改变了命运。

---

  ① 陈漱渝，第九、十届全国政协委员，中国作家协会全委会会名誉委员，原中国鲁迅研究会副会长，原鲁迅博物馆副馆长。

东京结缘：文学与革命的双重奏

许寿裳先生1883年（清光绪九年癸未）12月27日出生于浙江绍兴城内水澄巷，是鲁迅的同乡，比鲁迅小两岁。他们都轻功名，不重视科举考试。1902年初秋，许先生以浙江官费派往日本东京留学，初入弘文学院浙江班补习日语；其时鲁迅已早半年入校，编入江南班。这两个班级的寝室和自修室相毗邻，为两人提供了接触之机，很快订交，终成莫逆。1903年，21岁的许先生考入东京高等师范学院，先读预科，后入史地科；鲁迅则于1904年9月考入仙台医学专科学校。虽然学业各有专攻，但他们始终是革命营垒的战友，文学事业的同志。

在弘文学院期间，鲁迅对文学已产生浓厚的兴趣，买了不少日译世界名著，如拜伦的诗、尼采的传、希腊罗马神话，还有一部日本印行的《离骚》线装本——鲁迅赴仙台前送给了许寿裳。他们经常在一起讨论以下三个相关的问题：一、怎样才是最理想的人性？二、中国国民性中最缺乏的是什么？三、它的病根何在？解决这三个问题，成为鲁迅后来从事文艺运动的宗旨。1907年夏天，在留日学生普遍鄙弃文艺，重视实用学科的"冷淡的空气"中，刚从仙台医专退学的鲁迅集合几个志同道合者，准备筹办一份名为"新生"的文艺杂志。鲁迅说，"新生"是取"新的生命"的意思（《呐喊·自序》）；许寿裳说，"《新生》之名，取于但丁作品，亦不为人所知"（1944年2月4日致林辰信），但也许这两种含义兼而有之。由于原来几位答应为刊物出资和供稿者爽约，杂志遂告流产。坚持到最后的三个人中，除开周氏兄弟之外，仅有许寿裳一人。

鲁迅和许寿裳文学上的合作还表现在替《浙江潮》撰稿。《浙江潮》是一份综合性月刊，1903年2月创刊于日本东京，初由孙江东、蒋百里主编，第五期起由许寿裳接编。应许寿裳之约，鲁迅先后在该刊发表《说钿》《中国地质略论》《哀尘》《地底旅行》等译文和编译的历史小说《斯巴达之魂》，这些译作均为鲁迅最早公开发表的文字。《哀尘》是法国作家雨果《随见录》中的一部短篇小说，后来雨果又将这个情节写入了他的史诗般巨著《悲惨世界》。翻译《哀尘》，显示出鲁迅非凡的艺术鉴赏力和战斗的现实主义倾向。《地底旅行》是法国著名作家儒勒·凡尔纳的科学幻想小说，鲁迅试图通过这种生动有趣的方式在文盲充斥的中国普及科学知识。《说钿》介绍了居里夫人发现镭射线的经过，表明鲁迅对西方自然科学的新成果有及时的了解，并且已经开始运用唯物主义的自然观来考察问题。《中国地质略论》既是科学论文，又是一篇洋溢着爱国主义激情的警世之作。"中国者，中国人之中国，可容外族之研究，不容外族之探捡；可容外族之赞叹，不容外族之觊觎"。在中国地质资源惨遭列强豆剖瓜分的岁月，这些力敌千钧的文句奏响了救亡卫国的时代最强音。《斯巴达之魂》写的是古希腊斯巴达勇士抗击侵略军的悲壮故事，通篇张扬着一种反抗强权暴行的尚武精神。在1903年4月留日学生发动的"拒俄运动"，乃至于在整个辛亥革命过程中，文中歌颂的"一履战地，不胜则死"的牺牲精神，都使读者热血沸腾，斗志昂扬。文中烈女涘烈娜的形象，正如许寿裳所说，"使千载以下的读者如见其人"。许寿裳通过媒体首次把鲁迅推上了文化舞台，而首次公开亮相的鲁迅也表现出了他在人文科学领域和自然科学领域的丰厚潜质，预示了这位文化巨人在未来岁月中无限广阔的发展前途。

1907年12月，河南留日学生在东京创办《河南》杂志，侧重于反清革命和科学启蒙宣传。鲁迅在该刊发表了《人之历史》《摩罗诗力说》《科学史教篇》《文化偏至论》《破恶声论》等重要文言论文，表述了他早期启蒙主义的政治观、哲学观、文化观，是研究鲁迅思想发展史的重要文献。许寿裳在《我所认识的鲁迅》一文中指出，这些论文"都是怵于当时一般新党思想的浅薄猥贱，不知道个性之当尊，天才之可贵，于是大声疾呼地来匡救"。为了跟鲁迅遥相配合，许寿裳也以"旐其"为笔名，在《河南》杂志 1908 年第 4 期、第 8 期连载了长篇论文《兴国精神之史曜》（未完稿），指出：一个国家要想振兴不在政府而在国民，国民如不自觉，则国为国，民为民，二者不发生任何关联，所谓国民实际上只是傀儡。他以法国大革命、德国宗教改革和意大利的文艺复兴等历史经验为借鉴，说明只有张扬个性，尊重自我，才能使国民的内在精神光耀千秋，"如星日之丽天，如江河之行地"，创造出"经纬寰宇"的伟业。论文题目中的"曜"即光耀，是想用历史之光燃起人民内心的精神之光（"以史曜现吾民之内曜"）。有研究者将鲁迅的《文化偏至论》与许寿裳的《兴国精神之史曜》视为姊妹篇，这是很有见地的。

留日时期，除开文学志向相近，共同的革命志向更是维系许寿裳跟鲁迅友谊的一条强韧纽带。据许寿裳在《鲁迅年谱》中介绍，鲁迅于1908 年"从章太炎先生炳麟学，为光复会会员"，而章太炎正是光复会的主要领导人。此事为鲁迅二弟、同为章门弟子的周作人所否认，说鲁迅既未加入同盟会，也未加入光复会，什么缘故他也不知道。两说分歧，令读者莫衷一是。但鲁迅也曾对胡风说过："我加入的是光复会，不过这件事没有人知道。"（胡风：《从有一分热发一分光生长起来的》，《群众》第 8 卷 18 期）日本汉学家增田涉撰写《鲁迅传》时，也提及鲁迅曾加入光复会，鲁迅审阅原稿时予以保留，表示默认。后来，增田涉在回忆录《鲁迅的印象》中专门写了一节，题为"鲁迅参加光复会问题"，既肯定鲁迅入会这一史实，又指出鲁迅跟光复会领导人在斗争策略上的分歧——清末革命党人多主张暗杀，光复会尤甚。有一次上级命令鲁迅去暗杀某要人，他担心自己是长子，牺牲后母亲生活将遇到困难。上级认为行动之前就牵挂着身后的事情，是不行的，便取消了派给鲁迅的任务。这些回忆都是对许寿裳说法的有力支持。1944 年 5 月 26 日，许寿裳在致鲁迅研究家林辰的信中再次强调："光复会会员问题，因当时有会籍可凭，同志之间，无话不谈，确知其为会员，根据唯此而已。至于作人之否认此事，由我看来，或许是出于不知道，因为入会的人，对于家人父子本不相告的。"许寿裳同一信中还说，鲁迅是光复会会员，许广平知道得很清楚。

许寿裳不仅是鲁迅加入革命团体的见证人，而且可以说是鼓动者和介绍人。据鲁迅友人沈瓞民回忆，光复会的前身是以原杭州求是书院的进步师生为骨干组成的"浙学会"。许寿裳 1899 年至 1901 年在求是书院就读，深受恩师宋平子先生影响——这位相貌古朴、体格魁硕的老师讲课时虽不肯明斥清朝政府，但力举专制政体下民生的疾苦，国势的凌夷，"虽不昌言革命，而使人即悟革命之不容一日缓也"（许寿裳：《〈宋平子先生评传〉序》）所以，留日时期许寿裳参加实际革命活动的热情有时高于鲁迅。比如，许寿裳参加了留日学生组织的拒俄义勇队，每日操练不绝，而鲁迅就没有参加此类活动。加入光复会也是许寿裳在前，鲁迅在后。正是在这种反帝救亡运动汹涌澎湃的历史背景下，许寿裳和沈瓞民力邀鲁迅参加浙学会。鲁迅"欣然允诺，毫不犹豫，意志非常坚定"（沈瓞民：《回忆鲁迅早年在弘文学院的片断》，1961 年 9 月 23 日《文汇报》）。

两次力荐：由小城教员到京城公务员

1909 年 4 月，原拟赴德国留学的许寿裳回国，任浙江两级师范学堂教务长兼地理学、心理学教员，并协助新任监督沈钧儒（衡山）招生延师，筹备开学。许寿裳放弃留学德国的原因是清政府的留欧学生监督蒯礼卿先生辞职，因此无法获得公费贴补，不能成行。其实，跟许寿裳一样，鲁迅也曾有赴德留学的想法。1906 年 6 月，他曾将学籍列入东京独逸语学会所设的德语学校，准备在仙台医专所学的基础上继续学习德文，并据德文译文翻译过俄国作家安特来夫的小说《谩》和《默》。这些译文发表前均经许寿裳审定，印象是"字字忠实，丝毫不苟"。

1909 年 3 月18 日（阴历二月二十七日），鲁迅二弟周作人与日本羽太信子在东京登记结婚。羽太信子家境贫寒，做过旅店的"下女"和低级酒馆的"酌妇"。周作人结婚之后，作为长兄的鲁迅经济负担顿时加重；跟许寿裳遇到同一情况，他留学德国的计划也不能实现。于是，归国谋职就成为当时鲁迅最重要的人生需求。鲁迅向许寿裳求助时说："你回国很好，我也只好回国去，因为起孟（按：起孟是周作人的自号，又作岂孟）将结婚，从此费用增多，我不能不去谋职，庶几有所资助。"由于许寿裳向新任监督沈钧儒力荐，鲁迅于 1909 年 9 月赴杭州担任浙江两级师范学堂初级化学和优级生理学教员，兼任日本教员铃木珪寿的植物学翻译。鲁迅后来在自传中写道：自己曾"想往德国去，也失败了。终于，因为我的母亲和几个别的人很希望我有经济上的帮助，我便回到中国来；这时我是 29 岁"。（《集外集·俄文译本〈阿 Q 正传〉序及著者自叙传略》）由此可见，许寿裳是帮助鲁迅归国之后解决"生计问题"的关键人物，而解决"生计问题"是任何人从事任何事业的必要前提。对于经济问题，鲁迅说得很直白："钱这个字很难听，或者要被高尚的君子们所取笑，但我总觉得人们的议论是不但昨天和今天，即使饭前和饭后，也往往有些差别。凡承认饭需钱买，而又说钱为卑鄙者，倘能按一按他的胃，那里面怕总还有鱼肉没有消化完，须得饿他一天之后，再来听议论吧。"鲁迅进一步总结道："钱，——高雅的说罢，

就是经济，是最要紧的了。自由固不是为钱所能买到的，但能够为钱而卖掉。"（《坟·娜拉走后怎样》）

鲁迅在浙江两级师范学堂执教的时间极短，原因是他跟许寿裳共同参加了反对新任学堂监督夏震武的"木瓜之役"。这位新监督之所以被讥为"木瓜"，是因为他一贯以道学家自居，不仅反对革命，说什么"革命哗于野"，而且还反对立宪，说什么"立宪哄于廷"。此后，鲁迅返回故乡，出任绍兴府中学堂博物学教员，学监（相当于教务长），山会初级师范学堂监督。鲁迅对当时的工作环境极度不满。在绍兴府中学堂任教时，他"收入甚微，不足自养"，靠卖地之款补充日常用度；在山会初级师范学校任职时，绍兴军政分府拨给学校的全部经费仅200元，生活同样拮据。学校人际关系又十分紧张，鱼龙曼衍，风潮迭起，"防守攻战，心力颇瘁"。在致许寿裳的信中，鲁迅坦陈了他内心的郁闷，甚至希望有一场洪水冲尽绍兴的污浊："上自士大夫，下至台隶，居心卑险，不可施救，神赫斯怒，湮以洪水可也。"（1911年1月2日致许寿裳信）鲁迅强烈希望许寿裳帮助他离开绍兴，"虽远无害"（1911年7月31日致许寿裳信）。

辛亥革命之后，时代向鲁迅发出了召唤，但又是许寿裳为鲁迅提供了重要机遇。1912年2月中旬，鲁迅离开绍兴到南京临时政府教育部担任部员；同年5月教育部迁入北京，鲁迅出任教育部社会教育司的科员、科长，后又升为佥事，位居科长之上，司长之下。许寿裳是教育部参事，职位高于鲁迅。鲁迅能到教育部任职，完全由于许寿裳向教育总长蔡元培的鼎力推荐。鲁迅在《朝花夕拾·范爱农》中就提到这件事，说"季茀写信来催我往南京了"。此后尽管教育总长的人选如走马灯上的人物一样不断更换，但鲁迅的位置却一直牢固；虽然1925年8月13日时任教育总长的章士钊一度免去鲁迅教育部佥事之职，但经鲁迅向平政院控告，翌年初以章士钊的失败和鲁迅的复职而告终。

鲁迅走出闭塞的水乡绍兴来到当时中国的政治中心南京、北京，由一个中学堂的教员、行政人员而成为国家公务员，这在鲁迅生命史上的意义长期被低估。鲁迅当时对绍兴的不满除了前文所说的经济困窘和人事纠葛之外，还有一个人文环境问题，而这种环境对于一个作家的生成是不可或缺的。1911 年 7 月 31 日，鲁迅在致许寿裳信中说得很明白："闭居越中，与新颢气久不相接，未二载遽成村人，不足自悲悼耶。"此处的"颢"通"昊"，指的就是一种新鲜开阔的气息。如果僻居小城，不能把握时代脉搏，就必将影响对宏观问题、全局问题的思考和判断，而使自己变成一个目光短浅的村夫。

如果以今天的眼光来看，鲁迅在当时的教育部只是一个小吏，至多也不过相当于今天的所谓处级"中层干部"，但论其管辖范围却不禁令人咋舌。据《教育部官制案》规定，鲁迅任职的社会教育司第一科，不仅负责博物馆、图书馆事项，而且还负责筹备出国展览、通俗教育、演剧、美术、动植物园等事项，其管辖范围类似于当今的文化部。鲁迅因而成为当今国家博物馆、国家图书馆的奠基人之一，在提倡美育、兴建公园、考察新剧乃至于参与审定国徽、国歌等方面都作出了自己的贡献。虽然机遇不给没有充分准备的人，但有准备而无机遇，也只能落得个郁郁不得志的结局。总之，大约 14 年的教育部公务员生涯，不仅为鲁迅提供了不少于 3 万余元的俸银，而且使他原有工作的局部性质扩展而为全局性质，他的业绩也因之产生了全国性乃至国际性的影响，这不能不特别感谢许寿裳。

在教育部供职期间，许寿裳一度跟鲁迅朝夕共处，昼则同桌办公，夜则联床夜话，给予鲁迅多方面的切实帮助。如今收入《鲁迅辑校古籍》一书的《沈下贤文集》，就是许寿裳协助鲁迅校勘的。许寿裳本人对此事却缄口不言。沈下贤（781—832），名亚之，吴兴人，中唐文学家，擅诗文，著有《沈下贤文集》共 12 卷，其中诗赋 1 卷，文 11 卷。但流传到宋代时已"字多舛脱，不可卒读"。鲁迅在南京临时政府教育部任职期间，在位于龙蟠里的江南图书馆借阅了 8000 卷楼抄本《沈下贤文集》，跟许寿裳合校了一次：许初校，鲁用长沙叶德辉观古堂刻本复校。后分订为两册，由许寿裳题签，现收藏于北京图书馆。经过这次校订，这部古籍的面貌才大为改观。鲁迅后来又从中抄录出《湘中怨辞》《异梦录》《秦梦记》三篇，收入他选编的《唐宋传奇集》。

聘鲁迅到女高师：杂文之果与爱情之花

1920 年 8 月，鲁迅兼任北京大学讲师，讲授中国小说史；此后，又先后到北京女子师范大学等八所位处北京的大、中学校任校。这一人生选择对于鲁迅同样具有非同寻常的意义。这不仅使鲁迅置身于五四新文化运动的大本营，亲临新旧思潮交火的最前线，而且使他有机会与许广平结为伉俪，完全改变了家庭生活状况；而与许广平同居的十年间，鲁迅创作的总量超过了此前的 20 年。鲁迅到北大任教时许寿裳还在江西省教育厅厅长任内，此事与他并无直接关联，因为早在 1917 年 9 月，周作人即被蔡元培聘为北大文学教授兼国史编纂处纂辑员。鲁迅到北大兼课，是周作人转托中国文学系主任马幼渔的结果，目的是代替周作人讲授小说史。

至于鲁迅到女师大（前身为女高师）任教，则纯粹是因为许寿裳的关系。1922 年夏，许寿裳出任国立北京女子高等师范学校校长，除了对学校组织管理层面进行改革外，还致力于提高师资力量，多方物色专家学者，鲁迅就是被延聘的教员之一。1923 年 10 月至 1926 年 8 月，鲁迅先后在女师大担任讲师、校务维持委员会委员和国文系教授。1924 年春，许寿裳辞女高师校长职，复返教育部任编审，继任者杨荫榆推行封建奴化教育，引发了一场震动北京、波及全国的"女师大风潮"。当时以鲁迅和其他进步师生为一方，以教育总长章士钊和现代评论派主将陈西滢为另一方，展开了一场文字鏖战。鲁迅收入《坟》《华盖集》《华盖集续编》和《而已集》中的大量杂文都是以这一事件为背景。瞿秋白对这批杂文给予高度评价。他在《〈鲁迅杂感选集〉序言》中指出，这批杂文已经不单是反映了国故派和新文化阵营的区别，而且反映了新文化内部的分裂。"现在的读者往往以为《华盖集》正续编里的杂感，不过是攻击个人的文章，或者有些青年已经不大知道陈西滢等类人物的履历，所以不觉得很大的兴趣。其实，不但陈西滢，就是章士钊（孤桐）等类的姓名，在鲁迅的杂感里，简直可以当作普通名词读，就是认作社会上的某种典型。他们个人的履历倒可以不必多加考究，重要的是他们这种'媚态的猫''比它主人更严厉的狗''吸人的血还要哼哼地发一通议论的蚊子''嗡嗡地闹了半天，停下来舐一点油汗，还要拉上一点蝇屎的苍蝇'……到现在还活着，活着！"

女师大的教学生涯给鲁迅生活带来的最大影响，无疑是使他接触了后来成为他夫人的许广平。1925 年 3 月 11 日，许广平在给鲁迅第一封信中写道："现在写信给你的，是一个受了你快两年的教训，是每星期翘盼着听讲《小说史略》的，是当你授课时每每忘形地直率地凭其相同的刚决的言语，好发言的一个小学生。他有许多怀疑而愤懑不平的话，这时许是按抑不住了罢，所以向先生陈诉。"这年 10 月，他们由师生成为恋人。1927 年 10 月，两人终于冲破了世俗社会设置的重重阻力在上海同居。此后，许广平为鲁迅奉献的不只是一部她跟鲁迅合写的《两地书》，而且还是在照顾鲁迅的饮食起居之余还与之在文化战线并肩奋斗，并且在鲁迅去世之后为保存和弘扬鲁迅的文化遗产而竭尽全力。"十年携手共艰危，以沫相濡究可哀"——鲁迅《题〈芥子园画谱〉三集赠许广平》中的这一名句，是他们患难与共、甘苦相知的真实写照。许寿裳不仅促成了鲁迅和许广平的结合，而且在鲁迅去世之后，对许广平百般关照。许广平说，许寿裳不但把她视为学生，更兼待她如子侄。在遇到人生坎坷之时，许寿裳是许广平求助的主要对象。在1940年4月（缺日期）致许寿裳的一封信中，许广平写道："先生是最关切，而又是周先生交逾手足之最亲切友好，更是生之师长父执。人穷则呼天，而天高难问；痛则呼父母。生只得忝以同宗，奉先生于生身父母矣。"

上海滩定居不易，300元不可小觑

1927年春夏之交，鲁迅和许广平经历了"四一五"政变，"泪揩了，血消了，屠伯们逍遥复逍遥"（《而已集·题辞》）。鲁迅一生从未见过有这么杀人的，被"血的游戏"吓得目瞪口呆的他想重新选择生活的城市。重返北京是最初的想法之一。1927年9月19日，鲁迅在致翟永坤信中说："我漂流了两省（按：指福建和广东），幻梦醒了不少，现在是糊糊涂涂。想起北京来，觉得这并不坏，而且去年想捉我的'正人君子'们，现已大抵南下革命了，大约回去也不妨。"但终究没有卷土重回北京，有以下三个原因。一、他的学生荆有麟因替冯玉祥将军办报，曾向鲁迅索稿，拟刊登于第一期，但此报筹办期间得罪了进驻北京的奉系军阀张作霖，荆有麟于当年7月逃亡南京。因此，鲁迅担心回到北京之后会受到此事株连，被关进监狱。二、朱安将他的兄弟之类接到了北京，住进了西三条故居，所以鲁迅即使返京亦无处可住（参阅1927年7月28日的致章廷谦信）。三、周作人夫妇的张扬跋扈也增加了鲁迅返京的畏惧。他说："八道湾之天威莫测，正不下于张作霖"（1927年11月7日致章廷谦信）。几经考虑，鲁迅决定移居上海。但在号称"东方巴黎""十里洋场"的上海定居又谈何容易？他在1927年9月19日致翟永坤信中说："我先到上海，无非想寻一点饭，但政、教两界，我不想涉足，因为实在外行，莫名其妙。也许翻译一点东西卖卖吧。"

但单靠翻译的收入是绝不可能在上海生活的。许广平曾借用"囚首垢面而谈诗书"这句古语形容鲁迅，但那主要是指鲁迅穿着极不讲究。许广平同时又说，有些地方鲁迅却不愿意节省，例如住房子。初到上海，鲁迅、许广平两人生活，租一层楼也就够了，而鲁迅却要独幢的三层楼，宁可让它空出些地方来，比较舒服。鲁迅爱吸烟，每天总在50支左右。（《鲁迅先生的日常生活》，1939年《中苏文化》第4卷第3期）鲁迅更爱买书，每年的图书购置费均不菲。鲁迅在上海时期，许广平是全职夫人；1929年产子，家中增加了佣工。鲁迅在北平的母亲和元配都需要供养，三弟周建人也需要经常资助。鲁迅面临的经济压力由此可见一斑。

这时，许寿裳又为鲁迅提供了一个机遇。1927年6月13日，南京国民党中央政治会议通过蔡元培等提议，决定组织大学院，作为全国最高学术教育行政机关。同年10月1日，蔡就任大学院院长。大学院与政府之间保持了相对独立性，行政立法机构由各国立大学校长、大学院教院行政处主任和一部分专家学者组成。为了延揽人才，蔡元培还决定聘请一些享有社会声誉的学者担任特约撰述员。在这一关键时刻，以秘书身份协助蔡元培筹办大学院的许寿裳再度力荐了鲁迅。

可以断言，没有许寿裳的力荐，鲁迅完全不可能谋得"特约撰述员"这一美差，其原因是鲁迅和蔡元培之间当时存在很深的隔膜。在致友人信中，鲁迅将蔡元培戏称为"太史"，因为蔡是清光绪进士，曾任翰林院编修，旧时人称翰林为太史。鲁迅承认他跟蔡元培"气味不投"，并断言蔡元培在"中国无可为"（1927年12月9日致章廷谦信）。对于蔡元培用人的标准，鲁迅极以为然。比如在北洋政府教育部任职期间，蔡元培赏识的普通教育司司长袁希涛和参事蒋维乔，就都是鲁迅内心深处十分反感的人物。鲁迅在 1927 年 9 月 19 日致章廷谦信中，预言蔡元培主持大学院之后，"饭仍是蒋维乔袁希涛口中物也"。

在蔡元培眼中，鲁迅似乎也并非他当时"思贤若渴"的对象。这有两个间接证据。一是 1927 年 5 月 25 日，浙江省务委员会通过设立浙江大学研究院计划，蔡元培为九人筹备委员之一。时任浙江省教育厅长的郑介石跟鲁迅友人章廷谦曾一起找蔡元培，想为鲁迅去争一个位置。这件事见诸鲁迅 1927 年 6 月 12 日致章廷谦信。如果蔡元培当时在意鲁迅，郑介石和章廷谦就完全没有去"争"的必要。二是 1927 年 12 月 6 日，鲁迅曾给蔡元培去函，推荐荆有麟去收编江北散兵。蔡元培一贯乐于荐人，多时一天能写三四十封推荐信，但鲁迅来函却渺无下文。然而，许寿裳跟蔡元培的关系则非同一般。许寿裳是通过恩师宋平子的介绍结识蔡元培的，同为光复会旧友。在私人通信中，蔡元培称许寿裳为"老友"（见 1934 年 4 月 30 日许寿裳致蔡元培信）。蔡元培出任大学院院长之后，许寿裳立即被聘为大学院秘书，后出任秘书长、干事兼文书处主任，长期在蔡元培身边协助工作。中研院的很多公文，蔡元培的很多讲话、函电，都出自许寿裳的手笔。因此，鲁迅之所以被聘为大学院特约撰述员，许寿裳所起的作用是举足轻重的。但许寿裳只在《亡友鲁迅印象记》只留下了淡淡的一笔："他（按：指鲁迅）初回上海，即不愿教书，我顺便告知蔡子民先生，即由蔡先生聘为大学院特约著作员，与李审言同时发表。"

大学院特约撰述员的月薪是 300 元。这对于刚到上海定居的鲁迅绝不是一笔可以忽略不计的收入。据上海市政府社会局编写的《上海工人生活程度》一书统计，上海一般工人家庭年生活费支出总额为 454.38 元，月平均支出 37.9 元。这也就是说，特约撰述员的月薪可以养活 8

个上海一般工人家庭（中华书局1934年版，第18页）。据陈明远《文化人的经济生活》一书考证，鲁迅1928年共收入5971.52元，平均每月收入497.63元，可见大学院的月薪超过了鲁迅的版税和稿酬（第201页，文汇出版社2007年6月修订版）。据王锡荣《鲁迅生平疑案》一书考证，1933年8月鲁迅在《申报·自由谈》发表杂文12篇，平均每篇稿酬6.33元；9月份发表杂文14篇，平均每篇稿酬6元（上海辞书出版社2002年12月出版）。这也意味着，鲁迅如果想得到300元稿酬，每月都要写出大约50篇杂文，两天至少要出3篇杂文，这完全是不可思议的事情。又据王锡荣同书考证，鲁迅抵上海之后，景云里的房租约50元，可知大学院的月薪可以支付鲁迅半年的房租，使他能够"躲进小楼成一统"，潜心从事创作（见该书第263页）。鲁迅1929年以后寄往北京的生活费每月100元，而大学院一个月的薪水就可以维持鲁迅北平家属三个月的生活。之所以不厌其烦罗列上述经济史料，无非是想说明对这笔收入所能派上的用场绝不可小觑。更何况鲁迅获此收入并未付出任何代价，又不必卷入职场的是非旋涡，确是名副其实的美差。

1932年1月，鲁迅担任的大学院特约撰述员职务被裁撤。此事与蔡元培完全无关。因为国民党四届一中全会之后，南京国民政府进行了改组。鉴于"九一八"事变之后政府财政困难，行政院各部厉行减政、缩费、裁员，被裁人员一万余人，约占公务员总数的三分之一。留职人员减薪两成、四成甚至五成，办公费津贴停发。据许寿裳1932年2月9日致蔡元培信，当时整个中央研究院的"经费来源告竭"。鲁迅对这一结局并无怨艾。在被聘的四年零二个月中，他仅此项的收入已达15000银圆。鲁迅1932年3月2日致许寿裳信中发自肺腑地说："被裁之事，先已得教育部通知（按：此时的教育部部长为李书华），蔡先生如是为之设法，实深感激。唯数年以来，绝无成绩，所辑书籍，迄未印行……教部付之淘汰之列，固非不当，受命之日，没齿无怨。"此时，鲁迅已在上海站稳了脚跟，被裁之后，依靠北新书局支付的版税已能维持生活。他只希望许寿裳再向蔡元培进言，为三弟周建人谋一职务。

赓续鲁迅遗志，血溅台湾寓所

鲁迅去世的噩耗传来，许寿裳悲痛异常。他曾在鲁迅墓前作诗一首："身后万民同雪涕，生前孤剑独冲锋。丹心浩气终黄土，长夜凭谁叩晓钟。"许寿裳最为牵挂的是如何开展纪念鲁迅的活动，弘扬他的业绩，赓续他的遗志。据现存许寿裳与许广平的通信，他至少做了以下几件要事。

一、筹备成立鲁迅纪念委员会。鲁迅去世之后，成立了一个"鲁迅纪念委员会筹备会"，后许寿裳亲自跟胡适、陈仪、魏建功、汤尔和、沈尹默、沈士远、陈大齐、齐寿山等人联系，争取他们出任鲁迅纪念委员会的正式委员，并取得了他们的同意。

二、筹募纪念基金。鲁迅去世后，许寿裳除立即汇上奠仪百元外，还通过陈仪、郁达夫等人在福建等处募集奖金基金。据许寿裳 1937 年 4 月 15 日致许广平信，福建方面一次就募集了 1455 元，先由福建省银行汇给许寿裳，许寿裳再经中南银行汇给许广平。

三、保存鲁迅文物，征集鲁迅手稿。1936 年 10 月 28 日，鲁迅刚去世不久，许寿裳即写信提醒许广平："豫才兄照片画像木刻像等及其生前所用器具文具，无论烟灰缸、茶杯、饭碗、酒杯、筷子及毛笔、砚台，亦请妥善保存。所有遗物，万勿任人索散，此为极有意义之纪念品，均足以供后人之兴感者。"许广平采纳了许寿裳的忠言，虽经兵燹战乱，鲁迅遗物几乎完好无损。1944 年，朱安在周作人怂恿下试图出售鲁迅北平藏书，许寿裳也协助许广平出面劝阻。

在收集鲁迅遗文方面，许寿裳竭尽全力，特别在搜集书简、诗稿方面出力最多。在现行《鲁迅全集》中，所收鲁迅致许寿裳信共 62 封，上起 1910 年 8 月 15 日，下迄 1936 年 9 月 25 日，是时间跨度最长的受信者。为协助许广平编辑《鲁迅书简》，许寿裳翻箱倒箧，无私奉献，为研究鲁迅生平思想提供了极为宝贵的史料。1936 年底，时任北京大学副教授的书法家魏建功欲手书鲁迅旧体诗，卷首以珂罗版印鲁迅诗作手迹，但遗漏甚多。许寿裳函托许广平协助搜集，共得 40 余首。但后来由于魏建功奔走南北，不遑宁居，其手书木刻迟迟未能出版。1943 年，在国民政府侨务委员会任职的柳非杞先生搜罗了鲁迅旧体诗 52 首，准备搜罗齐备之后再请书法家沈尹默写成手卷，使诗歌与书法成为双绝。许寿裳予以支持，热情提供辑佚线索，并对诗作的背景和文字详加考订。1944 年 5 月，柳非杞编辑的《鲁迅旧体诗集》终于得以印行，许寿裳热情为之写序，高度评价了鲁迅诗歌的艺术成就。

四、多方打通关节，促成全集出版。出版《鲁迅全集》，是研究鲁迅的一种基础性工作，也是对鲁迅的最切实的纪念，但鲁迅生前有部分杂文集曾被国民党政府查禁，给《鲁迅全集》的出版造成了政治障碍。为此，许寿裳亲自出面，多方打通关节。他曾给国民党中央党部方希孔先生去函，请其设法，让出版《鲁迅全集》的方案能够通过。他又通过蔡元培跟国民党中央宣传部部长邵力子沟通，邵表示内政部已转来呈文，他会催促部员尽快进行审查，结果如何尚未可断言；万一少数篇目不能不禁，只好从全集中剔除，俾不致累及全集。许寿裳运用鲁迅生前提倡的钻网战术，建议将《准风月谈》改名《短评七集》，将《花边文学》改名《短评八集》，以遮掩国民党检查官的耳目。为避免版权纠纷，许寿裳还通过鲁迅之母鲁瑞做鲁迅元配朱安的工作，让朱安同意许广平为全集版权代理人……凡此种种，都表现出许寿裳为推出《鲁迅全集》费尽苦心。

五、合编《鲁迅年谱》，撰写鲁迅回忆。鲁迅逝世之后，很多海内外人士都想了解鲁迅生平，但可资参考的只有鲁迅 1925 年撰写的《俄文译本〈阿 Q 正传〉序及著者〈自叙传略〉》和 1934 年撰写的《自传》，内容都极其简略。当时正在编印一本大型《鲁迅先生纪念集》，编者急需在卷首印入一份《鲁迅年谱》。许广平急请许寿裳设法并就商于周作人。许寿裳建议由周作人起草，许广平与周建人补充，自己也起草一部分，发表时共同列名。后经许寿裳多次催促，周作人只起草了 1881 年至 1909 年的一部分，仅占谱文的十分之二三，并且不愿列名，说什么"赞扬涂饰之词，系世俗通套，以家族立场措辞殊苦不称"。最后许广平又起草了鲁迅最后 10 年的谱文。年谱经许寿裳增补修改，于 1937 年 5 月 24 日完稿，先刊登于许寿裳在北平女子文理学院担任院长期间创办的《新苗》杂志，又单独署名收入《鲁迅先生纪念集》。由于时间仓促，这份年谱内容仍嫌简略，但材料可靠，且有许寿裳采访鲁迅之母获得的口述史料，虽仅举荦荦大端，而仍能以点睛之笔再现鲁迅的光辉形象，是此后多种《鲁迅年谱》的奠基之石。

请许寿裳撰写回忆鲁迅的文字，既是许广平的强烈愿望，也是热爱鲁迅的广大读者的共同愿望。许广平在《亡友鲁迅印象记》的"读后记"中写道："许季茀先生是鲁迅先生的同乡，同学。而又从少年到老一直是友好，更兼不时见面，长期同就职于教育部，同执教育于各地，真可以算是知无不言，言无不尽的好友。在这种弥足珍贵的情谊之下，我敢于请求许先生写回忆，谅来不是冒昧的。"许寿裳没有辜负许广平和广大读者的殷切期望。继《亡友鲁迅印象记》之后，他又出版了《我所认识的鲁迅》《鲁迅的思想与生活》等回忆录。目前，鲁迅同时代人提供的鲁迅回忆录多达二三百万字，但其中最能揭示鲁迅人性美的是萧红的回忆，而最为真实可靠、最具研究价值的则是许寿裳的回忆，证实了许广平对许寿裳所言："回忆之文，非师莫属。"

六、调解婆媳矛盾，平息家庭风波。许广平的《欣慰的纪念》一书的开篇文字就是《母亲》，描写鲁迅的母亲鲁瑞思想开明，乐于助人，性格坚强，"毫不沾染一些老太婆讨厌的神气，更没有一点冷酷不近人情的态度"。但1940年4月许广平跟鲁瑞之间却发生了一场剧烈冲突，导火线是许广平给鲁迅北平亲属汇寄生活费的问题。抗日战争全面爆发之后，北新书局断绝了鲁迅著作的版税支付，许广平在上海的开销又日渐增大（除海婴年幼多病之外，还要贴补周建人一家五口的开支），经济压力沉重。但鲁迅母亲向南来亲友探询，产生了许广平"有相当收入"的印象，觉得她未能恪尽孝道，因此托人写信，语含责难抱怨，如说"老妇风烛残年，不足深惜；然不忍再现豫才后嗣重增纠纷，贻笑中外"，又说什么"损害豫才生前之闻望，影响海婴将来之出路"。鲁瑞还多次写信给许寿裳，请他居中调解。许广平收信后深受刺激，觉得鲁瑞咄咄逼人"曲为两子怨"，而不把她真当儿媳看待，但又不愿"触怒高堂"，罪无可道，便只好求助于许寿裳。后经过许寿裳的调解，双方消除了误解，平息了这场风波。为了替许广平分忧，许寿裳还欢迎鲁迅之子海婴到台湾读书，并承诺负担其食宿（见许寿裳1948年1月15日致许广平信）。无怪乎许广平十分动情地说："许先生不但当我是他的学生，更兼待我像他的子侄。鲁迅先生逝世之后，十年间人世沧桑，家庭琐屑，始终给我安慰，鼓励，排难，解纷；知我，教我，谅我，助我的，只有他一位长者。"

1948年2月18日，许寿裳在台湾台北市和平东路青田街六号寓所惨遭杀害。当时现场表现出的是小偷作案未遂，情急杀人。但审案时疑点多多。据当时一些进步人士分析，这是一次政治谋杀，谋杀的重要原因是许寿裳当时在"白色恐怖"笼罩下的台湾弘扬鲁迅精神，播撒五四火种。1998 年 1 月，许寿裳先生的姨侄张启蒙在《许寿裳先生在台被害五十年记》中根据沈醉的回忆写到，此案曾有所闻，据说是蒋经国指使魏道明（按：时任台湾省省长）、彭孟缉（按：时任台湾警备司令）等人搞的。许寿裳遗体手足松弛，面无异常，说明是在毫无抵抗的情况下受害的。那位所谓小偷只不过成了"替罪羊"（《鲁迅研究月刊》，1998 年第 1 期）。

结语：风雨难忘旧日情

在《鲁迅的思想与生活》一书的"自序"中，许寿裳回忆说："我和鲁迅生平有 35 年的友谊，'同声相应，同气相求'，在东京订交的时候，便有缟带纻衣之情，从此互相关怀，不异于骨肉。"许广平也说，在鲁迅的交游中，如此长久相处的，恐怕只有许寿裳先生这一位。

但这并非说两人之间没有分歧和差异。鲁迅气质属农民型，许寿裳气质属知识型；鲁迅多疑易怒，许沉着稳重；鲁具斗士风，许具绅士风。两人择友标准不尽相同，许寿裳的友人李季谷，在鲁迅眼中却是"坏货一枚"。两人政见也不尽相同。鲁迅无党无派，而许寿裳 1927 年参加了国民党。现存鲁迅致许寿裳的最后一封书信写于 1936 年 9 月 25 日，当时许寿裳在《新苗》杂志第 8 期发表了《纪念先师章太炎先生》一文，肯定了章太炎以佛法救中国的主张，认为"要用宗教发起信心，增进国民的道德"。鲁迅在信中明确表态："得《新苗》，见所为文，甚以为佳，所未敢苟同者，唯在欲以佛法救中国耳。"鲁迅对许寿裳说："释迦牟尼真是大哲，我平常对人生有许多难以解决的问题，而他居然大部分早已明白启示了，真是大哲！"但又说："佛教和孔教一样，都已经死亡，永不会复活了。"许寿裳归结道："章太炎主张以佛法救中国，鲁迅则以战斗精神的新文艺救中国。"

但是，在大是大非面前，特别是在文化教育界的风涛乃至在重大政治斗争中，许寿裳却通常承认鲁迅所做的都对，从而坚定地跟鲁迅站在同一战壕。1909 年，他跟鲁迅共同参与了反对夏震武在浙江两级师范学堂倒行逆施的"木瓜之役"。1925 年初，他跟鲁迅等共同发表了《对于北京女子师范大学风潮宣言》，支持进步学生。同年 8 月，鲁迅被教育总长章士钊违法免职。许寿裳又跟同事齐寿山在《京报》发表《反对教育总长章士钊之宣言》，声明"自此章士钊一日不去，即一日不到部，以明素心而彰公道"。1927 年广州"四一五"政变后，鲁迅因营救中山大学被捕学生无效而辞职，许寿裳亦向校方辞职，与鲁迅共进退。

最感人的一幕发生在 1933 年 6 月 20 日。国民党特务于 6 月 18 日在上海暗杀了中国民权保障同盟总干事杨杏佛。当时盛传身为民权保障同盟执行委员的鲁迅也在被暗杀之列。20 日举行杨杏佛入殓式，鲁迅对许寿裳说："实在应该去送殓的。"许寿裳当即表示："那么我们同去。"鲁迅当天日记记载："午季茀来，午后同往万国殡仪馆送杨杏佛殓。"许寿裳当天日记记载："细雨蒙蒙终日不止。下午二时到殡仪馆送殡。"许寿裳后来还在《鲁迅年谱》是日项下补充说："时有先生亦将不免之说，或阻其行，先生不顾，出不带门匙，以示决绝。"寥寥数语，表达了他们当时极度悲愤的心情，以及绝不屈服于强权暴政的硬骨头精神。五代诗人贯休在《古意九首》中写道："古交如真金，百炼色不回。"由于鲁迅交友能"略其小而取其大"，而许寿裳在大是大非面前又能旗帜鲜明，所以他们的友情在时代风雨中经受了考验，像高山上的岩石那样坚定不移。在鲁迅 130 周年诞辰之际，我们缅怀鲁迅在文化战线的丰功伟绩，同时也感激默默无闻帮助鲁迅改变了命运、创造了奇迹的许寿裳先生。

胡适与陈寅恪

———

李传玺

　　胡适与陈寅恪，中国现代文化史上的两座巍峨山峰。他们之间建立联系，从陈寅恪一面，经历了一个从反到正的过程。而一旦从精神上形成沟通，两人便在学术上互相切磋，人生上互相支持，结下了中国知识分子特有的不渝友谊，演绎了现代文化史上段段学术往还砥砺的佳话。

王国维——胡适与陈寅恪建立联系的精神纽带

　　陈寅恪生于 1890 年 7 月 3 日，比胡适大一岁多。1904 年冬季考中赴日官费留学，1905 年冬因患脚气病回国，在家调养一年多，于 1907 年插班考中复旦公学。胡适在家乡一直待到 1904 年 2 月才由三哥带到上海。先入梅溪学堂，次年春入澄衷学堂。一年半后入中国公学。虽然两人几乎同时到上海读书，但由于学校不同，家境不同，更由于年龄尚小，不见有丝毫联系。1909 年陈寅恪赴德国留学，1914 年回国。先是担任蔡锷秘书，后去湖南担任省长公署交涉科长，不久又去江西省教育司担任留德考试阅卷官，三年后申请到赴欧官费留学资格，于1918年再度赴欧美。先是在哈佛学习三年，接着再赴德国，在柏林大学学习梵文和多种东方文字。胡适于1910年夏天考取清华"庚款"留美官费生，直到1917年7月10日才回国。虽然此时两颗学术之星已经冉冉升起，但由于时空错位，他们在学术的天空中并没有相聚。1924年初，清华学校在各方要求下，顺应时代大潮，正式启动"改办大学"程序，于是历史的风云将两人吹到了一起。

时任清华校长曹云祥准备请胡适出任筹建中的清华国学研究院院长，没想到胡适坚辞，同时建议曹云祥采用宋、元书院的导师制，吸取外国大学研究生院学术论文的专题研究法来办研究院。曹云祥同意了，这才引出清华国学院的四大导师：王国维、梁启超、赵元任和陈寅恪。陈寅恪是接受时任研究院办公室主任吴宓的邀请回来的，正是在吴宓那儿他首次形成了对胡适其人其文的印象。并在随后的留学生涯中经历了印象从反到正的转变。在哈佛时，他和吴宓订交，而吴宓正是胡适提倡白话文学的反对者。吴宓在1919年12月14日"日记"中这样说："……今之盛倡白话文学者，其流毒之大，而其实不值通人之一笑。明眼人一见，即知其谬鄙，无待喋喋辞辟，而中国举世风靡。哀哉，吾民之无学也！"这给陈寅恪很大影响，1920年2月12日："……陈君寅恪来，谈中国白话文学及全国教育会等事。倒行逆施，遗毒召乱，益用惊心。呜呼，安一生常住病院，洞天福地，不闻世事，不亦幸哉。"但当1921年离开美国赴德国柏林大学研究院深造，他又听到了对胡截然不同的评价。陈到柏林不到两年的时间，傅斯年、毛子水、赵元任、杨步伟等人也先后来到这里学习。傅与毛都是胡适的得意门生和忠实信徒；而赵是胡适早年留学美国的同学，情同手足，杨又是赵的妻子。以上四人都是胡适新文学主张的大力支持者，也是新文化运动的有力推动者与开拓者。傅斯年1934年8月5日与俞大彩结婚，俞是陈寅恪表妹，又是表弟兼妹婿俞大维的妹妹。陈寅恪在和这些好友的了解接触过程中，对胡适思想与学术的认识开始客观、全面、立体起来。

陈寅恪回国后，每逢星期六的上午，不分寒暑都进城到东郊民巷找一位叫钢和泰的外籍教师，学习梵文。而胡适也与这位钢先生有着深厚的友谊。相同交往的人拉近了两人的距离。

王国维是胡适巧设妙计拉入清华国学研究院的。曹云祥接受胡适建议后，拿着聘书去请王国维，王国维不同意。曹云祥回来请胡适想办法。胡适说好办，他通过溥仪给王国维下了道"圣旨"，因此时王国维正在给溥仪当老师，王国维只好来了清华。陈寅恪在法国留学时，通过王国维介绍，认识了著名东方学家伯希和，从伯那儿获得了很多教益。王国维还把陈寅恪当作自己学术事业的传承人。当王国维决定投湖自杀时，其遗书上明白写着："书籍可托陈、吴二先生处理。"因此，陈寅恪不仅对王国维学术上崇敬，更对他充满了感激。清华国学研究院的办学方针是胡适确定的，王国维先生是胡适设计请来的，再加此时胡适又开始大力提倡运用西方科学方法整理国故，通过这一切，两人实现了学术精神上的沟通。陈寅恪第一次正面评价胡适正是对胡这一切的肯定。1927年6月2日，王国维投湖自杀后，陈寅恪怀着极其沉痛的心情写下了《王观堂挽词》，文中说："鲁连黄鹤绩溪胡，独为神州惜大儒。学院遂闻传绝业，园林差喜适幽居。"前一句高度称赞胡适推荐王国维出任清华国学院导师的功绩，正是胡适的推荐，才使中华学术许多方面的"绝业"得以在清华研究院通过王国维得到传播、承续。

学术——胡适与陈寅恪精神交流的主要方式

两人的交往开始逐渐多了起来，并从书信往还到直接交流，基本上是围绕着学术来展开的。

1928 年 5 月，陈寅恪得知胡适撰写的《白话文学史》（上卷）将有专章论述"佛教的翻译文学"。为此，他特将新著《童受〈喻鬘论〉梵文残本跋》从北京寄给胡适作参考。陈寅恪在信中说，近年德国人在龟兹之西寻得贝叶梵文佛经多种，柏林大学路德施教授在其中检得《大庄严论》残本，并知鸠摩罗什所译的《大庄严论》，其作者为童受而非马鸣；又知此书即普光窥基诸人所称之《喻鬘论》。陈寅恪在文中列举了其他一些证据，对路德施教授的考证与结论给予了有力补充，并通过罗什译本与原本互校，阐述了罗什译经的艺术，"一为删去原文繁重，二为不拘原文体制，三为变易原文"。很显然这是陈寅恪在把自己掌握的学术前沿动态与自己最新研究成果贡献给胡适。胡适看过后，感到"证据都很可贵"，为了感谢陈的盛情厚意，胡适不仅在"附记"里作了说明，并且摘录其大作后半题为"鸠摩罗什译经的艺术"，署上陈寅恪大名，作为该章的附录。

1929 年 1 月 19 日，清华研究院另一位导师梁启超病逝，胡适从上海赶到北平参加梁先生遗体入殓仪式，胡适与陈寅恪第一次见面，却一见如故。从此以后，两人的友谊便更好地发展起来，学术上开始互相关怀。回到上海不久，胡适便收到陈寅恪寄来的几篇文章。胡适不仅认真阅读，而且对其中的《大乘义章书后》给予高度评价。同时对陈寅恪的行文风格提出了建议："鄙意吾兄作述学考据之文，印刷时不可不加标点符号；书名、人名、引书起讫、删节之处，若加标点符号，可省读者精力不少，又可免读者误会误解之危险。此非我的偏见，实治学经济之一法，甚望采纳。"可能陈寅恪嫌麻烦，在以后行文中对标点等问题并没采纳。1937 年 2 月 22 日，胡适对陈寅恪有个综合评论，再次对他的标点等行文风格给予了批评："读陈寅恪先生的论文若干篇，寅恪治史学，当然是今日最渊博最有识见最能用材料的人。但他的文章实在写得不高明，标点尤赖，不足为法。"

1930年5月19日，胡适辞去中国公学校长，11月28日，全家由上海搬回北平，这使他们有了更多的接触机会。

1930年12月17日是胡适40岁生日，陈寅恪与赵元任、毛子水、傅斯年、顾颉刚、刘半农等人一起致送《胡适之先生四十正寿贺诗》："适之说不要过生日／生日偏又到了／我们一般爱起哄的／又来跟你闹了……"诗写得幽默风趣，亲切随意，似乎能看到这群朋友之间亦庄亦谐、以庄为谐、形谐实庄的热闹。陈寅恪名列其中，表明他已经走进所谓"我的朋友胡适之"的交际圈。

1931年5月，陈寅恪致信胡适，推荐两位后学并请胡适在翻译上给予帮助支持。"浦君（指已在清华担任老师的浦江清）本专学西洋文学，又治元曲，于中西文学极有修养，白话文亦流利，如不译此书，改译他书，当同一能胜任愉快也。又清华研究院历史生朱君延丰（去年曾为历史系助教，前年大学部毕业生）欲译西洋历史著作，不知尊意以为如何？是否须先缴呈试译样本，以凭选择？大约此二君中，浦君翻译正确流畅，必无问题，因弟与之共事四五年之久，故知之深。"胡适接到信后，对浦江清问题没有不同意见，对陈寅恪托付的朱延丰立即根据其实际情况作出了安排。"朱延丰先生愿译历史书，极所欢迎，他愿译哪一个时代的历史书，有什么 preference 没有？Shotwel 前告我，勿译《文学的历史》……近日读其书，始知此书确是极好的书，是能代表最新的考古成绩而文字尤可读，一九二七有修正放大本（已成为名著）。我想寻一位可靠的人译此书，文字务求通畅明白，使此书成为西洋史的人人必读的门径书。你看朱君能胜任此事吗？乞酌复。"这里可看出胡适对陈寅恪托付之事的认真负责。与此信一同送出的，还有胡适收藏的刚裱好的《降魔变文》，请陈寅恪题跋。

不久，陈寅恪又将自己刚写就的《支愍度学说考》赠送胡适。此文论述了"皆以心无之义创始于支愍度""心无之义至道恒而息也"，只"心无义乃解释《般若经》之学说，何以转异于西来之原意？"胡适于8月29日夜读过后，立即怀着激动的心情给陈寅恪写了封信，称赞此书"今夜读过，得益不少""尊著之最大贡献，一在明叙心无义之历史，二在发现'格义'之确解，三在叙述'合本'之渊源。此三事皆极重要。"同时对陈寅恪所证明"心无"之为误读提出了自己的看法。

在送还胡适的题跋时，陈寅恪给胡适带去唐景崧的书法遗作，请他题签。恰在那两天，"九一八"事变爆发了。那几天胡适正为宋子文邀请他出任新成立的国家财政委员会委员是否就任一事伤神，虽然对东北局势日益紧张感到忧心，但并没有想到这么快就会出这等大事，而且中国军队竟然没有抵抗。当第二天一早得知这个消息时，胡适震惊，继而失望，又继而对自己这帮文人在国家生死存亡关头不能为国家作出实实在在的贡献而忧愤。唐景崧的书法上有言："一支无用笔，投去又收回。"胡适看到这两句，联想到眼下现实，真可谓触诗想史，想史生情，于是一股脑儿将这种情绪投放到了诗句中。于是当天他题下了这样一首诗："南天民主国，回首一伤神。黑虎今何在？黄龙亦已陈。几支无用笔，半打有心人。毕竟天难补，滔滔四十春。"

陈寅恪的夫人唐筼是唐景崧的孙女。唐景崧，1841年生，1894年出任台湾巡抚。1895年，清朝在甲午战争中战败，签订了割让台湾的《马关条约》，同时命令所有清廷委派的官吏返回大陆。台湾民众激愤，上书唐景崧："万民誓不服倭，割亦死，拒亦死，宁先死于乱民之手，不愿死于倭人手。"在台中绅士、原工部主事丘逢甲的倡议下，唐景崧向朝廷发出"台湾士民、义不臣倭，愿为岛国，永戴圣清"的电报，率领台湾人民展开了反对日军占领台湾的英勇斗争，终因寡不敌众，内援不济，10 月 19 日台南陷落，刘永福和唐景崧等主要官员先后内渡。日后唐景崧以抗命见黜。回到桂林后致力于戏剧和教育事业。1903 年病逝。

胡适不仅对这段历史熟悉，更对它有着刻骨的感受。胡适出生于上海，随之被调往台湾任职的父亲胡传于 1893 年初带到了台湾。唐景崧到任后，胡传被任命为台东直隶州知州，又兼领台东后山军务。1895 年胡适才不到四岁，割让台湾的消息传来后，胡传于年初先是将夫人和儿子送回大陆，接着便披挂上阵，和唐景崧、刘永福等人打响了保卫台湾之战。胡传就是在这场战争中死去的。

也许正是有这层关系，陈寅恪才把唐的遗诗送给胡适题签。胡适也因这层关系接了下来。没想到历史就是这么巧合。就在此时，"九一八"事变发生了。

陈寅恪收到胡适的题签后，立即产生了共鸣。23 日回信："昨归自清华，读赐题唐公墨迹诗，感谢感谢。以四十春悠久之岁月，至今日仅赢得一'不抵抗'主义，诵尊作既竟，不知涕泗之何从也。"胡适对这首诗是相当看重的。过一个星期，胡适写信给周作人，将这首诗郑重地抄给了周："十九那天，什么事也不能做，翻开寅恪要我题的唐景崧（他的夫人的祖父）遗墨，见那位台湾民主国伯里玺天德说什么'一支无用笔，投去又收回'，我也写了一首律诗在上面。"

力荐对方，胡适与陈寅恪惺惺相惜的结晶

抗战时期两人虽身分两国，但彼此从未淡释对对方的牵挂。

胡适力荐陈寅恪出任牛津中国学教授。1938 年，牛津大学"中国"教授 Monle 退休后，由谁来担任？牛津大学想从中国的学者中挑选一

位，陈寅恪作为候选，牛津大学是十分乐意的，但对他能不能在那儿安居表示怀疑。抗战爆发后，胡适被国民政府委派前往美国进行抗战宣传，1938 年 7 月 13 日，胡适前往瑞士参加世界史学大会，19 日到达巴黎，24 日到达伦敦，得知牛津选聘中国学教授消息后，先是于 1938 年 7 月 29 日写了一封信推荐陈寅恪为牛津大学教授。"陈寅恪教授〔原文是"Professor Yingchiuh Chen"（陈寅恪）〕年约 47 岁，江西义宁人，出身书香门第，其祖父在戊戌变法时任湖南巡抚，父亲陈三立乃著名的旧体诗人，兄长之一陈衡恪是一位甚具天赋的画家。他不但是古文的大师，而且也懂梵文，我想他的梵文是在哈佛大学学习的。如果我没有记错，他也懂得藏文。他曾在佛教研究方面和已故的钢和泰（Baron A. von Stael Holstein）合作。在我这一辈人当中，他是最有学问、最科学的历史学家之一。他已经发表了许多有价值的专论，包括他对中国佛教、道教、唐代文学、唐皇室的种族源流等方面的历史的研究。他的研究大多刊载在中央研究院的集刊和清华大学学报。他唯一的英文著作是他关于韩愈及其时代的小说（这里指的是《论韩愈与唐代小说》）的研究，该文刊载于早期的《哈佛亚洲研究学刊》（*Harvard Journal of Asiatic Studies*）。1937 年，他获由中国基金颁发的历史学科学研究奖。在任职国立清华大学历史教授的同时，他已担当历史语言研究所历史组主任十年之久，该所是中央研究院的十个研究所之一。"又于 9 月 2 日，在给傅斯年的信中说明了牛津的怀疑和对此事的关切："剑桥大学（由于剑桥是从牛津分出，两者那时在一些外人那儿往往不分，故胡适此时用的剑桥）的中国教授席，寅恪最有望。但剑桥的朋友有两点怀疑：1. 寅恪能在此留五年以上吗？2. 此间书本不充足，他能安居吗？我到剑桥去看了一次，藏书确不多，图书馆虽新造，但远不如美国图书馆便利舒服。剑桥的人都对寅恪期望甚殷。若寅恪能带一些应用书来，安心住五年，可在欧洲立一'中国学重镇'。此二点乞兄与寅恪切实一商……"后来牛津确定聘请陈寅恪为教授，遗憾的是陈由于抗战时期路途艰难以及身体等原因一直没能成行。

陈寅恪力推胡适出任国民政府中央研究院院长。1940年3月蔡元培病逝，由谁继任中央研究院院长？这一问题成了当时学界甚至政界的热门话题。陈寅恪一直主张由胡适来担任，在刚刚开始议论这个问题时，他专门跑到重庆，并说此行来就是为了专门投胡适一票。当有人说要投翁文灏、朱家骅和王世杰时，他不以为然地说，我们总不能单选这几个"蒋先生的秘书"吧。当听说蒋介石专门写了个条子发了个指示，要把顾孟余选上后，在正式选举前一晚翁文灏、任叔永宴请大家的酒席上，刚一谈到此事，他即站出来慷慨陈词：这是在选举中央研究院院长，它是国家最高学术研究机构，我们一定要坚持学术自由的立场，同时院长也必须在外国学界有声望有影响，否则还要我们来投票干什么。让蒋介石下条子选顾孟余，本是王世杰等人的运作，因王世杰等人早知学界要选胡适。在许多人眼里，驻美大使是美差，许多人眼红觊觎，此时主掌行政院的孔祥熙因这帮自由主义知识分子的关系早想把胡适换回，此刻就在造谣要换胡适。王世杰等人生怕行政院以此为由头把胡适换掉，故而通过陈布雷运动蒋介石下条子令选顾孟余，以期保住胡适。没想到条子一下，相反更激起这帮自由主义知识分子的反弹，更坚定了他们要自主选举以及非要选胡适的意志。结果胡适入选，顾落选。

热情相助，胡适为陈寅恪眼盲带来的中国学术损失感到悲哀

由于陈寅恪小时乃至青年时代的苦读，导致视力严重下降，到清华任教后，长期超负荷的研究和教学工作，无形中加重了本已高度近视眼

睛的疲劳。抗战爆发后，北平居住的父亲陈三立老人，以拒食相抵抗，在愤懑中离世。陈寅恪以古礼来办丧事。不意叩首等礼节对高度近视者极为不利，结果丧事还没办完，右眼视网膜即脱离。本要住院手术治疗，他又担心手术后一时无法从沦陷区脱身而放弃。父亲丧事"七七"满期后，他悄悄携妻带女抱病南下。在这个过程中，由于耽搁，右眼终至先盲。抗战期间，在极端艰苦的条件下，陈寅恪仍以极大的毅力从事教学研究工作。1944 年 11 月，陈寅恪跌了一跤，左眼受到振动，也开始昏瞀不明，入院诊疗，结论也是视网膜脱离。12 月 18 日进行手术，因战时医疗条件简陋，竟然没有成功。抗战胜利后，1945 年 9 月，应英国皇家学会和牛津大学之约，陈寅恪去伦敦治疗眼疾。由于国内手术失败时间太久，医生最后下了双目失明已成定局的诊断书，同时告诉他以后不要再做手术，徒增痛苦。休息一段时间后，陈寅恪带着无尽的失望，辞去牛津教职，途经美国回国。

胡适此时正在收拾行装准备回国执掌北大，忙得焦头烂额，甚至心脏病都犯了。但听到这一消息后，仍然充满了关切。他立即致电陈寅恪，船到纽约后，不妨下船在美国小住一段时间，请哥伦比亚的眼科专家再检查一次，看有无挽救的良方。陈寅恪接到电报，立即将斯氏的最后意见书请熊式一寄给胡适。胡适收到此意见书后，请哈特曼夫人将之送到哥伦比亚眼科研究所，请麦克尼博士会同同院专家阅读后协商诊治办法。由于是胡适所托，这些专家都很认真，可看过后，一致认为，他们恐怕也没办法补救。哈特曼将消息带回后，胡适"很觉悲哀"。

陈寅恪将于第二天到达纽约。胡适先把这个"恶消息"写了一信，请准备去接船的全汉昇先生带给陈寅恪，于悲哀中又"不胜感叹"。在第二天日记中胡适说："寅恪遗传甚厚（本文作者注：祖父陈宝箴、父亲陈三立皆当世文化大家），读书甚细心，功力甚精，为我国史学界一大重镇。今两目都废，真是学术界一大损失。"从陈寅恪自身和我国学术界两个角度对陈的不幸遭遇表示了巨大的惋惜。但胡适的热情相助并不仅于此。9月15日一天在等哥伦比亚眼科研究所的消息，16日一大早胡适于"百忙"中请人立即去银行办理了一张1000美元的汇票，请全先生带给陈寅恪。胡适想到了战时中国文人的艰难，想到了陈寅恪几次手术的巨大花费，想到了此番回国后陈在对双目绝望后面临的各种不便。胡适大使交卸后，一直在靠不多的积蓄、稿费以及美国一些文化机构的资助生活，1000美元对他来讲可不是一笔小数目，但胡适为朋友掏了。

1948年12月初，北平解放前夕，陈寅恪与胡适同机离开北平。他曾对邓广铭说："前许多天，陈雪屏曾专机来接我。他是国民党的官僚，坐的是国民党的飞机，我决不跟他走！现在跟胡适先生一起走，我心安理得。"但到了南京后，陈寅恪并没再跟胡适走，而是去了广州。胡适去了美国，后又回了台湾。两人从此隔海相望。

刘半农与陈独秀的交往

朱 洪①

　　1916 年秋天，中华书局发生财政危机，刘半农辞去编辑，搬到上海铜仁路明厚里一号（今延安中路上海展览馆前），任上海实业学校和中华铁路学校教员。

　　1916 年 10 月 1 日，刘半农首次在《新青年》2 卷 2 号上，发表鼓吹资产阶级革命的文章《灵霞馆笔记·爱尔兰爱国诗人》。这是刘半农初次和老革命党人、光复会成员陈独秀打交道。《新青年》原叫《青年杂志》，创办不久因与上海青年会办的杂志同名，被迫停刊。1916 年 9 月复刊，2 卷 1 号改名为《新青年》。复刊后，陈独秀邀请活跃上海文坛多年的刘半农加盟。一个性格活泼，一个为人豪爽，两人一拍即合，遂成至交。以后每期，陈独秀必约刘半农翻译稿件，刊登在《新青年》上。

　　1917 年初，陈独秀接受蔡元培校长邀请，到北大任文科学长。

---

　　① 朱洪，安徽皖江文化研究中心研究员。

1月1日，胡适在《新青年》2卷5号上发表《文学改良刍议》，提出了"文学改良"的八点主张。胡适的白话文改革思想提出后，刘半农立即写信给陈独秀，建议《新青年》刊登白话诗、白话小说与白话论文；请蔡元培、章秋桐、苏曼殊多作提倡改良文学的文字；允许各报转载；开辟"文学研究"一栏，以容众见；刻选从古至今的文字为读本等。

他满腔热情地在信上说：

改良文学，是永久的学问；破坏孔教，是一时的事业。因文学随时世以进步，不能说今日已经改良，明日即不必改良。孔教之能破坏与否，却以宪法制定之日为终点。其成也固幸，其不成亦属无可奈何。故青年杂志对于文学改良问题，较破坏孔教更当认真一层。尤贵以毅力坚持之，不可今朝说了一番，明朝即视同隔年历本，置之不问。

但陈独秀不同意和旧派从容讨论，他给刘半农写回信说：

所示各条，均应力谋实行。鄙意欲创造新文学，"国语研究"当与"文学研究"并重。本志拟锐意征求此二种材料。必不容反对者有讨论之余地，至特辟一栏与否，似不必拘泥。高明以为如何。

"至特辟一栏与否，似不必拘泥"，即委婉地表示他不同意刘半农的意见。

胡适与刘半农意见一致。4月9日，胡适给陈独秀写信说："吾辈已张革命之旗，虽不容退缩，然亦决不敢以吾辈所主张为必是而不容他人之匡正也。"对于胡适的意见，陈独秀仍不予接受。他于5月1日发表《再答胡适之（文学革命）》，坚持说，"必不容反对者有讨论之余地，必以吾辈所主张者为绝对之是，而不容他人之匡正"。

5月1日，刘半农在《新青年》3卷3号上发表《我之文学改良观》，为刚刚兴起的新文化运动推波助澜。他就自己平日翻译、写作经验认为，往往同一语句，用文言则一语即明，用白话则两三句犹不能了解。可见，白话也有不如文言的地方。但他不否认，也有用文言呆板，改成白话即"呼之欲出"的情况，如"行不得也哥哥""好教我左右做人难"等，文言就不如白话。在赞成胡适关于白话为文学正宗的观点的同时，刘半农认为，"言文合一"或"废文言而用白话"，不能一蹴可即。目下要做的事，摆文言与白话于同等地位，同时，在两方面寻求途径。一旦文言文的优点为白话所具有，文言文就必然淘汰。

关于韵文，刘半农也提出了几点改良意见：

第一，破坏旧韵，重造新韵。在旧韵废后，读音因为方言的关系，不能统一，刘半农提出三个解决办法：

（一）用土音押韵，注明何处土音；

（二）以京音为标准，请懂京语的人造一个新谱；

（三）请"国语研究会"的人，写一个定谱，则尽善尽美。

第二，刘半农主张增加多种诗体。一般说，诗律越严、诗体越少，诗也越受束缚。刊登该文时，陈独秀写了跋语，云：

刘君此文，最足唤起文学界注意者二事：一曰改造新韵；一曰以今语作曲。至于刘君所定文字与文学之界说，似与鄙见不甚相远。鄙意凡百文字之共名，皆谓之文。文之大别有二：一曰应用之文，一曰文学之文。刘君以诗歌、戏曲、小说等列入文学范围，是即余所谓文学之文也；以评论文告、日记、信札等列入文字范围，是即余所谓应用之文也。"文字"与"应用之文"名词虽不同，而实质似无差异，质之刘君及读者诸君以为如何。

1917 年秋，在北大文科学长陈独秀的推荐下，北大校长蔡元培向刘半农发出了邀请，聘他到北大文科任教。鲁迅后来说：他（刘半农）到北京，当然更是《新青年》里的一个战士。

陈独秀被捕以后

1919 年"五四运动"爆发后，蔡元培辞职出京，陈独秀 6 月 12 日在东安市场散发传单时被捕，李大钊上了黑名单，回老家避风头。《新青年》停刊了，大学放暑假了，刘半农带妻子和女儿回到了江阴。

9 月 16 日，陈独秀出狱了，回北大后，刘半农曾到所谓"优待室"去看陈独秀。陈独秀对刘半农说："威权已瞎了我的眼，聋了我的耳。我现在昏昏沉沉，不知道世间有了些什么事体，世界还成了个什么东西？"刘半农想到陈独秀的这句话，写了长诗"D——!"，欢迎陈独秀出来，其诗云：

D——!

我已八十多天看不见你。

人家说，这是别离，是悲惨的别离。

那何尝是？

我们的友谊，若不是泛泛的"仁兄""愚弟"，

那就凭他怎么着，你还照旧的天天见我，我也照旧的天天见你。

> 威权幽禁了你，还没有幽禁了我，
>
> 更幽禁不了无数的同志，无数的后来兄弟……

"威权"指的是胡适在《每周评论》被查封后写的一首诗，喻北洋政府。秋日的一天，刘半农在听弟弟刘天华弹琴后，吟诗《E弦》，其中说：

VIOLIN上的G，一天向E弦说：

"小兄弟，你声音真好——很漂亮，很清高。

"但是我劝你要有些分寸儿，不要多噪。当心着！力量最单薄，最容易断的就是你！"

前年，刘半农翻译英国梅理尔的"短剧"《琴魂》，其中有一句台词说："你那E弦（四弦中最细最响之一弦），已低了些了。可是还不打紧，还卖得了。"刘半农写这首诗时，是在感怀陈独秀。陈独秀和小提琴上的E弦一样，声音最响，也易被折断，所以，他遭了大难，被人关闭了80多天。

欧洲留学

1919年12月4日，陈独秀、周作人、朱遏先、陈百年、马幼渔等11人至东兴楼，为即将赴法国留学的刘半农、童德禧二人饯行。

到欧洲后，刘半农写了几首诗寄给陈独秀，因没有看到《新青年》，不知道刊登了没有，也不见陈独秀回信。

1921年5月6日，蔡元培到伦敦见到了刘半农和其他北大留英学生。

1920年年底，蔡元培、汤尔和、张申府等从上海出发，1月抵达欧洲。当时，陈独秀等人还在上海为他们送行。

9月15日，刘半农给胡适写了一封信，提到了陈独秀打劫人家准备带到欧洲给他吃的零食：

六月前接到你寄给我的《新青年》，直到今天才能写信说声"多谢"，也就荒唐极了。但自此以后，更没有见过《新青年》的面。我寄给仲甫许多信，他不回信；问他要报，他也不寄；人家送东西我吃，路过上海，他却劫去吃了！这东西真顽皮该打啊！

刘半农说，"人家送东西给我吃，路过上海，他却劫去吃了"，指蔡元培、张申府一行路过上海时，陈独秀曾请他们吃饭，是他"劫"吃零食的时间。

1923年夏天，刘半农作诗《忆江南》。他在词前写小"序"说："苦忆江南，写五十六字。昔仲甫谓尹默诗如老嬷，半农诗如少女，意颇不然。今自视此作，或者不免。因写寄尹默，令嬷嬷一笑。"其中第二首云：

别此三年三万里，心里抛开缠梦里。

海潮何日向东流，为携几滴游人泪。

陈独秀曾嘲笑沈尹默的诗如老嬷，刘半农的诗如少女。那时，刘半农不乐意听陈独秀的话。现在，他似乎可以接受陈独秀的讥评了。

1925年1月28日，刘半农给周作人写信，谈到《新青年》风波：

就《语丝》的全体看，乃是一个文艺为主，学术为辅的小报。这个态度我很赞成，我希望你们永远保持着，若然《语丝》的生命能于永远。我想当初的《新青年》，原也应当如此，而且头几年已经做到如此；后来变了相，真是万分可惜。

《新青年》风波中，陈独秀改变了《新青年》的方针。对此，刘半农站在胡适、周作人、钱玄同一边，只淡淡地说："真是万分可惜。"

刘半农去世前后

因陈独秀改变了《新青年》的方针，加上未给刘半农回信（陈独秀到南方后，未收到刘半农的信），自欧洲回到北京，刘半农和陈独秀不再往来。

1932 年冬日的一天，刘半农选新诗 26 首，集成《初期白话诗稿》，由北平星云堂书店出版。其中就有鲁迅的诗，另外七人是李大钊、沈尹默、沈兼士、周作人、陈独秀、胡适、陈衡哲。李大钊已经去世五年，陈独秀刚被逮捕，舆论正轰轰烈烈，大有被杀头之势。蒋介石正在"围剿"红军，刘半农出版共产党员的诗，也是变着法子表达自己对蒋介石热衷内战的不满。这次，刘半农明确不要版税，也不把书价定高，目的是让大家多买。

这些稿子，都是刘半农 1917 年至 1919 年搜集的。陈独秀的诗是《丁巳除夕歌》：

古往今来忽然有我，岁岁年年都遇见他。明年我已四十岁，他的年纪不知是几何……人生是梦，日月如梭。我有千言万语说不出，十年不作除夕歌，世界之大大如斗，装满悲欢装不了他。万人如海北京城，谁知道有人愁似我。

12月28日，刘半农写了《初期白话诗稿序目》。他特地在旧纸夹中找到了七张《新青年》稿纸，用来抄写初期白话诗稿的目录，并在目录后面随笔写了序，到序写完，七张稿纸也就快写完了。

1934年7月14日，刘半农去世。

10月14日上午10时，北京大学假景山东街二院大礼堂为刘半农举行追悼会。

追悼会场内外，满悬挽联挽幛；祭悼设礼西壁，青松翠柏布之。上置一大花圈，中置刘半农遗像。胡适送的挽联曰：

> 守常惨死，独秀幽囚，新青年旧伙如今又弱一个；
>
> 拼命精神，打油风趣，老朋友之中无人不念半农。

据濮清泉回忆，当时关在南京监狱的陈独秀谈刘半农说：

> 他对音韵一道并没有什么研究，但在法国人面前，大谈音韵，以为法国人不懂音韵，讵料法国的音韵学家把他驳得体无完肤，使他面红耳赤，息鼓而逃。一个人应该本着知之为知之，不知为不知的精神去做学问，不知并不羞耻，强不知以为知，必然要大丢其脸，弄到无地自容。刘半农就是"猪八戒的妈妈漂海——丑死外国人"，应引为教训。现在他死了，胡适写的挽联说，"守常惨死，独秀幽囚，新青年旧伙如今又弱一个；拼命精神，打油风趣，老朋友之中无人不念半农。"
>
> 此联写得不高明，但余有同感焉。

陈独秀的意思是，胡适的挽联写得不怎么样，但表达的内容，与自己的想法一样。"老朋友之中无人不念半农"里的"老朋友"，包括了陈独秀。

麓山红叶谊

——谢冰莹与严怪愚的交往

———

东　君

三十六年来，第一次读到你的信，看到你那熟悉的笔迹，就好像听到你那豪爽的笑声，看到你那活跃的身影一样。读着你的信，泪水模糊了我的眼睛，这一切的一切，真像在梦中一样。

我们分别时，都还是精力充沛的中年。现在，都已是白发苍苍的老年了，回想起我们一起在岳麓山共同讨论文章，在长沙南门口妙高峰相邻而居的情况，是多么令人激动！现在，这一切的一切，只能永远保存在我们的记忆之中了。

我十分想回老家，只是，身体日前很不好，前些日子又摔了一跤。因而，只能待身体好些后才能回老家看望你了！

寄上我在美国写的回忆岳麓山的文章一篇，岳麓山的秋山红叶，永远是我记忆中最美好的一页……

这封信是谢冰莹女士从美国写给湖南老报人严怪愚的。1983年初，谢冰莹投书《湖南日报》总编辑，言辞恳切地请求寻找当年被誉为"中国八大名记者"之一的严怪愚。谢、严二人自1948年分别后便失去了联系。不久，飞鸿传佳音，当正患眼疾的女作家接到怪愚的来信时，唏嘘不住欷歔落泪，很快便写来了这封回信。

岳麓山的秋山红叶，确是最美好的一页：麻红色的青枫峡里，飘飘入诗的红叶咯吱作响，两个樵夫正在收拾秋的残骸……那时他们还正当年轻！

1936年，怪愚25岁，冰莹将近30岁。当时，怪愚新婚不久，即由长沙北门迁居南门外妙高峰下南村2号楼上。怪愚是湖南邵东人，隔壁住的谢冰莹和楼下住的两位先生都是新化人。

怪愚搬来的第一天黄昏，看到一秀美女郎倚着栏杆，头望青天，若有所思，感到很奇怪。而且，这女人还甜甜地称自己的男人为"维特"。第二天，怪愚从妻子那里得知，她便是中国有数女作家之一的谢冰莹。然而，那时怪愚对女人抱有成见，他的初恋是在岳麓山被一有权有势的旧军人破坏的。怨郁所结，他用傲慢和偏见态度对待所有女性。他觉得世上所有女人都不行，万一"行"，也是男人们故意捧起来的。偶尔心血来潮，他会觉得当自己的才能表露出来时，至少不比写文章的女人差。因有这种傲气，他们足足有一个月还未曾正式交谈过。他们的交往，还是由怪愚的妻子而起的。那天，妻子正在看谢冰莹的《一个女兵的自状》。怪愚也知道，冰莹1926年便去武汉投考军校当女兵，后随军北伐。在那个火红的年代，她的生命开出了绚丽的花朵，一本《从军日记》使她出了名。妻说："我真爱读她的文章，随便地写，却句句能刺激人！白薇的文章太空洞，而且太轻忽。丁玲的文章太沉重，太繁复，读了叫人不爽快……"妻子居然能批评人了，说明女人的进步。怪愚拿来看了，似乎觉得好，然而又说不出个好来。只是心里总嵌着个女兵的影子，那影子雄劲而强横，又似乎有点凄迷、暗淡，怪愚觉得渐渐了解这女人了。发个狠心，他到南轩图书馆借来了《随军日记》《麓山集》，一页页地读完。正如冰莹自己所说："要对一个作家下批评，至少要读他全部著的作三分之一。"

此时，冰莹对怪愚的为人也有所了解。在湖南大学当学生时，怪愚在《晚晚报》上发表了《假如我是一个伟人》，讽刺当时省主席何键，揭露何公馆黑幕，文锋犀利，切中时弊。此事，惹怒了何键，当局查封了《晚晚报》，也害得他不敢再用怪愚这个笔名写文。毕业后，他不再为穷而卖文，自己创办《力报》，想怎么写就怎么写。《力报》创刊一个多月，便传来鲁迅先生逝世的消息。怪愚心情十分沉痛。生前，怪愚曾在上海拜访过鲁迅先生，先生告诫他："做人傲气不可有，傲骨不可无。"怪愚听罢，牢记心底。如今，这一文坛巨星陨落了。当时的统治者，却视鲁迅为洪水猛兽，国统区大报，唯一向公众辟专栏报道的仅上海《申报》。怪愚极为不平，便在这张声称"绝对拥护中央"的《力报》上发表大量纪念鲁迅的文章，还刊登启事，在青年会发起追悼鲁迅大会。小蛤蟆打大哈欠，激怒了省府《国民日报》总编，当时湖南新闻界一位风头十足的人物——壶公。恰巧，北洋军阀段祺瑞也在上海"翘了辫子"。政府拨给治丧费1万元举行"国葬"，还密令各报大肆捧场。壶公趁势大做"文章"，在《随便谈谈》这篇杂感里，把段祺瑞和鲁迅的遗嘱照抄一遍，然后大发议论，吹捧段至死不忘国事，仍为国家操劳；贬责鲁迅死也不忘个人恩怨，为子女操心。这样，引出和怪愚的一场笔墨恶仗。这场笔战历时20多天，身任省党部主任秘书的壶公，竟败在一个25岁的娃娃手中。壶公威信一扫而尽，而《力报》在读者中威信越来越高。怪愚努力用笔杆认识自己的人生价值，也证实了自己立足于这个社会中的能力，他感到很高兴。

冰莹钦佩怪愚的胆量和才气，遂开始同他交往。她本来就待人热情得似一炉火，为了支持怪愚，她毫不犹豫地把自己认为满意的作品交给他，有时还把力作首先在《力报》上发表。这可惊动了上海和天津的"才子"们，他们哄起来，说："谢冰莹路末途穷，竟在长沙卖起一块钱一千字的文章来了！"谢冰莹听了只笑笑说："内地的报刊我们不支持，难道文化事业只集中在上海、天津吗？"怪愚亦暗自发笑，其实《力报》初创，经费困难，他连一块钱一千字的稿费都未曾送她。怪愚为有这样一位支持《力报》的朋友自豪。

不久，怪愚写了篇湘剧艺人生活特写，文中没有严格执行新闻真实性的原则，说谢冰莹看了湘剧高腔戏，连连摇头："吵死人！吵死人！锣鼓敲得已然头昏，还要加上几个人合唱，真不知出自哪本经？"上海一家叫《西风》的杂志，将这篇特写全文转载，并写了篇短文，题目叫"绍兴也有那本经"，接着，几家报纸和杂志也连续刊登了什么《北京也有那本经》《广东也有那本经》等，讽刺谢冰莹对戏剧的无知。冰莹当然生气，说："我病着，几年来根本没看戏，哪里会说那话？"怪愚深深自责，再三向她道歉，她便释然，对文艺界讽刺也不作答，权当耳边风。

正如冰莹所说，一年中，她大半时间是在病魔的脚镣手铐中打发的。然而，她始终不停地挥笔。7月的酷暑，腊月的寒冬，都可以看见她坐在窗下，静静地写，静静地写。创作是她的全部生命！她写得多，也写得快，然而始终对自己不满意。她说："莫泊桑一篇小说写了30遍，他的老师福楼拜看了，仍是说，还要修改！还要修改！我们的缺点是只知道写，不知道改。一天写一两万字，写完便向报刊送，管它成材不成材。恶习难改！我30岁了，活到60岁，还有30年练习写作，我一定痛改前非，写出点像样的东西来。"

怪愚被这番话所深深打动。他知道,凭冰莹的热情、毅力、敏捷,会写出像样的东西来。而自己的作品多是仓促成篇,失之严谨,比起冰莹的治学精神,感到惭愧。他在校读书时就小有名气,才华横溢,文思敏捷,总是一挥而就,极少反复推敲。如今,他下决心要"认真"起来。然而,新闻工作的动荡与繁忙,使他在文学创作上,终归没有"成熟"起来。

1937年抗日战争爆发后,一介病弱女书生,又是满身戎装的冰莹,组织"湖南妇女战地服务团"赴沪宁一带工作。临行时,她还忘不了大叫:"怪愚,快到前线去!"1938年春,台儿庄大捷,怪愚也终于摆脱繁忙的编务,到徐州做战地特派员。知音何处不相逢!此时,冰莹和她的"维特"也从东线赶来,夫妻已合作写了不少战地通讯。每逢敌机投弹,她的"维特"总是把她按在地下,用自己的身子掩护她。冰莹总是指着他的鼻子骂:"傻瓜!你又不是钢筋水泥,能护得住我?"这里,炮弹呼啸,血肉横飞。在血和火的洗礼中,怪愚的10多万字通讯也连续见报。战地采访,怪愚被弹片击中大腿,鲜血直流。别人都取笑他命大,怪愚亦跟着哈哈大笑:"大难不死,必有后福啊!"他确实有后福,战火中死不了,却有幸多次"死"在报纸上。

1939年元月,怪愚从邵阳赴陪都重庆,想不到在这里又奇遇冰莹夫妇,怪愚少不得常去聚聚聊聊。冰莹当时正患严重的鼻病,刚动过手术,身子较以前也更消瘦了。"维特"在中央大学授课之余,侍候她如一个婴孩,还时时逗她乐。看到他们的甜蜜生活,怪愚非常羡慕。此时,重庆政治上的迷雾犹如这多雾的山城。汪精卫投敌叛国的消息已处于半公开状态,但重庆各报仍不敢披露。范长江见了怪愚,便递给他一份资料,严肃地说:"老哥,这是汪精卫投敌叛国材料,由于种种原因,在重庆不宜发表。你们《力报》远在邵阳,天高皇帝远,你是不是冒点风险，将这消息抢先在贵报发表？这是个重大政治事件，发出来肯定是震惊国际的新闻，你有这个胆量不？"27 岁的怪愚正值火性年华，浑身是胆："此种败类不予揭露，天理难容！"当晚，一口气写成《汪精卫叛国投敌前后》，急电发回已迁往邵阳的《力报》。严怪愚猛捋汪精卫虎须，东南各省为之哗然。湘主席薛岳的政工人员看了这则消息，大发雷霆，说怪愚造谣侮辱汪副主席。然而鞭长莫及，只有等他回来再说。可是，纸是包不住火的，当中央社吞吞吐吐、含含糊糊宣布这则消息时，已迟《力报》半个月了。这时，薛岳政工人员又不知羞耻地声称，"如果没有开明的薛主席，《力报》有这么大的胆吗？"重庆这边，冰莹已备薄酒一杯替怪愚贺喜，他却不辞而别了。

　　这年，桂南战争爆发，怪愚又到桂林烧了秋天里的一把火，在白崇禧的老虎屁股上轻轻摸了一把。从此，与白崇禧结下冤家。白崇禧大肆吹嘘，说广西是模范省，有"国防强大""建设繁荣""道德高尚"三大成就。怪愚写了篇《青草遥望近却无》的杂感，揭露其真相："广西的国防确是强大，省城桂林有一架进口的暂时尚不能起飞的破军用飞机便是可以证明的；广西的建设也确是繁荣，不睁开眼就看不到街上的乞丐，看不到衣衫褴褛的难民流入湖南；说到广西的道德那就更高尚了，要在离省城三五里的偏僻处，才可看到暗娼和抽大烟的……如此模范，怪不得闻名遐迩了！"白崇禧十分恼怒，大骂严怪愚造谣惑众，败坏广西名誉，定不放过他，要严加追查等。此时，怪愚早就离开桂林回邵阳老家了。后来，白崇禧途经邵阳，还忘不了"关照"怪愚一下。怪愚当然是三十六计走为上。当回到报社时，朋友们告诉他说，谢冰莹的"维特"由重庆回福建，特意绕道邵阳来看他。"维特"是流着泪走的，原因是他俩已经"分离"了，怪愚感情上如挨了一闷棒……

　　《力报》终因屡屡"闯祸"而被查封，怪愚随之入狱。几经波折和坎坷，怪愚办报失败。1946 年，怪愚不甘沉寂，又独自闯进"冒险家的乐园"，受聘于《东南日报》，任驻沪特派员，活跃在沪宁一带。此时，他做梦也没想到自己竟会在此又巧遇谢冰莹，兴奋异常，少不了间或去走走。后他又得知，范长江正在南京随周恩来团长与国民党谈判，即驱车前往。在范长江的引荐下，他有幸拜会了周恩来。周恩来一把握住怪愚的手，微笑道："久仰大名呀，《力报》总编先生。上次《力报》被封，我还十分惋惜哩！"谈到和谈的前途，周恩来笑着说："这个委员长呀，真不好对付！有了美国撑腰，他居然以胜利者自居了！滑得很，也僵得很！"

"内战可不可能避免？"怪愚问。

"这很难说。我们是一天也不希望打了。想打，我们就不会到南京和谈。万一这个委员长要用武力来巩固他的独裁，要打，我们也只好奉陪。请人民再忍痛三年！"

怪愚细细咀嚼着周副主席的话。不久，和谈终于破裂。《申报》消息称："昨日中共代表团全部离沪，只有《东南日报》特派员严怪愚先生一人在风雪中送行……"

严怪愚在报上曝光后，冤家路窄，白崇禧与他又接上关系了。那天，严怪愚正参加民主同盟举行的反内战动员大会，散会后刚一出门，便碰上白崇禧的吉普车停在面前。经人介绍，白崇禧认识了他，上前抓住他的手说："久仰久仰，你就是严怪愚先生？君子不计前嫌，过去你写我的文章，我早忘了。我想请你到公馆里做客，好好谈谈。"严怪愚深知对方不怀好意，灵机一动，忙拱手应酬："不敢。久慕将军将才，早想登门造访，今日难得幸会。然适逢敝人今晚家中有客，还是请将军到寒舍小坐，请将军赏光。有机会我再来拜访将军。"白崇禧非常尴尬，围观人已越来越多，此处不可久留，又不好在公开场合下令无故抓人，只得客气一番便乘车走了。

怪愚怕白崇禧再来住处找他，便避避风去找谢冰莹，她当时正住女作家赵清阁家里。刚进屋，怪愚便发现冰莹一个人在偷偷流泪，原因还是为他们夫妻之间的矛盾。谁是谁非，作为女人自然难以启齿，又不好向朋友明说，只得暗自饮泣，借眼泪以减轻伤痕带来的痛苦。怪愚为她感到不平。但站在男人的狭隘立场，看到她的眼泪，想到另一个人的眼泪，又似乎替那个人"轻松"了一点。怪愚不好出主意替她抹平伤痕，又不好讲自己的麻烦事，只好告辞。没有机会深谈，想不到这竟是他们最后的一面！不久，便各奔东西。怪愚回了老家，冰莹则离开上海到了香港。

一晃几十年过去了。冰莹曾吃过不少苦，她在日本坐过牢，四处漂泊，最后定居美国在大学讲学；怪愚亦几经风霜。世事沧桑，他们的深交有麓山红叶为证。冰莹怀念那秋山红叶，怪愚生前亦渴望能彼此看看对方头上的华发。然而，月有阴晴圆缺，此事古难全！怪愚说别人计算年龄，而自己只能计算月龄了，为了朋友间的情谊，为了再见见在世的老友，他曾做生命的最后一搏：拖着干枯病残的身躯和肿胀的脚掌，到北京见了陈楚，到上海见了冯英子，参加了老师"贺绿汀从事音乐教育工作 60 周年"庆祝活动……想到冰莹，他却只能望洋兴叹。

1984 年，严怪愚先生走完他人生漫长的旅程，悄无声息地离开了朋友和亲人。他与冰莹，苍苍者天，飞鸿传书仅仅刚开了个头，如今竟是幽冥路隔了……

回忆我与怪愚的交往

冯英子

我和怪愚的友谊将近半个世纪，在许多日子里曾同甘共苦，休戚相关，怎能不写呢？我知道我写怪愚，一定也是在写我自己，因为无数的战斗，我们都在同一战壕里，同一哨所中，他中有我，我中有他，又怎能分得清楚？因此一提起笔，不仅为了悼念怪愚，也是为了回忆自己。只有在这样的回忆中，才能更真实地看到怪愚的风范。

一

我最初知道怪愚是 1938 年。

那一年春天，我从江南的沦陷区突围出来，到长沙去找唯一认识的朋友——金家凤。因为在此之前，我是上海《大公报》的战地通讯记者，这时上海的《大公报》已在汉口出版，我途经广州的时候，就向汉口《大公报》的范长江发了一封信，告诉他我已突围出来，将去长沙，并告知他我在长沙的通讯处。到长沙不久，就收到了范长江从徐州前线给我的来信，他介绍我去《力报》找严怪愚，这是我第一次知道严怪愚的名字。

可是那时怪愚也在徐州前线，我去找他时扑了个空。不久我去了汉口，参加中国青年新闻记者学会（简称青记）的工作。田家镇吃紧之后，我奉命先去重庆设立青记办事处。办事处设在重庆中营街 58 号，先前是我一个人，后来徐迈进到了重庆，才陆续增加了人员。

有一天，有人在楼下大叫冯英子，我下去一看，一位身材修长、面孔瘦削、眼睛很大但看上去不修边幅的朋友在叫我，他见到我时说："你是冯英子吗？我是严怪愚！"

用不着什么介绍，我们就这样认识了。那时他似乎住在一个什么同学会中，三天两头到青记来。青记这个组织，成立于 1938 年 3 月。当时周恩来在政治部做副部长，因此青记能够作为一个合法团体存在，而且每个月还有 1000 元津贴做经费。可是武汉失守之后，国内形势发生了很大变化。随着国民党反共高潮的掀起，青记也受到了注意和歧视，因此我们也更需要正直的朋友们的支持。记得青记总会正式到重庆之后，发生了好几件大事，一是我们在桂林的南方办事处主任陈同生的失踪事件，一是汪精卫的叛国投敌事件。

陈同生是青记的理事之一，从武汉退到桂林以后，青记设立南方办事处，由陈做主任，那时青记出版一份刊物叫《新闻记者》，因为重庆找不到印刷场所，就请陈在桂林设法，但桂林也无法可想。陈就带了书稿，力图到衡阳印刷，不料他在衡阳被国民党的特务盯住并遭绑架。此事发生后，我们打电报给徐恩曾和白崇禧，要他们保证找到并释放陈同生。这事闹了好几个月，后来我得到陈同生从上海的来信，才知道他逃出衡阳后到了上海，同李平心一起住在光明书店，我们才放了心。在此过程中，怪愚几乎天天来青记，一起参加了这些战斗。

另一件则是汪精卫的叛国投敌事件。汪到上海和敌人签订密约一事在重庆早已有闻，但因为国民党政府的严密控制，不让发表消息，所以范长江就把这个消息交给了严怪愚，要他去想办法。怪愚用电报将此消息打给了《力报》。那时《力报》在邵阳出版，颇有点"天高皇帝远"的有利条件。消息一揭露，不仅震动了湖南，也震动了西南。湖南有人说严怪愚在重庆被捕了，有的则更添油加醋，说严怪愚在重庆被枪毙了。后来汪精卫在香港发表《举一个例》，把抗战初德国大使陶德曼暗中诱和的事兜底亮出来，弄得蒋介石很尴尬，只好由吴稚晖出面替他"进一解"。怪愚制造的这场风波才平息下去。

二

1939 年，怪愚回湖南去了，他介绍我担任邵阳《力报》的特派员，我正是以这个名义和国新社记者的身份，到鄂中游击区跑了一趟，直到年底才回重庆。

刚回重庆，怪愚就介绍《力报》的总经理张稚琴来找我，要我去桂林《力报》担任采访主任。那时重庆上空的政治云雾越来越浓重，政局动荡。范长江也已去了桂林，因此我接受了张稚琴的邀请，决心前往桂林。

当时我还不了解《力报》自身的历史，以为桂林的《力报》是邵阳《力报》的分版，因此在赴桂林之时，选择了先去邵阳。1940 年 1 月，我从重庆沿川黔、黔湘公路到达邵阳之时，见到了怪愚，才知道桂林《力报》同邵阳《力报》实际并非一家。张稚琴在筹备桂林《力报》时，把邵阳《力报》的主要力量拉走了大半，邵阳《力报》正处在人少的危机中。怪愚要我不要去桂林，留在邵阳和《力报》同甘共苦。我这个人很讲义气，经怪愚一说，就留了下来。

邵阳《力报》在邵阳儒林街的亿园，这个亿园是一个叫陈光中师长的私产，楼阁亭台，奇花异草，无所不备。《红楼梦》里的大观园究竟什么样子，谁也不知道，但这个亿园的庞大、华丽，着实令人吃惊。一个国民党的师长能拥有如此华厦，老百姓负担之重，也可想而知了。但这样的建筑怎么会落到《力报》手中呢？原来陈光中是何键的部下，为顾祝同所不喜，被顾祝同借一点理由，把他关在上饶。他的老婆怕房子被别人占去，以500元一年租给了《力报》，她是想借报社这块牌子，为她做一把保护伞，《力报》却也因此占了一点便宜。

但《力报》同时又是一个进步的集体，除了办报，也搞了不少社会活动，如读书会、补习学校等。报社里多数人拿同样的待遇，过同样的生活。记得我去之后，就是同康德、严怪愚、陈楚、王仁安拿同样的待遇，每人每月80元钱。这个集体确实很使人感动，那时康德任总经理，严怪愚任总编辑，陈楚任副总编辑兼做夜班，王仁安任经理，我则任主笔兼采访主任。主笔还有一位是唐旭之，副刊则由侯佩璜任主编。我和唐旭之两人轮流写社论，康德有时也客串篇把。长沙大火之后，邵阳是湘中的中心，这个报纸以"抗战、团结、进步"为主题，在当时发挥了重要作用。怪愚是邵阳人，土生土长，人头熟，他这个人内心严敬我之分，外表是三教九流，无所不交，因此对报纸的发展起了很大作用。

《力报》的发展，对国民党政府而言是不大舒服的。他们患有一种先天的疑心病，只要你坚持抗战，坚持团结，坚持进步，就总以为有共产党做后台，有共产党在里边操纵，而且凡是一种事业办得稍有生机，他们也一定以为是共产党办的。《力报》当然难逃这种怀疑。从3月起，国民党湖南当局不利于《力报》的消息，即不断传来。当时邵阳的几个头面人物，如国民党邵阳县党部书记长刘昌峨，复兴系头脑黄甲等对《力报》尤为不满。怪愚常从一个叫杨粹的人那里得到一些详细的情况。

他回来转述当前的形势后，我们就一起商量对策，当然没有人同意改变《力报》的风格，因此实际也找不到什么对策。

到了 4 月底，怪愚从杨粹那里得到消息，国民党湖南当局决定要对《力报》动手了，而且还要抓人。当时报社几个主要负责的同事中，唐旭之是共产党员，而且还是邵阳县委负责人之一，因此我们通知他先期下乡隐蔽了；侯佩璜被他们说成是岳阳暴动的领导人，其实他当时只有 14 岁，怎么能领导暴动？不过为了安全起见，我们也把他先隐蔽起来。这一切办好之后，我们不动声色，静候事态发展。

5 月 13 日上午，邵阳警备司令部奉薛岳的手令派出了大批军队，突然包围了《力报》，宣布查封《力报》，罪名是"言论荒谬，内部复杂"，并且逮捕了康德、严怪愚和我。

在那个时候，新闻记者无缘无故被捉进官府是常有的事，我们也照例不曾为自己的命运担心，但是这个报社的 70 余人将怎么办呢？这倒是令人最担心的事。

那时湖南的统治者是薛岳，他是第九战区的司令长官兼省主席，比一般的省主席威风得多。不过他在湖南很不得人心，地地道道的湖南人把他当外来的侵略者。而邵阳专区的专员兼警备司令岳森，却是一个老国民党员，蔡锷的部下一般有正义感，他又是怪愚的小同乡，后来参加了湖南的和平起义。凭着这层关系，岳森同意报社另外派两个人顶着严怪愚和我的名字，把怪愚和我换出去，现在看来，这是一个多么荒谬的设想，然而在当时却是千真万确的，报社里的同事得到这一消息时，都争先恐后要来顶替我们，最后决定由晏鸣秋、潘乃光二人来换我们出去。记得狄更斯在《双城记》中写过这样的情节，而且代替者是上了断头台的，当时情形虽然未必如此严重，但一入囹圄，便失去自由，把自己的安全置于不可捉摸之中，那要多大的决心和勇气。这事过去几十年了，但只要偶然回忆到《力报》的那个集体，就有一种催人奋进的动力。

怪愚和我出来之后，第一件事就是力图争取《力报》的复刊。我们去耒阳找到国民党的湖南省党部，见了当时的书记长廖维藩，他同意报纸复刊，但提了一个先决条件，就是要听薛伯陵将军的话。我们拒绝了这个要求，不欢而散。

从耒阳回邵阳，经过衡阳，碰到了张稚琴，张继续邀我去桂林《力报》，我同怪愚研究之后，决定他回邵阳料理《力报》后事，我去桂林，全面揭发湖南当局摧残《力报》事件。但我去桂林不久，湖南省当局把假冒的"严怪愚"和"我"放了出来，却把康德解到耒阳去了，因为有一个"人质"在他们手里，揭露工作便无法展开。那一次，康德在耒阳被关了半年左右，在冬天才被放回邵阳。

三

1941 年的夏天，我应王造时之邀，去吉安《前方日报》担任总编辑。经过耒阳，住在公园饭店里候车。这时怪愚在一个农业研究所工作，好像那个所的所长是他湖大的老师。怪愚一见到我就说，你怎么可以到江西去呢？他要我打消去江西的计划，到衡阳去接办《正中日报》。他说《正中日报》的社长谭常恺是一个好人，如果我去，可以由我负责，要怎么办就怎么办，他绝不会干涉。

说实话，一个做新闻记者的人，一个经常穷得无以为生的人，有什么比一张报纸可以由你怎样办就怎样办的条件更吸引人呢？怪愚看我有点动心，当夜就乘火车去了衡阳，把《正中日报》的编辑部部长李汉杰请到耒阳，把我拉回衡阳。

谭常恺确实非常好客，他十分豪爽，我一去他就设宴款待，当面表示报纸的版面可以完全由我和怪愚负责，约的文章则由他们付稿费。由我做评论部部长，李汉杰做编辑部部长，严怪愚负责副刊。我还因此去了一次桂林，约请文艺界的朋友给予支持。

《正中日报》的编辑部设在衡阳回雁峰下的鲁班殿中，前面供着那位古代的建筑大师，后面则是我们编报的地方。那时只要在武汉的敌机一起飞，衡阳就要发防空警报。如果天晴，衡阳几乎天天有警报，人们天天躲警报。每天早上起身，就要走上 10 里、8 里，赶到郊区去躲警报，到红日落山才赶回市区开始工作。

这样每天还未工作就已筋疲力尽，但开头我们都还有兴趣，因为可以写一些自己想写的文章，发一些自己想发的稿子。但不到两个月，情况就发生了变化。谭常恺虽然慷慨大方，永远挂着外交官般的笑容，可是他手下的谋士们对我们却是不放心的。于是各种变相的干预也跟着而来，谭社长先前答应的条件，最终一条都没有实现。怪愚一看情形不对，便丢下手头工作回邵阳去了；我也只好不辞而别，偷偷开了小差，回桂林去了。

这件事为什么变化如此之快，我起初始终弄不明白，也很有点埋怨怪愚的情绪。一直到去年，湖南新闻界的同志给我寄来了一份湖南新闻资料汇编，我从他们抄来的敌档中，发现当时湖南当局对《正中日报》因为用了严怪愚、冯英子二人而施加的压力也着实不轻。从《力报》事件之后，湖南当局早已把怪愚和我列入有问题的人物之列了。

1943 年秋，我在吉安《前方日报》做总编辑，忽然收到怪愚从湖南沅陵给我的信，他说在沅陵找到了合作者，可以恢复《力报》，要我去负责编辑部，并说"邵阳之约，不可爽也"。

"邵阳之约，不可爽也"，这是邵阳《力报》决定放弃复刊希望时怪愚和我的约定。有朝一日，《力报》倘能复刊，不管千山万水，也要赶回去同甘共苦。我决定丢掉《前方日报》的职务，携妇将雏，跋山涉水前往湘西。

原来那年怪愚在沅陵碰到了朱德龄、李宗理和陈永言几位。朱是从前长沙的报人，此时正在沅陵经营一家群力印刷厂。李宗理和陈永言是怪愚的湖大同学。李当时是沅陵统税局的局长，月入千缗，腰缠万贯，在经济上很有一点办法，而陈永言则在经营一家民众大戏院，自有他在沅陵的社会基础。他们都同意支持《力报》。于是印刷厂有了，经费也有了，怪愚约我去做实际的经营。记得我到了沅陵之后，又去过一次桂林，约人支援，柳亚子、孟超几位后来都给我寄来了文章。

沅陵《力报》于当年 9 月创刊，我写的发刊词引"野火烧不尽，春风吹又生"之义，说明我们同邵阳《力报》的关系。而且我们把副刊定名为《草原》，约了怪愚的另一湖大同学蒋用宜负责编辑，期冀在这个天高皇帝远的地方，能开出一些自由的花朵，呼吸一些清新的空气。

沅陵《力报》由李宗理做董事长，朱德龄做社长，怪愚做副社长，陈永言做经理，我做总编辑。实际上，怪愚是这个报的真正促成者和组织者，因为把这些条件组合在一起，除了怪愚，别人是办不到的。报社同人，除了怪愚，对我都是素昧平生，只是在后来的交往中才逐渐熟悉起来的。

沅陵是上湘西的首府，也是酉水汇入沅水之处，照从前的说法，是五溪蛮的根据地。可是也正因为远离中枢，当时躲在重庆的国民党政府才有点鞭长莫及。而且李宗理在沅陵财力雄厚，说话很有分量，别人不能不买他的面子。记得有一次当地的一支农民起义队伍（首领叫彭春荣）攻破沅陵，我写了篇文章说为什么人民纷纷落草，就是高傥之流太多了的缘故。那时沅陵的县长叫白纯义，看了很不舒服。李宗理特地请了次客，把我当面介绍给他："这就是我们的总编辑。"这位县太爷也只好算了。

1943 年 9 月 7 日，《力报》曾发表一篇题为 "不要拖" 的社论。当时日军在苏浙皖边发动了一场小型进攻，随即退却，于是中央社大肆鼓吹，说什么 "繁昌克复，广德在望；浙皖边境，捷报频传"。针对中央社的谎言，社论指出，敌人在军事上退守，但政治上却在采取攻势。其战略是拖下来，争取有一个较长的时间，消化劫掠来的物资，经营日本新帝国的万里长城。社论说："针对日本这一战略，我们以为最重要的是 '不要拖'，迫日本仓促应战。" 如果像 "目前对付一个小据点就得花上一两个月时间的情形，事实上正有利于日本拖下去的战略"。社论质问国民党："日本新帝国的万里长城还没有造成，难道我们要等它完工以后再望城兴叹吗?"

这篇社论尖锐地揭穿了中央社的欺骗宣传，批评了国民党的消极抗日。同年 10 月 25 日，重庆《新华日报》即予以转载。这事触着了蒋介石的痛处，转载第二天，蒋介石侍从室第二处主任陈布雷致函新闻检查局说："25 日《新华日报》后幅特辟舆论一束，标题为 '全国舆论一致要求：积极作战，团结民主'，内载《新新新报》国庆献词，有 '国事之可悲可痛者，正复不少' 之语，及沅陵《力报》10 月 17 日《不要拖》等篇。奉委座谕：'为何此种标题与内容任该报登载? 前屡次指示对各报标题应特别注意检查，是否实行? 应令检查局遵照查报!'" 由此可见，沅陵《力报》在当时是颇有战斗力的。

天底下的事情终究是非复杂，《力报》出版没有多久，内部就发生了问题。因为每个月要亏本，亏本就向李宗理要钱，这首先引起了李宗理对朱德龄的不信任，后来又扩及了陈永言，彼此之间的关系越来越坏。他们之间原来是通过怪愚这根纽带连在一起的，而当这些关系出现裂痕之后，怪愚自然就处于夹缝之中左右为难了。好在他有一条退路，即："回邵阳去！"应付不了，就往家中一跑，撒手不管。后来有一段时期，维持《力报》的整个责任落到了我的头上，从言论、版面一直到纸张油墨，乃至每天的伙食，都得由我去张罗。

到1943年冬天，怪愚虽从邵阳回到了沅陵，但李、朱之间的矛盾却越来越深。李宗理建议把《力报》交给朱德龄一个人去办，他约怪愚和我在战后搬到较大的地方，办一张全国性的报纸。怪愚同意了这个想法，我当然以怪愚的意见为准。这样，我就离开《力报》，另外去筹备《中国晨报》了。

四

从1944年春天开始，我的全部精力就都花在筹备《中国晨报》一事上，去衡阳买机器，铸铅字，赴桂林约人帮忙写文章，到鹿寨找李宗理的一个老同事来做经理……每一个字盘，每一颗字粒，都是从无到有，像燕子筑巢一样，一点一滴积聚起来。之所以起"中国晨报"的名，也有着把它办成全国性报纸的决心。这份报纸原拟定在沅陵出版，1944年秋，适逢日军进攻长沙，局势混乱，因此决定把它放到晃县去出版了。

《中国晨报》于1945年1月1日在晃县出版，由李宗理任社长，怪愚和我任副社长，我还兼了总编辑。报社中的人，大多是怪愚请来的，如主笔姚家积、副刊主编蒋牧良等。那时李宗理仍在沅陵，报纸出版之后，我也不大能走开，来往于晃县与沅陵之间的常常是怪愚，同李宗理之间有什么交涉，总是通过他去办的。因为他常常怕别人吃亏，考虑别人多，考虑自己少，况且那时邵阳也已沦陷，碰到不遂意的事也不能"回家去了"，故而他总是表现出一副"于事无可无不可"的玩世不恭样。他既有知识分子的傲气，也带有知识分子的软弱。

《中国晨报》出版之后，就碰到了日本侵略军在中国的最后一次攻势，前锋已抵达贵州的独山。而晃县的边上是芷江，芷江是华中最大的飞机场，我们设想日军可能把芷江作为攻略目标，倘真如此，则晃县的处境极危，因此决定把报址迁往辰溪。由怪愚先去辰溪，我则负责把报社器材迁出。3月底报纸在晃县停刊，5月初就在辰溪复刊了。

报社设在辰溪的铜弯溪，那是辰水边上的一个小村庄，同辰溪隔着一条沅水。辰水两岸，种满了绿油油的橘树，而辰水除了山洪暴发之时，一般是清澈、温柔，秀丽极了。那年夏天，怪愚、牧良和我，常到辰水中去学游泳。牧良还会一点狗刨式，怪愚和我则根本没有学会，只是在河边装装样子罢了。在报社对面，还有一个悬空在水面上的吊脚楼，楼里有位老头卖茶。我们每天在他那里泡上一壶茶，买一碟花生，一坐半天，直到太阳下山。我们都管这个地方叫"外交大楼"，因为有时也在这里接待一些宾客。特别是牧良，找他的人不少，大都是湖大的学生。因为湖大这时迁到了辰溪，而《中国晨报》出版之后，他们说它是湘西的《新华日报》，禁止学生阅读，但禁者自禁，读者自读，有些文章常常引来不少学生，使我们的"外交大楼"有门庭若市之感。

有一件事是很能说明怪愚当时在群众中的影响的。湘西原是一个"土匪"出没之地，雪峰山两边尤甚。山侧的榆树弯，盛传是一个"匪窟"，行人过此，无不提心吊胆。据说有一次有两位客人过雪峰山，被"土匪"拦住，问他们认识哪些人，他们说认识严怪愚。"土匪"听后，就放两个客人过去了。这件事后来在报社常当作笑谈，当然那时所谓的"土匪"，也应当是加上引号的。

那年8月，日本帝国主义宣布无条件投降，我同怪愚去芷江采访今井武夫向何应钦接受无条件投降的仪式。回到辰溪之后，首先考虑的是《中国晨报》怎么办？商量后一致决定迁往武汉。一是因为武汉不会像上海那样竞争激烈；二是从湘西去武汉，地理对我们有利，我们在辰溪扎一个木排，全部印刷物品便可顺流而下，而木排脱手之后又可做开办经费。李宗理也同意这个计划。当时决定我去上海购置机器、铜模以及其他物品，怪愚和黄达三带领报社全体人员去武汉，我们在武汉会师。

那年 9 月，我从芷江飞往南京，转道上海，一共耽搁了 70 天光景，到 12 月初才回到武汉。一到武汉，却找不到《中国晨报》的影子。倒是因为《大刚报》上登了一条我到达武汉的消息，才引来了一个已被《中国晨报》遣散的工人，使我了解到《中国晨报》根本没有到武汉，还在长沙徘徊。

我匆忙赶回长沙，才知道李宗理经过其家庭会议，已把原先准备办报的经费，在长沙买了 600 亩土地，为他的子孙打算了。同时，他也凭着《中国晨报》社长这块敲门砖，敲开了王耀武的大门，打算借王耀武的势力，到山东去做官。而严怪愚呢？他又是"回邵阳去了"。我说他的软弱，也在这个地方。

其后好几个月，李宗理多次提出不同的方案，一会儿说在长沙出版，一会儿说在青岛出版。一句话，他是想把我们这一批人当作他的班底，向王耀武卖身投靠。我和怪愚毕竟识破了他的花招，宁为玉碎，不求瓦全，1946 年 4 月，《中国晨报》最后宣告停办。怪愚回了家，我则东返南京，我们算是又一次分别了。

五

1948 年秋，我住在苏州，每周到上海民治新闻专科学校兼点课。那年张稚琴准备与人合伙开发湖南的一个小煤矿，托我去湖南了解一些情况。我到长沙的时候，怪愚正在办他的《实践晚报》。那时国民党政府败象毕露，淮海战役即将开始，长沙城内人心惶惶。程潜奉命出行湖南，一个湖南解放运动也正在开展。《实践晚报》有地下党支部，时常透露一些真实消息，言论也泼辣，很受读者欢迎，不过穷得很，左支右绌。怪愚见到我后，建议我去《实践晚报》。我答应回上海后再作决定，因为即使去，总得在经济上先想点办法。后来形势有了很大变化，我被张稚琴捉去香港搞《文汇报》了，长沙便未能成行。

有一次，李宗理约我去他家吃饭。他已在上麻园岭造了一幢很讲究的公馆，成为长沙一个很不小的暴发户。我问怪愚去不去，他说去。同去的还有陈永言。我那次赴会完全是虚与委蛇，因为我们与李宗理之间已没有任何共同语言了。怪愚虽然还同李宗理保持着一些联系，但尽管《实践晚报》穷得经常开不出伙食，他也没有同李宗理发生过一个铜板的关系，他的知识分子的傲气由此一览无余。

六

1948 年底，我没有去成长沙，却到了香港。直到 1953 年，我才从广州调回上海工作。那次我特别选了一条从广州到武汉、再去北京转上海的路线，以便到长沙去看看怪愚。

此后 30 年，我们竟再也未能谋面。尤其是《新民晚报》复刊之后，我仿佛成了一名重入战壕的士兵，每天总是忙忙碌碌，很难挤出时间去长沙探望怪愚。但怪愚终究到上海来了。1983 年，我满怀激动地去车站接他。毕竟是 70 岁的人了，失去了少年时的豪情胜慨，任何非凡的激动也可以藏而不露。因而久别重逢时，我们没有热烈的拥抱，只是彼此为对方能够行动，不太龙钟而感到高兴。世间万物，人，毕竟还是最强者啊！

这一次怪愚在上海住了一个多星期，他看了些朋友和亲戚，还参加了贺绿汀先生的创作纪念活动。我见他每天弯着腰，拄着拐杖，由他的小女儿和媳妇扶着来来往往时，感觉到他的心是满足的。他告诉我想尽可能写一点回忆的东西，想搜集一点资料，每回看到我的书有相同的两本时，他总说："拿一本给我。"我也总说："你自己找吧，觉得可用的，拿去好了。"他那个已经百病丛生的躯体中，依然饱含着一颗灼烈的对生命热爱的心。

一天，李龙牧夫妇来看他。因为他们在复旦大学，到我这里差不多是一次长征，我不敢挽留他们。我和怪愚想送他们到车站，可是走了不到百米，怪愚发觉自己走不动了，他靠在墙上说："你们走吧，我在这里歇一会儿。"我赶快告别龙牧夫妇，扶他回家。那一天我嘴里不说，心中是悲哀的。因为我除了看到他那份倔强的精神之外，也真正看到了他的衰老，看到了他的病况。

从怪愚离开上海，我的心情一直非常矛盾，因为我看到他健康的实际情形。尽管还有一些精神、一点信念在支撑着他那干瘪的躯体，但他还能维持多久？我多么希望怪愚能多维持些时间，尽管是落日余晖，但终究还能焕发出光和热。

然而，怪愚离开上海没有几个月，他终于离开世界，离开我们了。我接到他儿子打来的电报时，虽然并不意外，但也木然良久。像怪愚这样的人，如果再让他活 10 年、20 年，那他是能写出很多好文章来的，他留给人们的东西会更多，但"人情易老，天意难问"，他终究似一颗流星陨落宇宙。回首几十年来的风雨人生，我们有相聚，有分散，我们曾一起并肩战斗，也有过意见相左的时候，但我们之间的友谊却是一种极其坦诚、极其难得的情谊，这足以令我慰藉平生！怪愚故去，风范犹存，以笔记之、怀之、念之。

补充说明：

1938 年 11 月，湖南省政府主席张治中拨款 3000 元，将长沙《力报》搬迁邵阳，称邵阳《力报》。邵阳《力报》于 1940 年 5 月被薛岳查封。严怪愚与朱德龄合作，在湘西创办沅陵《力报》。雷锡龄、戴哲明等于同年 7 月在衡阳筹办衡阳《力报》。1939 年夏，张稚琴在桂林创办桂林《力报》。1944 年衡阳沦陷，衡阳《力报》大部分工作人员逃难到贵阳，将衡阳《力报》在贵阳复刊，称贵阳《力报》。这几份《力报》都各自为政，互不相干。

此情可待成追忆

——追念冰心、萧乾二老的世纪情谊

———

郭岭松

1999 年 2 月是中国文坛最为悲哀的日子。短短两个星期之内，萧乾和冰心两位作家先后在北京走完了自己的一生。两位老人持续了近 70 年的友情，在 21 世纪的"门槛"上，留下了一长串令人惋惜不已的休止符。

1999 年 1 月 27 日，萧乾喜庆 90 华诞，适逢十卷本《萧乾文集》问世。久病中的冰心特意发来贺信，祝贺之余，冰心表示希望能和萧乾"拉着手一起进入 21 世纪"。上苍似乎过于残酷，不肯再多给两位老人一点时间。2 月 11 日，萧乾羽化仙逝！2 月 28 日，冰心驾鹤西游！两人相交 70 年，情同姐弟，竟相继撒手人寰！或许这也是上苍在冥冥之中早已安排好的。

恋家的鸽子

50 年前的中国政局给所有与这 960 万平方千米土地血脉相连的人

们，出了一道单项选择题——大陆？台湾？华夏文明的传薪者，中国的知识分子们出于不同的目的，分别做出了各自的抉择。不少人去了台湾，大部分人义无反顾地选择了前者。萧乾和冰心同大多数人一样，抛开舒适安逸的生活，奔向百废待兴的新中国。

1949年8月底的一天，萧乾带着全家人，乘"华安轮"离开香港取道青岛回到北平。

童年时，目睹过"白俄"在北京街头的处境，萧乾不愿意留在国外当"白华"。回忆这件事时，他说："当时促使我做出决定的就是'回家'这个念头。我像只恋家的鸽子一样，奔回自己的出生地……把我骂死，我也要当中国人。"

1946年11月，吴文藻任"中国驻日代表团"政治组组长。冰心随丈夫东渡扶桑，曾在日本东方学会和东京大学文学部讲演，后来被东京大学聘为第一位外籍女教授，讲授"中国新文学"课程。在日本时，他们经常"偷听"国内的广播，"觉得祖国解放后一日千里，欣欣向荣，心向往之"。但是，当时新中国还没有同日本建交，加之我国台湾势力的阻挠，始终未能成行。事有凑巧，1951年耶鲁大学邀请吴氏伉俪赴美讲学。冰心和吴文藻博士拿着耶鲁大学的聘书，向台湾当局领取护照，当时就批了。他们像归家的候鸟，转道香港，经广州，回到北京，抱着以身许国的满腔热情，一头扑进祖国母亲的怀抱。

姐弟！师生

1910年1月27日，北京东北城根儿，一个男婴在一个萧姓蒙古族家庭里降生。孩子的父亲，在他尚未来到这个世界时，便已去世了。孤儿寡母无法生活，只得寄人篱下，受尽了白眼。6岁那年，进私塾念书，取学名曾路。11岁，进崇实小学高小半工半读，改名萧秉乾。每天天不亮就得爬起来到地毯房干活，一直到中午，下午才能去上课。就在秉乾从地毯房第一次领到工钱的时候，母亲死去了。萧乾那篇著名的散文《落日》，就是对这段悲惨日子的痛苦回忆。

谢为楫也是崇实小学的学生，和秉乾挺投脾气。下学后经常约他到中剪子巷"谢家大院"去玩。一来二去，秉乾和为楫的姐姐谢婉莹（冰心原名）也混得很熟了，便跟着为楫一起喊"大姐"，谁也没想到，这一声大姐一叫竟叫了70年。

冰心是被"五四"运动的一声惊雷"震"上写作道路的。当时作为大学一年级学生的她，满怀激情投身到爱国斗争的行列之中。冰心冲破教会学校设置的重重阻碍，毅然走上街头，为营救被捕同学，怀抱大扑满，当街募捐；为唤醒民众，在大街小巷热情洋溢地宣讲爱国道理。为支持爱国运动，她还到法院旁听，将自己所见、所闻、所感，汇集成万语千言，写就了《二十一日听审的感想》。该文在《晨报》上发表后，在社会上引起了极大的反响。此后，她以冰心做笔名，写出了白话小说《两个家庭》。她的创作灵感自此一发而不可收。

"五四"爱国运动掀起的壮阔波澜，为初登文坛的冰心提供了广泛的写作题材。1919年10月7日至11日，《晨报》以连载的形式发表了冰心的小说《斯人独憔悴》。小说描写的是一场具有时代意义的父与子之间的冲突。它反映了由于顽固父亲的阻挠，青年不能自由参加爱国运动的苦恼。一个星期后，北京《国民公报》就此发表短评。1920年1月9日，学生剧团在北京新明剧院演戏，第一天上演的就是《斯人独憔悴》。这篇小说称得上是冰心的成名之作，给她带来了极大的声誉，其反响之强烈，超出冰心本人意料之外。当时，整个文学界都注意到冰心这个名字。周作人时任北京大学教授，在燕京大学兼课，教国文。有一天，周教授给同学们发了一篇讲义，冰心仔细一看，竟是自己前几天在报纸上发表的文章。她虽然没有出声，可心中却不禁暗笑，周教授如果知道冰心就是坐在下面的谢婉莹，不知做何感想。

1926 年，初中毕业后那个暑假，萧秉乾到北新书局当学徒，每天跑邮局、跑印刷厂，过得很充实。给作家们送稿费是秉乾的一项重要工作。名作家冰心的家，更是常去的地方。直到 70 年后，冰心老人眼前还经常浮现出当年萧秉乾到她家送稿费的样子。每天下班，萧秉乾都要从书局门市部的架子上挑一两种书拿回去读。《呐喊》《彷徨》等许多新文学作品和外国文学译本都是那个时候读的。后来，他曾经深情地回忆道："北新可以说是我的第二课堂。在那里，我接触到五四运动以后出现的各种思潮，也浅尝了一些文艺作品。"

高三第一学期结束的时候，学校以"闹学潮"的罪名开除了萧秉乾，而且据说他的名字还上了市党部的黑名单。萧秉乾被迫化名萧若萍，南下汕头，到当地的角光中学任国文教师。1929 年暑假，回到北平，改名萧乾。

1933 年，萧乾由辅仁大学转入燕京大学新闻系。因选修吴文藻先生的社会学课，使得燕南园 66 号的女主人又成了萧乾的师母。1926 年夏天，冰心获得美国威尔斯利女子研究院的文学硕士学位后，应聘回母校燕京大学执教。此时，《繁星》《春水》《寄小读者》等作品均已问世，她早已成为享誉华夏的名作家了。1929 年 6 月 15 日，冰心与吴文藻博士喜结连理，成为燕南园 66 号的女主人。在那里，她度过了一生中最为稳定、安宁、幸福的九年时光，冰心的许多作品都是在这座静雅、清幽的小楼里创作出来的。

人才济济、学术气氛空前的燕大，使萧乾在求教于吴氏夫妇门下的同时，还结识了不到 30 岁的美籍教授埃德加·斯诺。当时斯诺受聘于燕大新闻系，开了一门叫"特写——旅行通讯"的课，萧乾是他班上的学生。在斯诺的启发下，萧乾认识到"新闻与文学并不是两码事"，"两者的素材都离不开生活本身"，从而使他"特别看中了跑江湖的记者生涯"。

　　1939年夏天，萧乾应邀到伦敦东方学院任教。当他登上法国邮船"阿拉米斯"号的第二天早晨，广播中传出英法对德宣战的消息，欧战爆发了。这一去，使得日后人们说起欧洲反法西斯的战地记者时，不能不提到中国的萧乾。

霜重色愈浓

　　冰心说过，"生命从80岁开始"。为了夺回丢失的时间，他们不顾年老体弱，拼命地工作。1980年6月，冰心因为赶着翻译马耳他诗人安东·布莱吉格的诗，劳累过度患上脑血栓，摔断了右腿。平反后，萧乾为了能到处采访，竟然不顾医生的劝阻，坚持做了左肾摘石手术。术后，尿道不通，被迫摘掉了左肾。即便如此，姐弟俩还是创造出大量脍炙人口的文学作品。

　　时光如白驹过隙，似乎转眼之间，冰心大姐和"饼干"小弟都已垂垂老矣。可他们胸中那团忧国忧民之火，燃烧得却越发炽烈。两个人在一起时，很少谈论自己的病情。他们关心得最多的是国家和民族。冰心被一件事情气坏了。一个人整天不上班，却占着一辆车，公家的一辆车！萧乾当然知道大姐指的是谁，可也无可奈何，"他有后台"。管他什么后台，冰心大姐可不能容忍这种事，"如果换了我"，这样的人一定得撤职。两个老人用他们历经沧桑的双眼，愤怒地注视着那些"蛀虫们"。如炬的目光中，"蛀虫们"身上肯定会很不自在。那是积聚了一个世纪的，对国家民族的爱、对敌人败类们的恨，正在他们身上燃烧。

　　时至暮年，冰心大姐、"饼干"小弟的友情更如陈年美酒散发着沁冽的芬芳。冰心 94 岁生日时，萧乾送上一份特殊的寿礼，自己的六卷本选集，并附上一封贺信，"如今，能活下来就是胜利，能干出点活来更是胜利"。1995 年 4 月，正在住院的冰心获悉萧乾与文洁若合译的《尤利西斯》出版，高兴地口授一篇祝词，送到在中国社会科学院召开的国际研讨会上宣读，一时间掌声雷动。

高龄，使两姐弟面临着同样一个问题——死亡。萧乾曾经问冰心，假如自己死了，冰心给不给自己写悼文。在肯定的同时，大姐认为自己会死在"饼干"小弟的前面。两人为此还争执了一番。萧乾说过："死亡使生命对我更成为透明的了。"在他清澈的目光里，整个世界都是透明的。他没有遗憾，微笑着迎接死神的降临，带着满足，平静地结束了带有传奇色彩的一生。萧乾逝世两周后，他的冰心大姐还未来得及给"饼干"小弟作悼文，便也随他去了。

冰心、萧乾二老用他们延续了 70 年的友情，用他们的生命，给 20 世纪的中国文坛留下了最后一篇美文。

从此秋郎是路人

——冰心与梁实秋的世纪友情

———

周　明

　　梁实秋先生1987年10月3日在台湾病逝的消息，震惊了大陆文坛。在北京，我曾有幸接触过梁先生的长女梁文茜，她是北京一位出色的律师。1949年后，海峡两岸信息隔断，父女天各一方，思念情深，痛苦异常。后来，情况稍有松动，1971年夏天，父女二人便急切相约在美国会面。梁文茜给父亲捎去了北京东城内务部街梁先生故居四合院里枣树上的大红枣。先生爱不释手，老泪纵横。事后梁实秋先生将这颗红枣带回台湾，浸泡于玻璃杯中，供奉案头，足见其思乡之情深！我还见到过一帧照片，梁先生在他台湾的寓中昂首站在一幅北京故居图画之前，遥望着远方，寄托他对故都，对北京，对诸多昔日好友的思念。

　　他的突然去世，不仅使台北的亲友们，更使远在北京的亲友们悲痛惋惜。

　　冰心便是这痛惜者中的一位。这位当时已是87岁高龄的老人，由于痛失老友，竟在短短的一个月时间内连续写了两篇悼念文字：一篇是

《悼念梁实秋先生》，发表在《人民日报》；一篇是《忆实秋》，刊登在上海《文汇报》。看得出，两篇文章冰心均是和泪而作。

冰心老人第二篇文章脱稿时，我正好去看望她，因而我成为这篇文章的第一个读者。我被这两位文学前辈的友情深深感动。许是冰心老人刚刚完成这篇悼念文字，许多往事涌上心头，她给我详尽讲述了她和梁实秋先生的相遇、相交到相知的漫长的故事……

梁实秋是吴文藻在清华学校的同班同学。

1923 年，在赴美留学的途中，梁实秋与冰心在杰克逊总统号的甲板上不期而遇，介绍人是作家许地山。当时，两人寒暄一阵之后，梁实秋问冰心：

"您到美国修习什么？"

冰心答曰："文学。"

"您修习什么？"她反问。

梁实秋答："文学批评。"

就在这之前，冰心的新诗《繁星》《春水》在北京《晨报》副刊发表后，风靡一时。梁实秋在《创造周报》第 102 期（1923 年）上刚好写过一篇文章：《繁星与春水》。那时两人尚未谋面，不想如今碰巧在船上相遇。在海船上摇晃了十几天，许地山、顾一樵、梁实秋、冰心几个都不晕船，便兴致勃勃在船上办了一份文学壁报叫《海啸》，张贴在客舱入口处，招来了不少旅客观看，后来他们选了 14 篇作品，作为《海啸》专辑，发表在《小说月报》第 11 期上，其中有冰心的诗三首：《乡愁》《惆怅》《纸船》。

到美国后，冰心入威尔斯利女子大学。一年之后，梁实秋转到哈佛大学。因为同在波士顿地区，相距一个多小时火车的路程，他们常常见面。每月一次的"湖社"讨论会期间，他们还常常一起泛舟美丽的诺论毕加湖。后来，波士顿一带的中国留学生在当地的"美术剧院"演出了《琵琶记》，剧本是顾一樵改写的，由梁实秋译成英文，用英语演出。梁实秋饰蔡中郎，谢文秋饰赵五娘，顾一樵演宰相，冰心演宰相之女，演出在当地颇为轰动。后来许地山专门从英国给顾一樵写信说："实秋真有福，先在舞台上做了娇婿。"冰心也调侃梁实秋说："朱门一入深似海，从此秋郎是路人。"说到此，冰心老人说：这些青年时代留学生之间彼此戏谑的话，我本是从来不说的，如今许地山和梁实秋都已先后作古，我自己也老了，回忆起来，觉得这都是一种令人回味的幽默。

冰心老人说，梁实秋很重感情，很恋家。在杰克逊总统号轮船上时，他就对冰心说：我在上海上船以前，同我的女朋友话别时，曾大哭了一场。这个女朋友就是他后来的夫人程季淑女士。

1926 年，梁实秋与冰心先后回国。冰心同吴文藻先生结婚后，就住在任教的母校——燕京大学校园内。梁实秋回国后在北京编《自由评论》，冰心替他写过"一句话"的诗，也译过斯诺夫人海伦的长诗《古老的北京》。这些诗作她都没有留底稿，还是细心的梁实秋好多年后捡出底稿寄还给她。

冰心还清楚地记得，1929 年她和吴文藻结婚不久，有天梁实秋和闻一多到了他们的燕南园的新居，楼上楼下走了一遭，环视一番之后，忽然两人同时站起，笑着说：我们出去一会儿就来。不料，他们回来时，手里拿着一包香烟，戏笑说，你们屋子内外一切布置都不错，就是缺少待客的烟和茶。因为冰心夫妇都不抽烟，招待他们喝的又是白开水。冰心说，亏得他们的提醒，此后我们随时都在茶几上准备了待客的烟和茶。

大约在 1930 年，梁实秋应青岛大学之邀去了青岛，一住 4 年。梁实秋知道冰心从小随从海军服役的父亲在烟台海边长大，喜欢海，和海洋有不解之缘，便几次三番地写信约冰心去青岛。信中告诉冰心，他怎样陪同太太带着孩子到海边捉螃蟹、掘沙土、捡水母、听灯塔呜呜叫、看海船冒烟在天边逝去……冰心也真的动了心，打算去，可惜后来因病未能成行。倒是吴文藻利用去山东邹平开会之便，到梁实秋处盘桓了几天。

他们过从甚密，接触比较频繁，乃是 20 世纪 40 年代初在大后方。当时冰心一家借住在重庆郊外的歌乐山；梁实秋因为夫人程季淑病居北平，就在北碚和吴景超、龚业雅夫妇住在一所建在半山上的小屋。

如果要造访梁实秋，必须爬上几十层的台阶。为方便送信的邮差，梁实秋在山下竖立一块牌子，名曰：雅舍。这雅舍的惠名，他一直用到了台湾。那时，梁实秋因怀念夫人，独居无聊，便拼命写文章。这个时期他发表的文章最多，大多数是刊登在清华同学刘英士编的《时代评论》上。

有一次，冰心去看梁实秋时，曾为雅舍题词说："一个人应当像一朵花，不论男人或女人。花有色、香、味，人有人、情、趣，三者缺一便不能做人家的一个好朋友。我的朋友之中，男人中只有梁实秋最像一朵花……"

抗战胜利后，冰心和吴文藻到了日本。梁实秋先是回北平，后于 1949 年 6 月去了台湾，先在"国立编译馆"任职，后任"国立师范大学"教授。这期间他们也常相通信。冰心在她日本高岛屋的寓所里，还挂着梁实秋送她的一幅字。

1951 年，吴文藻和冰心夫妇回到祖国，定居北京。与梁实秋之间，虽然不像在海外时通信那么方便了，但依旧相互关注。直到 1966 年那场风云突变的"文革"风暴袭来，一切才骤然中断。远在台湾的梁实秋，于 1969 年的一天，突然从老友顾一樵先生处得悉：冰心和老舍在

"文革"中先后自尽；又从《作品》（台湾）杂志上谢冰莹的文章中看到："冰心和她的丈夫吴文藻双双服毒自杀了"，一时间，梁实秋悲恸不已，提笔写下了《忆冰心》《忆老舍》的血泪文字，以悼念故友。

后来这篇文章辗转到了冰心手里，她看后十分感动，当即写了一封信，托人从美国转给梁实秋。冰心在信中说：那是谣言，感谢友人的念旧。她希望梁实秋回来看看，看看他们两人（当时吴文藻先生还健在）的实际生活，看看他自己的儿女和冰心的儿女们工作和生活的情况。她告诉他：北京大变样了！他爱吃的东西，依然可以吃到；他玩过的或没有玩过的地方，都更美好了。总之百闻不如一见，眼见为实。大家都是80岁以上的人了，回来畅谈畅游一下，如何？最后冰心还深情地说：我们和你的儿女们都在等你！

结果等来的不是离开家园40年的风雨故人，而是梁实秋先生不幸逝世的噩耗。且正是先生决定归来之时，这更使人感到痛心和遗憾。

冰心得知梁实秋不幸逝世的消息后，十分难过。消息是梁先生在北京的女儿梁文茜当日告知冰心的。感慨万端的冰心说："梁实秋先生是著名作家和翻译家，是文藻的同班同学，也是我们的好朋友。他原籍浙江，出生在北京，对北京很有感情。我们希望他回来，听说他也想回来，就在他要做出归计之前，突然逝世了，我听了很难过，也为他感到遗憾。"

据梁先生遗言：如若此生他真的不能再返故里，希望夫人韩菁清替他去北京看看，看看他的儿女们，看看他的老朋友，看看那座四合院……

果然，在梁先生逝世不久，韩菁清冲破一切阻力，带着先生的遗愿，飞到了北京。她替梁先生看了一切他希望看的。在北京的两位梁先生的挚友——谢冰心女士和老舍夫人胡絜青女士是她此行重点要拜望的。

韩菁清女士，系港台影歌双栖明星。1931 年 10 月出生于江西庐山。7 岁时随父迁居上海。1946 年荣获上海"歌星皇后"桂冠。1949 年初移居香港。20 世纪 50 年代曾在香港出版散文《韩菁清小品集》。她曾自己编剧并主演《大众情人》《一代歌后》《香格里拉》《我的爱人就是你》等影片，获"金马奖"优秀演员奖；灌制有《一曲寄情意》《多谢你的黄玫瑰》等唱片。

1975 年 5 月 9 日与梁实秋结为伉俪。由于她是影歌明星，加之又年轻于梁实秋 30 岁，这一忘年之恋曾轰动台湾。他们山盟海誓，坚定不移。一个说："我爱你已胜过爱我自己。"（韩菁清）一个说："为了爱，我不顾一切。"（梁实秋）他们的爱情是一部感人至深的美丽的故事。

那天，韩菁清女士拜访冰心时我在座。陪同她来的是梁实秋先生在大陆的女儿梁文茜。韩菁清一再热情表达了梁实秋对老朋友冰心的思念。平日，梁实秋向她讲述了许多关于冰心、老舍和他之间有趣的故事。她说，梁实秋最早写评论冰心的文章时，他说他曾误认为《繁星》和《春水》的作者"不是一个热情奔放的诗人，而是一个冷隽的说理的人"。"初识冰心的人，都觉得她不是一个容易令人亲近的人，冷冰冰的好像要拒人于千里之外"。但是接触多了，渐渐熟悉了，就会觉得"她不是恃才傲物的人，不过对人有几分矜持，至于她的胸襟之高超、感觉之敏锐、性情之细腻，均非一般人所可企及"。梁实秋说这就是他最初时对冰心的一个认识过程，往后就是越是认识到一个了不起的真正的冰心。

梁实秋还告诉韩菁清说，冰心的名篇《寄小读者》大部分是在医院病床上写出来的。因为冰心到美国不久便吐血，有时上气不接下气的，健康情形一直不好。然而正是一种毅力和精神支配着她，才能在病中写出这样有影响的作品！

　　冰心听了韩菁清这些话之后，说：哪里，哪里。我和实秋阔别几十年，我在祖国的北京，他在宝岛台湾，隔海相望，虽说不得相见，可彼此心里都有。我也常常想念他，想起我们的以往。实秋身体一直很好，不像我那么多病。想不到他走到了我的前头。最使我难过的，就是他竟然会在决定回来看看的前一天突然去世，这真太使我遗憾了！

　　韩菁清将两件礼物郑重赠送冰心老人：一件是一盒精装美国花旗西洋参——她说这是梁实秋生前常服用的；一件是她本人的几盒代表作——声乐磁带。

　　冰心回赠她自己的几本新著，并亲笔签名。韩菁清说：这是最宝贵的礼物，我要带回台湾，和实秋的书珍藏一起。

　　握别时，冰心深情地说：实秋是我一生知己，一生知己……

闻一多与梁实秋的交往

———

李 凌

抗日战争以前，梁实秋可算是闻一多交往最密切、最知心的挚友了。他们是清华同学；又曾经同在美国科罗拉多大学学习，并同住一室；他俩一同参加大江学会，参加在美国的戏剧演出；后来又一同在青岛大学任教。他俩互相钦佩，情投意合，经常互诉衷肠，把自己心底的深层隐私都向对方倾诉……

在清华园

闻一多出生于 1899 年，于 1912 年考入清华学堂（清华大学前身），1922 年毕业出国。在清华园的 10 年期间，闻一多除认真学习各种科学知识外，还积极参加校内外各种政治、文化、戏剧、美术活动，曾担任清华学报、清华周刊的编辑，并发表许多诗歌，成为清华园内颇有名气的诗人。

比闻一多晚一年（即 1923 级）的梁实秋也很喜爱文学，并于 1920

年12月5日和同级的顾毓琇、吴文藻等组成一个"小说研究社",还编写出版了一本《短篇小说作法》。闻一多很钦佩他们的精神,建议他们把"小说研究社"改为"清华文学社",以扩大研究范围。梁实秋等欣然接受了这位老大哥的建议。1921年11月20日,清华文学社正式成立,参加者14人,闻一多被选为书记,梁实秋被选为干事。

梁实秋后来在《清华八年》中回忆:"闻一多长于图画,而且国文根底也很坚实,作诗仿韩昌黎,硬语盘空,雄洋恣肆,而且感情丰富,正直无私。这时候我和闻一多都大量地写白话诗,朝夕观摩,引为乐事。""喜欢文学的同学们络绎而来,每人有新的诗作都拿来给他看。他又毫不客气地批评,很多人都受到他的鼓励,我想受到鼓励最多的,我应是一个。"闻一多开始写诗评。俞平伯出版了《冬夜》诗集,闻一多对它评论,写了《冬夜评论》。梁实秋建议将《冬夜评论》以书出版,但一时未能如愿。后来梁实秋干脆自己也写一篇,名为《草儿评论》,他将两首合并,命名《冬夜草儿评论》,此书印刷费约百元,全是梁实秋从家里要来的,寄售后,连成本都没有收回来。闻一多知道此事后,对梁十分感激。

离开清华前,闻一多曾在给顾毓琇的信中写道:"得与诗人梁实秋缔交,真喜出望外。"他还特地送梁实秋两幅画,一幅《荷花池畔》,另一幅《梦笔生花图》,梁实秋珍爱之,称其"颇见奇思"。

梁实秋还有意将闻一多在清华时所写诗结集,作为清华文学社丛书之一出版,未果。闻一多赴美后,对原来的诗加以删削,又增添若干,共成103首,集结成《红烛》,于1922年12月26日寄回国内梁实秋处,得到梁鼎力相助。几经周折后,梁实秋请郭沫若帮忙,郭向上海泰东图书局推荐,《红烛》得以在1923年9月出版,有《李白篇》《孤雁篇》《红豆篇》,还专门收入《寄怀实秋》,其中有这样的句子:"莲蕊间甜睡的骚人啊！/小心那成群打围的飞蛾，/不要灭了你的纱灯哦！"
《红烛》中还有一首《红荷之魂》，序曰："听侄辈读周茂叔的《爱莲
说》，便不得不联想及于三千里外《荷花池畔》的诗人，赋此寄呈
实秋。"

在美国初期

1922 年 8 月闻一多到美国后，在芝加哥艺术学院学艺术，并继续写
诗，他在《太阳吟》中写道："太阳啊，刺得我心痛的太阳！/又逼走
了游子的一出还乡梦，/又加他十二个时辰的九曲回肠！/…… 太阳
啊……神速的金乌——太阳！/让我骑着每天绕太阳一周，/也便能望见
一次家乡……"他把诗抄寄给梁实秋、吴景超，还在信中提醒："请不
要误会我想的是狭义的'家'，不是！我所想的是中国的山川，中国的
草木，中国的鸟兽，中国的屋宇，中国的人。"

1923 年暑假后，梁实秋也从清华毕业，到美国科罗拉多大学攻读英
国文学，该校地处珂泉，规模不大，只有 500 多名学生，但周围风景很
美。梁到后，立即寄给闻一多 12 张风景照片，本意只是想炫耀一下那
些迷人的景色，没想到闻一多接到信后，事先也没有打招呼，提着小皮
箱径直来了。他并非为珂泉的景色所吸引，实在是想和爱好文学的好朋
友住在一起。来了以后，闻一多进入科罗拉多大学美术系学习，他们还
经常出去游山逛水，攀高峰，探深谷，写生，作诗，不亦乐乎。

闻一多生活向来不规律，各种文具、诗集以及作画用的颜料、画
布、茶具等乱放，引起梁实秋的讥笑。作为回应，闻一多写了一首名为
《闻一多先生的书桌》的诗，诗中幽默地、虚拟地写了桌上各种用具对
自己凌乱处境的埋怨。但在诗中最后一句话说："秩序不在我能力之
内。"使人感到很滑稽。

1924 年夏，梁实秋离开科罗拉多大学赴哈佛大学攻读硕士学位，闻一多同路，经芝加哥去纽约的美术学院。两人离开珂泉时，闻一多送给朋友两本心爱的诗集，梁实秋则回赠一具珐琅香炉。梁实秋回忆说："那是北平老杨天利精制的，上面的狮子黄铜纽扣特别精致，还附一大包檀香木和檀香屑，闻一多很喜欢'焚香默坐'的境界，认为那是东方人特有的一种妙趣，所以他特别欣赏陆放翁的两句诗，'欲知白日飞天法，尽在焚香听雨中'……闻一多就带着这只香炉到纽约'白日飞升'去了。"

参加大江学会

清华学校 1921 级和 1922 级的同学，许多都接受过"五四"运动的洗礼，在校时就关心国家大事。到美国后，看见有些中国留学生只知找女朋友玩，生活散漫，不关心政治。这些同学就想办一个团体，做些事情以唤起那些颓废的同胞们。清华的留学生们曾经建立起多个通信小组，在信中相互交流思想，取得一定共识。1924 年 9 月，闻一多和梁实秋离开科罗拉多到达芝加哥后，与罗隆基、何浩若、吴泽霖等，联络各通信小组，成立了大江学会（大江会）。他们的宗旨是：提倡国家主义（Nationalism，这个词和孙中山的民族主义相同，但他们认为，如译为民族主义，容易使人误会为狭隘的民族主义，因此称为国家主义更为合适）；反对帝国主义的侵略；反对军阀专横，提倡自由民主；拥护人权；主张加强建设发展经济，把国家从农业社会建设成工业社会，解决农民贫困问题。但他们反对阶级斗争，赞成以和平的手段改造政权。大江学会的纲领和宣言译成英文后，在中国留学生中广泛散发。

闻一多等中国留学生在美国的戏剧活动

1924 年 9 月，闻一多在纽约艺术学院时认识了熊佛西、赵太侔、余上沅等来美学习戏剧的朋友。他们对戏剧的想法勾起了闻一多对戏剧活动的兴趣，几人一拍即合，排演起余上沅写的英文剧《此恨绵绵》（又名《杨贵妃》）。闻一多的绘画才能这时得到充分的发挥，布景、道具、服装等都出自他手。他在百忙中没有忘记给好友梁实秋写信："近来忙得我头昏脑涨，没有好好地画过一次画。"此剧由黄倩仪扮演杨贵妃，黄仁霖扮演唐明皇，大家都很努力。闻一多用油彩在服装上绘制出的大海、红日等，在灯光下更是耀眼，给人一种迷色。演出获得成功，超乎意外。这个消息传到了波士顿，那里的中国留学生也跃跃欲试：顾毓琇赶编《琵琶记》，梁实秋译成英文，很快剧本便赶出来。于是，梁实秋、冰心、顾毓琇、曾昭抡等分饰各角色。至于服饰、布景等，则向闻一多求救，当时闻一多因忙未能前往，只好由余上沅、赵太侔出马。但公演前闻一多还是专程从纽约赶来了，并亲手为冰心等化妆。

两次演出的成功，使闻、余、赵和熊佛西等深受鼓舞，彼此约定回国开展国剧运动。他们还和林徽因、梁思成、梁实秋、顾毓琇等建议发起"中华戏剧改造社"，还准备出版一个拟定名为"河图"的刊物。闻一多把这个刊物的目录抄寄给梁实秋一份，请他和哈佛的朋友磋商。信中有段很重要的话，表明他们发动国剧运动和致力文化事业的动机。他说："我国前途之危险不独政治、经济有被人征服之虑，且有文化被人征服之祸患，文化之征服甚于其他方面之征服百千倍之，杜渐防微之责，舍我辈谁堪任之！"

"人非草木，孰能无情"，被闻一多掐灭的爱情火焰

闻一多热情似火，在清华时，除写了许多爱国诗之外，还写了许多爱情诗。这说明青年闻一多对女人和爱情充满着浪漫的渴望和憧憬。但是，在清华学习将结束，出国留学之前，他却被迫服从父母之命，和一个几年前订了婚但是没有恋爱感情的女子结婚。为照顾父母，闻一多作出感情的极大牺牲。他的心里却是极端痛苦的，除了向弟弟闻家驷诉说自己的不幸之外，还于1923年1月21日写信给梁实秋倾诉衷肠："哦！我真不愿讲到女人啊！我只好痛哭……实秋！情的生活已经完了，不用提了，以后我只想智的方面求补足。我说我以后在艺术中消磨我的生活……不用提了，现在的一多已经烛灭灯枯不堪设想了。"

闻一多的感情当时处在极端矛盾之中。就在他写给梁实秋上述的信之前一个月，他曾以五天的时间写成一首包括42首诗的组诗"红豆"，其中充满缠绵悱恻的对妻子的深情怀念。"红豆"组诗所表达的感情也是真挚的，也许是远居异域的孤寂引起的思念？也许是承认已婚的现实，理智战胜了感情？也许两者都有？但有一点是明确的：闻一多在"红豆"的组诗中，表明自己和妻子都是被强迫嫁娶，都是被"供在礼教底龛前"的"鱼肉"，所以对妻子就产生更多的共鸣和感情，从而引起更多的思念。

闻一多来到美国这个被称为"自由恋爱的王国"以后，接触女性的机会多了，是否浪漫起来了呢？他在上述致梁实秋的信中说："到美国来还没有同一个中国女人讲过话，"至于美国姑娘们，他说："我看见她们时，不过同看见一幅画一般。"

没有浪漫过，但感情却起过一些波澜。1924年10月闻一多写信给梁实秋，信末抄了一首他创作的英文诗，诗中有这样几节（引自许芥昱

的译文）：

> 欢悦的眼睛，激动的心；
>
> 相遇已成过去，到了分手的时候，
>
> 温婉的微笑将变成苦笑，
>
> 不如在爱刚抽芽时就掐死苗头。
>
> 命运是一把无规律的梭子，
>
> 趁悲伤还未成章，改变还未晚，
>
> 让我们永为素丝的经纬线；
>
> 永远皎洁，不受俗爱的污染。
>
> 分手吧，我们的相逢已成过去，
>
> 任心灵忍受多大的饥渴和懊悔。
>
> 你友情的微笑对我已属梦想和非分，
>
> 更不敢祈求你展示一点爱的春晖。

梁实秋后来在《谈闻一多》中谈到这首诗时说："本事已不可考，想来是在演戏中有什么邂逅，他为人热情如火，但在男女私情方面总是战战兢兢的，在萌芽时就毅然掐死它，所以这首诗里有那么多的凄怆。"

不能忍受种族歧视，闻一多提前回国

"诗人主要的天赋是爱，爱他的祖国，爱他的人民。"闻一多的这句名言贯穿他的一生。他到美国不久即对美国人的种族歧视，目睹身受，感触颇深。在给父母亲的信中，他写道："呜呼！我堂堂华胄，有五千年的政教、礼俗、文学、美术，除不娴制造机械以为杀人掠财之用，我有何者落后于彼哉，而竟为彼方所蔑视、蹂躏，是可忍，孰不可忍！""士大夫久居是邦而犹不知发奋为雄者，真木石也！"这充分表现出他强烈的民族自豪感和对美国种族歧视的深恶痛绝。此后，闻一多、梁实秋等人进一步体会到种族歧视的滋味。闻一多在学校，获得最优秀名誉奖，按规定应到欧洲艺术之都巴黎、罗马深造，但因他是中国人而被取消；梁实秋驾车与一由美国人驾驶的汽车相撞，警察不问情由就把他扣起来，并罚款170美元，因为梁是中国人；毕业典礼时，按规定应一男一女并排去领毕业证，但没有一个美国女生愿与中国男生并排去领；清华校友陈长桐去理发，因为是中国人，老板不给他理……这许多事都使闻一多感到极端的屈辱。他多次给亲友写信说"一个有思想之中国青年留居美国之滋味，非笔墨所能形容"，"彼之歧视国人者一言难尽"，令人"痛哭流涕"。给梁实秋写信说："蛰居异域，何殊谪戍？能早归国，实为上策。"按清华规定可以公费留美五年，但他提前两年，和余上沅、赵太侔等于1925年5月14日回国。动身前，给梁实秋写信说"由此可谓Heoric矣"，意思是真够英雄气概的。

闻一多、梁实秋在青岛大学

1928年闻一多任武汉大学文学院院长，因不适应人事纠纷，1930年辞职后，与梁实秋应老朋友杨振声时被教育部内定为青岛大学校长的邀请，赴青岛大学任职，闻任文学院院长兼中文系主任，梁任外文系主任兼图书馆馆长。

当时他们在青岛过得很潇洒，首先杨振声提议，每周末聚餐，参加者有闻一多、梁实秋、赵太侔等七位男士。后闻一多建议方令孺加入，凑成八仙之数。据梁实秋后来在《谈闻一多》中说：他们酒兴甚浓，

"三日一小宴，五日一大宴，30 斤一坛的花雕搬到席前，罄之而后已，薄暮入席，深夜始散。有一次胡适先生路过青岛，看到我们划拳豪饮，吓得把刻有'戒酒'二字的戒指带上，请求免战"。

1930 年底，徐志摩在上海筹办《诗刊》，多次向闻一多催索诗稿，说"一多非帮忙不可，近年新诗，多影响显著，且尽佳者"。甚至说"多诗不来，刊即不发"。闻一多后来写成一首长诗《奇迹》，于 1931 年 1 月在《诗刊》发表，徐志摩非常高兴，说"非立即写信道谢不可"。还说：闻一多"是三年不鸣，一鸣惊人"。他写信给梁实秋说，此诗是他帮闻一多挤出来的。原来，自从 1928 年《死水》出版之后，闻一多专注于中国古代文学的研究，很久没有写诗，好像悄然从诗坛隐退。因此徐志摩很着急常去信催。现在《奇迹》出来了，徐志摩便以为是自己"神通之效"。

梁实秋后来在《谈闻一多》中说："志摩误会了，以为这首诗是他挤出来的……实际是一多在这个时候自己感情上吹起了一点涟漪，情形并不太严重，因为在情感刚刚生出一个蓓蕾的时候，就把它掐死了。但是在内心里当然有一番折腾，写出诗来仍然是那样的回肠荡气。"有人推测，这"一点涟漪"，大概是指闻一多与方令孺之间的关系。

中文系女讲师方令孺好写诗，常向闻一多请教，闻一多对她印象很好。他们之间的来往，引起了一些流言，闻一多也察觉了。1932 年春，他把妻子和孩子接来青岛，流言不攻自破。

青岛大学在两年之内闹了三次学潮，矛头针对杨、闻、梁等，学校陷入无政府状态。1932 年 6 月底，杨振声向教育部提出辞呈，闻一多与赵太侔、梁实秋都离开学校。7 月 3 日，教育部下令解散青岛大学，另成立山东大学。

闻一多返回母校清华大学任中文系教授。梁实秋被聘为北京大学外文系主任，后又兼任北京女子大学教授。1934 年秋起，应胡适、梁实秋邀约，闻一多到北大兼课。

两人虽分住城内外，但仍时相过从，并经常同赴报刊、文化团体邀请的宴会、集会。1935 年闻一多的《读骚杂记》发表在梁实秋主编的天津《益世报·文学副刊》上；1935 年 9 月，闻一多、梁实秋、顾毓琇等联袂同游大同，参观云冈石窟。吴文藻和冰心结婚周年，闻一多和梁实秋一同前往祝贺；1937 年 1 月，梁实秋和罗隆基前往清华园看望潘光旦和闻一多。

抗日战争兴起以后

1937 年，抗日战争兴起，闻一多随清华大学到长沙临时大学，后到西南联大任教。抗战初期，他曾把胜利的希望寄托在国民党蒋介石身上，自己仍埋头于学术研究。但经过几年的观察、感受，他看到国民党一党专政造成的政治、军事腐败，丢失的国土越来越多。数以亿计的同胞陷于日寇蹂躏之下，贪官污吏与奸商勾结，大发国难财，而广大工农群众饥寒交迫。于是他拍案而起，积极参加爱国民主运动，被国民党视为眼中钉，1946 年 7 月 15 日被特务暗杀。

据梁实秋女儿梁文茜回忆："当年父亲听到闻一多先生被暗杀的消息时，他正与朋友下围棋，一时激动，拳击棋盘，一只棋子掉到地板缝里，再也没有抠出来。"可见梁实秋对好友被暗杀是十分悲痛的。

早在 1930 年，时任中华教育文化基金会领导人的胡适，建议成立一个编译委员会，任务之一就是翻译莎士比亚全集，由闻一多任主任，成员有梁实秋、徐志摩、叶公超、陈源，共五人。闻一多对此事是很热心的，他拟订一个分工计划，自己准备翻译《哈姆雷特》、梁实秋翻译《麦克佩斯》，但后来政局动荡，其他人都未能进行翻译，只有梁实秋在

教学之余，以毕生精力，历时 40 多年，完成《莎士比亚戏剧全集》，41
卷皇皇巨著，为文化事业作出重大贡献。梁实秋还写了《清华八年》
《谈闻一多》《谈徐志摩》《方令孺其人》等著作，对了解、研究闻一多
以及当年的时代背景和知识分子的心态提供了珍贵的史料。

沈从文与陈翔鹤："澹而持久的古典友谊"

————

陈开第

　　沈从文和陈翔鹤的友谊，始于 20 世纪 20 年代初。沈从文创作宏富，作品结集有 80 多部，是现代作家中成书最多的一位。如代表作《边城》《湘行散记》等。陈翔鹤从 1923 年写小说《茫然》，到 1960 年写历史小说《陶渊明写〈挽歌〉》《广陵散》，在抒情、写实方面都取得很大成绩。他们彼此尊重，50 多年书信往来不断，有学术思想的商榷，有艺术技巧的探讨，也有对文坛现状的忧虑。直到后来分别遭受到不同的处境，仍然"心有灵犀一点通"，如李陵答苏武书："人之相知，贵相知心。"

一

　　1917 年刚满 15 岁的沈从文高小毕业，因家道中落，失去继续读书的机会，加入部队，开始了军旅生活。1920 年所在部队在鄂西遭人伏击，全军覆没。沈从文因留守辰州，幸免于难，年底被遣散回家。后投奔七姨夫熊捷三，借住于熊府，有机会阅读林琴南翻译的小说，又到当地报馆担任校对，接触了许多新文学书刊，并产生了到北京读书的想法。1923 年 8 月，他经过 19 天的长途旅行到达北京。

沈从文在沙滩附近的银闸胡同一个公寓里，租了一个房间，新的住处是由原先一个贮煤间略加改造而成的。房间很小，仅可容身，地面潮湿，房内搁上一张小写字桌，沈从文给这个房间取名"窄而霉小斋"。

沈从文成了北大中文系的旁听生，并结识了中文系的陈翔鹤、德文系的冯至、哲学系的杨晦、英文系的陈炜谟。沈从文和陈翔鹤来往密切，他俩一同去北大中文系聆听鲁迅先生讲"中国小说史"，鲁迅先生小说集《呐喊》出版后，他们同去书店购买。陈翔鹤知道沈从文经济上比较困难，经常约沈共餐，从不让沈付款，对沈的接济也是经常的事。在北大时，陈翔鹤开始写短篇小说，与杨晦、冯至、陈炜谟等组织"沉钟社"，出版《沉钟周刊》（后改为《沉钟半月刊》）。鲁迅先生赞赏沉钟社"确是中国的最坚韧、最诚实，挣扎得最久的团体"，还说："看现在文艺方面有力的，仍只有创造、未名、沉钟三社。"

1925 年，沈从文在香山慈幼院图书馆做了一个小职员，住进香山饭店前山门新宿舍里。这栋房子原是清初所建的四大天王庙。当香山寺改为饭店时，慈幼院便以"破除迷信"为理由，将庙堂改装成几间单身职工宿舍，沈从文是第一个搬进去住的人。陈翔鹤从沈从文的来信中知道这新住处的奇特环境后，竟独自骑着一头毛驴，摇摇晃晃上了香山，去寻幽访胜，成了沈从文住处的第一位客人。

陈翔鹤是在成都川西平原长大的青年，平时读书，深受陶渊明、嵇康的影响，羡慕这些古人洒脱离俗的胸襟。沈从文却是来自湖南凤凰的山里人，对北京城里的一切感到新鲜，虽然两人心境各异，这次见面都感到各适其意。陈翔鹤在山上一连住了三天。

一次，笔者和陈翔鹤闲谈时，问他年轻时去香山沈从文住处的情景，陈老回忆说："紧靠我们住处是'双清别墅'，但平时只有两个花匠看守。那时香山饭店已油漆一新，挂了营业的牌子，当时除了四个白衣伙计管灯水，并无一个客人来。半山亭近旁一系列院落，泥菩萨去掉后，到处是一片空旷荒凉，白日里也有狐兔出没，正和《聊斋志异》故事情景相通。从沈从文住处出天王庙大门，走下一段陡石阶，就到了香山著名的两株'听法松'旁。晚上，我和沈从文就坐在这两株名松旁的石头上，畅谈人生、理想和文艺创作。每到半夜，四下一片特有的静寂，清冷月光从松树间筛下细碎影子到两人身上，使人完全忘了尘世的纷扰，但也不免鬼气阴森，给我们留下个清幽绝伦的印象。有时沈从文抱一面琵琶，用他刚学到手的技法，为我弹奏《梵王宫》曲子。因是初学，弹得真蹩足，听来不成腔调，远不如陶潜弹'无弦琴'有意思。"

陈翔鹤从香山回到北大两年后毕业，在北方各地教书，从此两位老朋友天各一方，几乎没有见面的机会。

二

在和沈从文分别六年后，1932 年 1 月陈翔鹤来到青岛，在青岛市立中学任语文教师。由于生活、工作、爱情诸方面的原因，陈翔鹤在青岛十分苦闷。幸好，他的好友沈从文也在青岛，执教于青岛大学，住在福山路。沈从文回忆说："当时我俩几乎每天晚上都到公园（今中山公园）去会面，到池塘中间那个亭子里交谈起来，谈人生、谈文艺、谈个人遭遇，已经时间很晚了，有时到半夜，周围空寂有些令人恐怖，陈翔鹤不敢一人回校，每次都是我把他送回市立中学。"

陈翔鹤在青岛写的中篇小说《独身者》中就有自己的影子。离开青岛后写的小说《转变》中，也反映了他在青岛的心态。

沈从文在青岛期间创作了《泥涂》《阿黑小史》《凤子》三部中篇小说；还写了《记胡也频》《记丁玲女士》《从文自传》三部长篇传记。

新中国成立后，沈从文在中央革命大学学习，毕业后，曾随北京工作组去四川宜宾，参加过一段时间的农村土地改革工作。那时陈翔鹤任四川省教育厅厅长、四川省文联副主席。听说沈从文到了宜宾，急忙派车把沈从文接到成都的家中，畅谈分别 20 多年各自的情况。这时沈从文才知道：七七事变发生后，北方眼看就要沦陷了，陈翔鹤不得已才回到故乡成都，1938 年加入了中国共产党，长期从事党在文艺界的统战工作，并负责中华全国文艺界抗敌协会成都分会的工作。解放了，党委以重任，他担负着繁重的工作。沈从文也对老友说了心里话，1948 年，解放军已兵临北平城下。北京大学校务会议已经作出不迁校的决定，沈从文毅然决定留下来。这时他的心情其实是很矛盾的，一方面他对新时代的来临欢欣鼓舞；另一方面又担心跟不上步伐。

与此同时，1948 年香港出版的第一期《抗战文艺丛刊》登载了郭沫若的一篇文章《斥反动文艺》，文章犀利而尖刻地给朱光潜、沈从文、萧乾等人画像，斥责沈从文是专写颓废色情的"桃红色作家"，存心不良，意在蛊惑读者，软化人们的斗争情绪。沈从文看后，心里紧张，压力很大，受了刺激，曾自杀过，又抢救过来。这次会见时，沈从文还告诉老友，郭沫若对他很不好。在没有地方安排的情况下，让他上革命大学，改造思想。后来"革大"毕业后，把沈从文安排在历史博物馆搞鉴定、收藏文物的工作。沈从文常自愿到午门楼展览会上当解说员，自称为"唯一和人民碰头的机会"。

陈翔鹤听了老友的述说，很想留老友多住几天，散散心，看看成都的变化，然后再好好谈谈，让老友放下思想包袱，高高兴兴地为革命工作。但第二天一早起来，沈从文坚决表示要回"土改"工作队去，陈翔鹤看到老友对工作这样认真负责，心中也十分佩服，只好又派车把沈从文送回宜宾去。

三

"土改"工作结束后，沈从文路过成都，陈翔鹤去车站话别。此后，陈翔鹤仍时刻关心着老友的情况，但由于两人相隔千里，许多事爱莫能助。1954年陈翔鹤奉调北京任中国作家协会理事、作协古典文学部副部长，主编《文学遗产》和《文学研究季刊》。两位作家在北京又相聚了。

那时陈翔鹤住在东总布胡同22号作协宿舍，沈从文住在东堂子胡同，相距不远。由于沈从文的遭遇，旧日的朋友已经渐渐断绝来往，陈翔鹤就成为沈从文家中少有的常客，三天两头去看望他，这时的沈从文心情好多了，见到陈翔鹤总是说高兴的事，没有一点埋怨的言语。

一次闲谈中，沈从文告诉陈翔鹤，他返京后不久，有一天突然有小车来接他去北京饭店，说陈赓约他见面，并请他吃饭。沈从文猛然想起20年前，胡也频对他说："你的一个老乡想见你。"一见面陈赓就说："20年前约见沈先生未果，20年后才相见。"体现了这位共产党人身上纯真而诚挚的温情。

随后，陈赓关切地询问沈从文的情况。得知沈从文在历史博物馆工作，陈赓说："你没有什么问题，不要有什么负担。抗战时期，你的作品在解放区也很流行。现在博物馆工作，这也很好。"

这次会见，给了沈从文一种难得的精神慰藉。陈赓的话也使沈从文恍然大悟，过去一时将自己当反动派看待，显然不是上面的意思，不是共产党的政策。

陈翔鹤听了沈从文的叙述，也感到非常欣慰，忙说："历史的一时误解，都是政策执行中的偏差。"他希望沈能正确对待，努力工作。沈从文也感到老朋友的话有道理，欣然接受。

后来，沈从文给陈翔鹤的一封信中说："我只是为他人服务出发，才来做打杂事情，对个人生命也可以说不怎么经济合算；但是大致还是求对大家有用，供各方面咨询参考，才在一些冷门上继续用心，人弃我取，取来的东西只要对整个文化提高有点好处，个人即使在此情况下没有什么成就，也不觉得难过了。"这是多么博大坦荡的心胸啊！沈从文给陈翔鹤的信中，还有一段引人注目的文字，他直言陈述对文学研究现状的忧虑："从近年来文学论文水平也可以看出，许多大处大问题，还少有人分析议论，提得出新见解。常见的还是些老问题，在翻来覆去，或停留于猜谜子，文章意见多而水平不高。若真的有些国文系大学教授、讲师、助教在更新情况下来学学文物艺术，此后教文选、谈欣赏或许都会面目一新！这种事可能会等十年二十年才有实现可能。"陈翔鹤理解沈从文的处境和心情，他多次动员沈从文撰写一些冷门学科的研究心得，这才有发表在《文学遗产》上的五篇文章，如《略论考证工作必须与实物相结合》《学习古典文学与历史实物问题》和《从"不怕鬼的故事"注谈到文献与文物相结合问题》等。

沈从文在陈翔鹤多次动员下写出几篇文物考证的文章，但是在十多年中，他的主要精力都放在对古代服饰和文物的研究上，事实上已无暇去搞文学创作了。这对于一个仍然有着强烈创作要求的老作家来说，当然是件苦恼的事。他曾和陈翔鹤谈过，想以他夫人张兆和的哥哥张鼎和的革命事迹为题，写一部20万字的小说，但苦于没有时间。陈翔鹤听后，安慰他不要着急。机会终于来了，作家林斤澜回忆：1961年是个小阳春，有一次在新侨饭店开会，周扬到小组会上来，陈翔鹤说："沈从文能否继续写作？"周扬一听有些不高兴，板着脸，凶得狠。他是很会当领导的，可能考虑了一会儿，说："可以。""能不能给他创作假?"
"十年。"陈翔鹤高兴地说："好! 好!"

陈翔鹤的过问只是一个契机。不久中宣部、中国作协有意安排沈从文出山。后来老作家沙汀来北京开全国人代会，见到陈翔鹤时就说："由于你的过问，沈从文得到了创作假。还让我和四川作协安排沈从文的住宿等问题。初步打算住一个半月左右，是动笔写酝酿已久的一部长篇小说。"可是好事多磨，沈从文因心血管病严重，血压时有上升，并伴有心绞痛发生。中国作协只好安排沈从文到青岛休养。

由于生病，也因为正值三年经济困难，文艺上的框框又太多，一碰到具体怎么写，沈从文就没有多大把握，这次创作活动还是夭折了。

沈从文又回故宫博物院搞文物服饰的研究，但他的身体还是不好。"文革"时期，沈从文在运动中受到冲击，群众组织先后抄家八次，还成立了"沈从文专案组"。原东堂子胡同三间宿舍被压缩为一间，藏书尽失。沈从文在严峻的现实情况下，在午门楼上的冷风中，冷静地工作了十年。

沈从文后来回忆说："回溯半世纪前第一阶段的生活和学习，炜谟、其文和翔鹤的影响，明显在我生长过程中，都占据一定位置。我此后工作积累点滴成就，都和这份友谊分不开。换句话说，我的工作成就里都浸透有几个朋友澹而持久的古典友谊、素朴性情人格一部分。"

四

陈翔鹤在 20 世纪 60 年代初创作的历史小说《陶渊明写〈挽歌〉》《广陵散》为文艺批评家所推崇，除了经过内在的长期酝蓄、悉心构思外，若没有精于汲取，是绝不可能达到那样纯粹的艺术境界的。这一点，在往来的文艺界人士中，陈翔鹤同沈从文在艺术问题上的切磋，或许能称为一段佳话。

沈从文主张从文物入手，使文学批评、史学研究另辟蹊径，达到一个新的美学境界。从文物入手，使戏剧、小说等文学艺术的创作呈现新的突破，大概正是这种理论观念的一致，陈翔鹤和沈从文在文学与文物的边缘上契合；大概也正是这种理论观念的指导，陈翔鹤历史小说的创作才具有那么大的可读性。在小说写作中，每遇古人服饰、习俗等问题，陈翔鹤即积极就教于沈从文。他在沈从文陪同下参观故宫。作品写好后，又送交沈从文阅读，直到他俩都认为细节上没有疏漏为止。沈从文给陈翔鹤作品的眉批也很特别：寸把长、几指宽的纸条，贴在陈翔鹤手稿上面，字迹密密麻麻，却是一丝不苟。20多条宝贵意见，至今完好地保留在他儿子的集邮册里：

当时无缎子，可能只是穿的当时贵重的绯色罗或细越布、花等。

席地而坐为合宜。

照晋人在这里得称"新妇"，即小媳妇意。不会叫庞家姑娘的。称呼措辞似值得研讨，免得不今不古。

……

40多年过去了，《陶渊明写〈挽歌〉》和《广陵散》被誉为当代历史小说的双璧。这也说明陈翔鹤为艺术渐臻佳境，实心实意讨教；沈从文为实现艺术真实，无私地奉献；珠璧合一，天衣无缝。

两篇历史小说发表后，得到了社会上的好评。著名作家冰心发表文章称赞陈翔鹤把陶渊明写活了，文艺评论家黄秋耘发表文章说两篇小说算得是"空谷足音，令人闻之而喜"。

五

1972 年 2 月，沈从文从湖北咸宁五七干校回到北京，住在东单一条小胡同里，因房屋狭小，一直与夫人分开生活，居处相隔一公里，每日均需为三餐两边奔走。当我走进他那间十来平方米的小屋时，见到桌上有些泥塑、彩色织锦之类。他饶有兴致地向我讲解正在进行的工作。他知道我在纺织系统工作过，就讲中国纺织品的发展史、中国古代服饰的变迁……使我受益良多。那时沈先生的居住和工作环境都很差，但他仍然坚持着把周总理交给他的任务——编一部《中国古代服饰研究》完成了。

20 多年前，沈从文得到一套有五个房间的新房子，从东单搬家到前门。这时《陈翔鹤选集》出版了，我受陈翔鹤夫人王迪若的委托，带着签名本的书来到沈先生家。这时的沈先生身体和精神都很好，而且红光满面，完全不像 80 多岁的老人。沈先生接过我送上的《陈翔鹤选集》，仔细地翻看着目录，夸奖选集编得好，印刷装订得也很精良。我见沈先生高兴，就大着胆子提出要一幅沈先生的墨宝，他笑着说这有何难。我当即留下了陈翔鹤赠杨晦诗一首。

年底，收到沈夫人的挂号信，打开一看，是沈先生新写的条幅，书写流畅、洒脱，行也贯得好，还题了款。装裱后，挂在我书房里了。文友们来串门，见了沈先生这幅字，都要念几遍："时代推轮毂／腐朽岂能长／含悲忘征尘／黾勉休自伤。"落款是："录老友翔鹤赠杨晦兄遗诗一首，开第侄留念，沈从文时年八十、一九八二年大雪中。"

追忆与沈从文的交往

吴炳炎（台湾）口述　程新民整理

2011 年 8 月，92 岁的台湾老人吴炳炎来大陆参加第四届海峡两岸典祭三祖文化交流活动并到张家口省亲，结识了本文的整理者程新民先生，向他讲述了与沈从文交往的点点滴滴……

同住凤凰城北门

我们那个凤凰城，在湘西靠近贵州的山坳里。城一半在起伏的小山坡上，城里城外都是密密的、暗蓝色的参天大树，街上是青石板、红石板铺成的路，路底下有水道，蔷薇、木香、狗脚梅、柑橘……许多花木从家家户户的白墙中探出枝条。下雨时，雨点打在古老的瓦檐，发出叮咚的声响，雪轻易不下，一下就是一两尺厚。我和沈从文就是听着这里的雨雪声，闻着这里的花草香长大的。

沈从文长我十六七岁，我叫他沈老哥，我们两家同住在凤凰城北门内：他住文星街六号，张家公馆斜对面，我住他北面江家街七号，相距约 120 米。江家街再往北走约 100 米，就是凤凰古城最奇特的"红岩井"。此井是通过将城外沱江之水引进城内、为防止战乱时期军民无水可用而修建的。有了此井，即使战乱长久，城内居民亦无缺水之忧。沱江由北向南穿过凤凰古城，因北门无桥可通，是用近 200 个石墩从江东向江西连成的通道进入北门，故凤凰老百姓称之为"跳岩"，即必须跳着过。我与沈从文小时候都走"跳岩"，也都饮过北门内"红岩井"里的水。

沈从文的祖上都是当过大官的，但到他父辈就不行了。听人讲，沈从文幼时不爱读书，经常逃学，将书包往城隍庙内的供桌下一放，就跑去看木偶戏（凤凰人称木偶戏为"木脑壳戏"，多半是富贵人家许愿后，于秋冬两季请来戏班在街头巷尾表演，供老百姓们免费观赏）。没有木偶戏时，就滚铜板、劈甘蔗、赌输赢。他这样读书学习，成绩可想而知，连中学都没读到，就去当兵了。他当时是瞒着家人以补兵的名义去当的兵，之后漂游在沅水流域，但也只干了两年就干不下去了。几年以后，他只身进入北京，开始了创作生涯。他以一个"乡下人"的身份，写出如此精彩、如此受读者欢迎的小说，这样的人物还真是不常见的。

重庆的相逢

1945 年 5 月，我从美国学驾机后回国，在重庆沙坪坝与沈从文相遇。他见我穿着一身笔挺的军装，腰配短剑和手枪，雄赳赳，气昂昂，既惊讶又高兴，他问我："炳炎老弟，你怎么当上飞行员了？好！太好了！"还说："咱凤凰苗岭山寨乡沟里居然出了一位飞行员将军，你不仅为国家争光，也为我们湘西土家族争了荣誉。不过，可惜的是，日本鬼子现在成了强弩之末，无抵抗能力了，你可能没有更多的机会击落日本飞机了……"他高兴地说个不停，兴奋极了。他说的一点不错，1945年6月8日和12日，我曾在武汉上空参加过两次空战，日军在这年8月15日宣布无条件投降，战争结束了我却未能击落一架日军飞机，这成了我做飞行员最大的遗憾。

他乡遇故知，喜悦之情可想而知。我与沈老哥谈家乡事，谈国家事，谈我俩各自的生活，天南海北，古今中外，无所不及。我们足足谈了一下午，后来由他做东，吃罢晚饭，我们才依依不舍地告别。

听沈从文讲那过去的故事

两岸施行"三通"后的1986年，我第一次回家乡探亲，恰好沈从文也回到阔别几十年的家乡。我们又一次见面了，因为这次时间比较充裕，我专程赴文星街六号去探望他，后来他又来江家街七号看望我。两次见面，我们无所不谈。我俩坐在绿绿的大树下，喝着家乡特有的茶，心情很是愉快。他很爱家乡用青石板铺成的院子，爱家乡的油条、豆浆等小吃。那时，沈从文的身体已经很糟糕，走路需人搀扶，口齿也有些不清，但他的精神很好，对年岁久远的事情也能记得很清楚。他跟我谈他过去这许多年的经历，其中讲到了许多有意思的事，我到现在还记忆犹新：

得到胡适赏识 1922年，"五四运动"波及湘西，沈从文受时局和新书报的影响，毅然离开家乡，只身闯入北京，寄住在湘西人开设的"酉西会馆"里。由于学历浅、找不到工作，整天闲着没事，无聊之中，他忽然想起湘西的山川、风物，想起在沅水辰河两岸见过的许多人和事，于是，便产生了要把它们记录下来的念头。就这样，他饶有兴趣地开始写起来。

当时，北京大学校长胡适经常到"酉西会馆"看望朋友，每次都从沈从文门口经过。他看到一个青年人，总是伏在案上写作，感到很奇怪。某个星期天，胡适来到会馆，没遇见朋友，便悄悄地走进沈从文的房间，看看他究竟在写些什么。沈从文发觉背后有人，连忙起身让座，听胡适自我介绍，沈从文喜出望外。他向胡适陈述了自己的经历和学习写作的情况，并拿出两篇稿件，请求批改。胡适看过之后，稍微改动几处，随即写了一张便笺叫他带稿件到北京《晨报》，去找一位文学副刊编辑。不久，他的作品发表了，沈从文欣喜若狂。从此，在创作激情的鼓动下，他不分昼夜地埋头写作，一篇篇"乡下人"的乡土作品，在北京各报刊上相继刊出，沈从文的名气也越来越大。

胡适非常赏识沈从文的才华，他在吴淞中国公学当校长时，便聘请沈从文去教文学写作课。这可是破天荒的创举，按照惯例和规定，大学教师必须有文凭和相当高的学位，可沈从文什么也没有，他只是一个普通的乡下人。自己能成为大学教师，这对他来说确实是万万没有想到的。就这样，他迈出了人生旅程的重要一步，从此，社会地位也大大提高。

不善言辞、温文尔雅的沈从文，突然要登上大学讲坛，难免有些胆怯。他第一次讲课时，脸憋得通红，只三言两语就把事先准备得很充分的资料讲完了，怎么办？他只好临时编些内容，把这堂课勉强应付下来。过后他对胡适说："教书比读书似乎还受压迫。"又有一次，他讲小说习作课，刚走上讲台，由于紧张过度，竟然连一句话都讲不出来，无奈，他便在黑板上写了几个字："请你们让我休息五分钟"，借以缓和自己紧张的情绪。之后，他逐渐适应了教学工作，终于可以讲课了，生活也比过去安定多了。每周9节课，可以拿到150元月薪，这在当时应该算不低的报酬。在这期间，他利用教学之余，继续坚持创作，写了不少有分量的作品。

1930 年，胡适辞去中国公学校长职务。他关心沈从文的前途，怕自己走后沈从文在该校的地位会受到影响，便把他推荐给在武汉大学担任文学院院长的老友陈西滢。陈西滢接受了胡适的推荐，聘请沈从文担任武汉大学中文系讲师。后来，沈从文在谈到胡适对他的影响时说："适之先生不特影响我此后的工作，更重要的是影响我对工作的态度，以及这个态度推广到国内相熟或陌生师生同道方面去时，慢慢所引起的作用。"

沈从文的成名和成家，可以说相当一部分原因得益于胡适对他的赏识和帮助，这令沈从文终生难忘。抗日战争后期，在昆明西南联大任教的沈从文，与当时在美国的胡适经常保持书信联系。他一再向胡适表示，自己想到美国去访问，一方面想考察和了解美国文坛的情况，一方面看望张兆和的四妹张充和与傅汉恩夫妇。由于种种原因，沈从文最终未能成行，直到 1980 年才有机会去美国。但这时，胡适早已去世，他没能见到这位终生难忘的良师益友，这成为他一生最大的遗憾。

与梁实秋的君子之交

沈从文还讲到他与梁实秋的交往。梁实秋是一位海外留学归来，被称为"英美派"的"洋教授"，沈从文是一个靠自学成才的"乡下人"，两人的文化背景差异很大，但他们却有一段在一所大学任教的同事之谊。

1928 年，梁实秋任《新月》杂志编辑，由于徐志摩的推荐，沈从文的作品《爱丽丝中国游记》得以在《新月》上分期刊载。当时沈从文与丁玲、胡也频等人正在筹办杂志，急需开支，沈从文便找书店去要稿费。书店的人说，要梁先生盖章才行。为此，沈从文亲自找到梁实秋的家里。当佣人将沈从文写的收条交梁实秋盖章后，梁实秋突然想起要见一见《爱丽丝中国游记》的作者，等他下楼到客厅时，沈从文早已拿着收条领钱去了。

1931 年，杨振声校长请梁实秋、闻一多和沈从文去青岛大学任教。在这期间，沈从文和梁实秋并没有过多的交往，因为他们既没有师生之谊，也不是私交好友，只是彼此之间没有什么恶感，所以沈从文没有把梁实秋当作像徐志摩、胡适和杨振声那样的良师益友看待。在沈从文心目中，梁实秋只是一位颇有绅士风度的大学教授。沈从文在写小说《八骏图》时，其中的教授丁或戊，大概是以梁实秋为原型的。后来，沈从文说，他写《八骏图》时，伤害了梁实秋的尊严。但是，梁实秋却未因此事而心存芥蒂。

梁实秋到台湾后，与沈从文失去联系。"文革"初期，台湾媒体传出一则消息："以写作手法新颖、自成一格闻名的沈从文，不久前在大陆因受迫害而死，听说他喝过一次煤油、割过一次静脉，终于带着不屈的灵魂死去了。"

这则消息引来梁实秋对沈从文的怀念，他曾写过一篇"悼文"，说沈从文一方面很有修养，一方面也很孤僻，不失为一个特立独行之士。像这样不肯随波逐流的人，如何能不做时代的牺牲品？这篇"悼文"写成后，没有公开发表，其原因是他不相信沈从文会结束自己的生命。直到几年后，梁实秋在华人女作家聂华苓所著《沈从文评传》（英文版）中，发现沈从文尚在人间。梁先生为这位老朋友的生死被人随意捏传而感到十分愤慨。

光阴荏苒，岁月匆匆。海峡两岸长期阻隔，却阻隔不断两位文学大师半个世纪的友情。1980 年，沈从文访美期间，曾向他的学生马逢华打听梁实秋的近况。1985 年，当梁实秋得知沈从文曾打听过自己时，感慨万端，又写了一篇怀念沈从文的文章。虽然在文章中说了几句"和沈从文认识不深，不很熟悉"之类的话，但这并不妨碍他们彼此对对方的怀念。他们之间"君子之交淡如水"的友情可见一斑。

沈从文捉贼

1933 年夏秋之间，沈从文离开青岛去北京，准备秋后与张兆和结婚。当时沈从文手头十分拮据。有一天，做饭菜的杨师傅准备将沈从文的裤子送洗衣店去洗，发现口袋里有一张当票。打开一看，原来沈从文把给新娘的订婚戒指当了，用作应急开销。杨师傅把这件事告诉了杨振声校长，杨校长责怪沈从文不应该当戒指，当即给他预支了一部分薪水，把戒指赎了回来，并帮他解决了房子和筹办婚礼的费用。

沈从文租了一套新居，这是个小小的院落，院内有一株小枣树和一株大槐树，三间正房，一间厢房，厢房并不大，可以当作书房和客厅用。

在搬进新居的头一天晚上，许多杂物还没来得及收拾妥当，小偷便乘机光临了。四妹张充和比较机灵，睡至半夜，她听到院子里有脚步声，起初尚不以为意，认为是错觉，懒得管它，之后却越来越可疑，于是她大声喊道："沈二哥，起来！赶紧起来！有贼啊！有贼啊！"

沈从文听见四妹喊叫，也大声喊道："杨师傅，快起来，有贼！"

杨师傅一面答话，一面大声喊道："捉贼！捉贼！"

房子里你喊"有贼"，他喊"捉贼"，在大家的威吓之下，贼人早已一阵疾步，爬树上屋溜之大吉也。等大家开门出来捉贼，院子里连个人影也看不见了。

这时候，只见沈从文手里还紧紧地握着一件武器——牙刷。

晚年的安慰

经过"文革"的磨炼，曾被斥为"反动文人"的沈从文，在一片"形势大好"的欢呼声中，对物资供应奇缺的现象早已司空见惯了。

有一天，沈从文在一家食品店排队买面包，轮到他时，只剩下两包（每包10个小面包）了。当他交过钱，拿着面包准备回家时，发现身后一位妇女在遗憾地叹息道："哎呀！真倒霉！排了这么久的队，轮到我时都卖光了。"沈从文二话不说，分了一包给她，妇人感激地接过面包正要付钱给他时，沈从文已经走了。

回到家，他将这件事告诉夫人张兆和，夫人说他做得很好。在一旁做功课的小孙女听后，一个美丽的愿望也在她小小的心里萌芽了……

午饭后，沈从文照例要睡一会儿午觉，这时小孙女悄悄来到床前，将沈从文睡觉的姿态画了下来，画面上还标示出打呼噜的符号，然后在一块小黑板上写了一则短文，最后两句是："这种助人为乐的精神，值得表扬！爷爷，我爱您！"

沈从文午睡起来，看到这幅画和黑板上的短文，非常开心。"文革"以来，他一直在被呵斥与辱骂声中度过，此时此刻，他的心情十分激动，当即提笔在这幅画上写了几个字："被表扬的爷爷"，并把它端端正正地贴在了自己的床头上，小孙女高兴地拍起了手。

沈从文从小孙女的表扬中，得到无限安慰，以至于热泪盈眶，禁不住哭了。夫人张兆和也感动地流下了热泪……

一缕清香，从历史深处走来

——张友鸾与郁达夫的文学友谊

张振群

报界名宿张友鸾与文学巨匠郁达夫，早在"五四"时期，就结成了文学友谊。他们富于戏剧性的相识和相互诚挚的友情，一直以来鲜为人知。

一个戏剧性镜头

张友鸾乃李大钊的学生、邵飘萍的高足，是我国新闻界出道很早的老报人。年轻时在邵飘萍主办的《京报》主编"文学周刊"，李大钊曾委任他为"国民晚报社"社长。先后在 14 家报社工作，与张恨水、张慧剑并称"新闻界三张"，驰骋报坛，久负盛誉。

张友鸾 1904 年生于安庆一个书香门第，父亲张亮孝是安庆法政专门学校国文教师。1921 年，革命风云激荡，张友鸾在安徽省立一中就读，受"五四运动"影响，思想十分活跃。当时他才 17 岁，就被安庆学联选为代表参与筹备成立省学联，并当选为宣传部部长。同年参加社会主义青年团，成为学生运动中的骨干，也是酷爱文学的青年，已在《申报·自由谈》《时事新报·学灯》发表文章。

这年深秋，为配合新文化运动宣传，学生会宣传部办起贩书部，推销进步书籍，张友鸾为学联"头面人物"，自是带头推销。这天，和几个同学在工业专门学校门前卖书，却偏偏遇上了阴雨天。他正犯愁，迎面来了一位顾客，30来岁，上前问张友鸾："有《觉悟》合订本吗？"张友鸾摇头。那人又问："有郭沫若的《女神》吗？"张友鸾又摇头。但心里一阵欢喜，他知道郭沫若、郁达夫、成仿吾都是"五四"新文学运动的领袖，赫赫名家，当时著名的新文学团体"创造社"就是他们发起的。张友鸾读过《女神》，这是郭沫若刚出版并引起轰动的诗集。无疑，这是一位真正的读者！于是，他拿起一本《沉沦》，向这位推荐："先生，郁达夫的《沉沦》也是刚出版的，我们都看过，非常好！"那人没有回答。张友鸾继续推荐："先生，《沉沦》实在是好，郁达夫取材惊人，大胆描写，震撼心灵，先生应该买一本看看。而且他文笔优美……"不料这人打断他的话，畅然而笑："我就是郁达夫。"

张友鸾呆了，一时竟说不出话来。不怪，郁达夫是新文学创始人之一，是大胆向封建道德挑战的勇士，是他仰慕已深的文学家，他刚读过《沉沦》，佩服得五体投地。万没想到他所崇拜的郁达夫，此刻竟站在面前和自己对话！

原来，郁达夫于这年10月刚到安庆，他是应安庆法政专门学校的邀请来教授英文的。张友鸾兴奋地说："巧极了，先生和家父还是同事哩！"郁达夫也高兴起来，两人的距离一下子拉近了。张友鸾问道："先生住哪里？"

"就住学生宿舍。"

酷爱文学的张友鸾又一阵欢喜，立即闪出登门求教之想。法政专门学校在安庆北郊的风景胜地菱湖旁边，离张友鸾家四方城不远。"菱湖夜月"久负盛名，此时正是"三秋桂子，十里荷花"的季节，晚上月光绮丽，倩女们泛舟采菱，歌声阵阵。郁达夫住的校舍就在湖畔，常有"得天独厚开盈尺，与月同园到十分"的诗意。

张友鸾第一次登门求教，就受到郁达夫的热情接待，有问必答，可亲可敬。由是，张友鸾到菱湖亲炙，来得更勤了。

一段飘香的友情

作为教师和作家，郁达夫一直关爱青年学生，尤其关爱有思想、有抱负的文学青年。他见张友鸾思想进步，又是学运骨干，热爱文学，非常乐意当他的"业余"老师。几次交谈请益，张友鸾得知郁达夫不过25岁，比自己只大8岁，心中赞叹写出惊世作品的文学名家，竟如此年轻！年龄相近，使得二人更加投合。张友鸾总是身迷心醉地怀情而来，得益而归。

当张友鸾发现郁达夫有"玉壶买春"的雅号之后，竟邀请郁达夫到家里做客浅饮。郁达夫知道他是真诚邀约，绝非俗气，欣然答应。

张友鸾高兴地告诉母亲："我今天要请一位客人来家里喝酒……"

母亲诧异，埋怨道："你正求学，怎好无端请人来家喝酒，岂不荒唐！"

"你晓得他是哪个啊！他是著名的文学家郁达夫先生，我的老师啊！"

母亲蒋汝娴，本是思想开放、知书达理的贤妻良母，听说是郁达夫先生，这是儿子难求的老师，难得的机遇！二话不说，高兴地下厨做菜。

张友鸾和郁达夫边饮酒、边聊天。郁达夫洋洋洒洒纵谈古今，张友鸾和老师畅谈当前文学、文坛作家。谈得较多的是郭沫若及其《女神》，张友鸾对《女神》体现出的"五四"精神和爱国热情，极为颂扬；郁达夫尤其赞赏那不是寂灭而是预示新中国新世界诞生的《凤凰涅槃》，竖起大拇指说："沫若将有大的成就！"

张友鸾插话："先生创作思想也了不起！"

"不不，我是一个庸人。"

两人越谈越投机，直到酒已满足，杯已见底，仍言犹未尽，难舍难分。此后，张友鸾时常请郁达夫到家中做客对饮，登城墙散步。这是他们一段诚挚快意的交往，一段飘香的友情。

一个"创造社"门口的伙计

1922 年，张友鸾考入北京平民大学新闻系，此时郁达夫也离开安庆去了上海。张友鸾学新闻并未放弃对文学的追求，他与同学周灵钧、黄近青等组织了"星星文学社"，研究文学并发表文章。这年 11 月 30 日，适逢清废帝溥仪迎亲，人们涌到景山东街看热闹，引起张友鸾写小说的念头。酝酿构思，于年底写成了他的第一部小说《坟墓》。内容写两个青年大学生，因婚礼而引发"结婚是否为恋爱的坟墓"的一场争论。写好后他就想到请郁达夫指教，将稿子寄到上海。寄出后一个多月不见回信，但翌年 2 月，竟出乎意料发表在《创造》季刊第一卷第四号上。

原来，郁达夫收到小说稿后，很认真地读了，并请郭沫若看过，都以为"这只有青年人才写得出来"。郁达夫有心提携这位文坛新秀，立即将稿子转给主编《创造》季刊的成仿吾，成收到此稿马上编发。《创造》季刊是当时一流的文学刊物，多是发表鲁迅、郭沫若、郁达夫等名家作品。《坟墓》的发表，使张友鸾在文学殿堂崭露头角，受到极大鼓舞。

郁达夫、成仿吾在《中华新报》又办起一个副刊叫《创造日》。撰稿人除了创造社成员郭沫若、成仿吾、郁达夫、张资平、郑伯奇等著名作家之外，还有一些文学青年，张友鸾是其中突出者。此时的张友鸾目光敏锐，思维敏捷，不时激发强烈的创作冲动。

这是他勤奋写作的青春时期，作品大多发表在创造社的刊物上，且形式多样，有杂文短评，有记叙散文，有抒情散文诗，还有寓言。他几乎包揽了《创造日》的"随感录"专栏。1927年3月出版的仅一个月的《创造日汇刊》单行本，收入的张友鸾的"随感录"就有《吃饭》等五篇之多。

此时他与郁达夫的个人关系已发展成与创造社的关系了。他曾幽默地说他是"站在'创造社'门口的小伙计"。

一个骸骨迷恋的心愿

人生的巧合无时不有。这年秋天郁达夫到了北京。因他在日本留学时学的是经济学，应北大的邀请来做统计学教授，住在他哥哥曼陀先生的住所。这对张友鸾来说是特大的喜讯，他又能找郁达夫请益求教了。他对郁达夫早就有了的那种"骸骨的迷恋"越聚越浓，忽然闪出一个心愿：如果郁达夫能到平民大学来教课，那该多好啊！

这天，他找到平大一位姓徐的教务长，直接提出请郁达夫来平大兼课的建议，教务长难以答复。可是不久，校方竟采纳了他的建议，其中原委，他后来才知道：因张友鸾在平大与左笑鸿、吴隼都是高才生，被称作"平大三鸟"（其名皆含鸟）；他既是邵飘萍、李大钊器重的学生，又是学生会的成员之一，可谓"头面人物"。校方有时也向学生会征求意见，何况郁达夫是知名作家，所以校方很快就采纳了他的建议。于是他与郁达夫在平大开始了正式的师生关系。

一则滚烫的座右铭

1924 年，张友鸾在邵飘萍办的《京报》开辟并主编了《文学周刊》，他向郁达夫求稿，郁达夫积极支持了他。郁达夫借用张友鸾那篇《吃饭》一文中"骸骨的迷恋"一词做标题，写了著名的散文《骸骨迷恋者的独语》，内容是讲新诗与旧诗、新文学与国故的关系，议论精辟，刊登在《文学周刊》第四期（后来郁达夫将它收入《奇零集》）。当时为《文学周刊》撰稿的也多是名家，如鲁迅、周作人、徐志摩、许地山等，张友鸾也成为文坛俊彦，声名鹊起。

1925 年他在平大尚待结业，就被成舍我聘请到世界日报社，正式开始他立志献身的新闻生涯。一年后就当了该报总编辑，是同时期中最年轻的总编。两年后，接替刘半农主编《世界日报》副刊，他又想到了郁达夫，但郁达夫已离开北京到上海，与张友鸾两年多未通信。张友鸾写信给上海的同学周灵钧，托他持信找到郁达夫求稿。哪知此时的郁达夫很忙，一是忙于编务，《洪水》半月刊、《创造》月刊都由他一人编辑，一个月要做五六万字的稿子。二是正和王映霞热恋，无暇写稿。但是他对张友鸾的友谊仍没褪色，郑重地写了回信，开头就说："友鸾同学弟：自从前年分别两年多，差不多信息不通，我也东南奔走，一无暇日，所以弄得来执笔的兴致都消失尽了……"在信中他认真地对副刊说了三条意见，大意是：一、反对文坛的派系斗争，不要卷入这种争斗之中；二、要扶持新出现的青年作家；三、不要被恶势力吓倒、屈服，要登些富有革命精神的文学作品。

这是一封非常珍贵的信。在《郁达夫书信集》里所收 1927 年全年的信件，给王映霞的信有 50 封之多，只有唯一的一封不是，那就是给张友鸾的这封信。

张友鸾似乎看到了郁达夫那颗滚烫的心，在关爱、支持着他。所以当他接手副刊的第二天，就将此信发表了，标题是"海大鱼——副刊编辑室座右铭"，在题下并作说明："……他的意思很有道理，以后我们的方针差不多要依此而行。"

其实，这也是张友鸾的座右铭，它砥砺张友鸾从事新闻工作，伸张正义，坚持真理，敢为民众立言。因此，他被誉为"新闻奇才，办报全才"。

张友鸾晚年游故乡安庆，寻访四方城旧居，曾对我提及与郁达夫的真诚友谊。如今道来，宛如一缕清香，从历史深处走来。

叶圣陶的友情世界

陈　征

叶圣陶与朱自清

叶圣陶把一生投入文学和革命事业，本着对朋友的热情、对后辈的关怀，结交了大量志趣相投的朋友。这其中，他和朱自清的关系最为密切。

叶圣陶和朱自清相识于 1921 年的秋天。之前叶圣陶在甪直任小学教师，"五四"后写了不少新诗和小说，在文学界小有名气，也因此认识不少朋友，与外界的书信来往渐渐多起来。1921 年 6 月，他受朋友邀请到上海吴淞中国公学中学部教国文，与刘延陵、吴有训、周予同等人做同事。当时朱自清则从扬州江苏省立第八中学辞职，经刘延陵介绍到中国公学教书。去之前，刘延陵告诉朱自清说："叶圣陶也在这儿！"朱自清已经读过叶圣陶的作品，便向刘延陵打听他是怎样一个人。刘延陵说："一位老先生哩。"等到了中国公学，朱自清便请刘陪他去拜访叶圣陶，见面后才知道叶圣陶不过 28 岁。初次见面，二人都是见了生人不善言辞的人，只聊了几句关于作品的泛泛之言就告辞了。后来中国公学大学部发生学潮，波及中学部，叶圣陶和朱自清等教员决定停课支持学潮。学潮期间，二人都离开吴淞住到上海，因为都是文学研究会的成员，志趣相投，加上天天见面，不多久，就成为交往密切的朋友。

中国公学的学潮结束后，朱自清到杭州第一师范任教，学校托朱自清邀请叶圣陶也来该校就职，叶圣陶见是朱自清邀请的，欣然允诺，并在回信中说："我们要痛痛快快游西湖，不管这是冬天。"11月，叶圣陶乘车来到杭州，朱自清到车站迎接。学校分给他们一人一间房，叶圣陶秉性温和，害怕孤独，便向朱自清建议，把自己的一间房作为两人居室，朱自清那间则做书房。从此两张床并放在一间屋里，二人可以随时随地地畅谈古今海阔天空，又或是各据一桌备课。叶圣陶在《与佩弦》中这样描写他和朱自清的对话："抒发的随意，如闲云之自在，印证的密合，如呼吸之相通。"朱自清则在《赠圣陶》诗中如此描述他俩亲密无间的关系："西湖风冷庸何伤，山色水光足徜徉。归来一室对短床，上下古今与翱翔。"

在杭州的这段日子，两个好朋友互相鼓励，叶圣陶勤奋地进行小说和童话创作，朱自清则专注于写诗，他们各自在文学上均有建树。某天清晨，他们在房间里听到窗外传来工厂汽笛的声音，叶圣陶灵思一动，在汽笛声中完成了童话《大喉咙》。他还相继完成了《饭》《风潮》等七篇小说，以及童话集"稻草人"中的一部分童话。每写完一篇，总是最先给朱自清看，征询他的意见。又有某夜，电灯已经熄了，桌上点着两支白蜡烛，叶圣陶和朱自清仍在畅谈中，兴致颇高。渐渐夜深了，朱自清突然来了灵感，说已经想到一首小诗，要念给叶圣陶听。这就是有名的《除夜》：

除夜的两支摇摇的白蜡烛光里，

我眼睁睁睨着

一九二一年轻轻地蜇过去了。

后来，叶圣陶离开杭州，应邀到北京大学中文系任教，不久因为妻子胡墨林分娩，思家心切，又赶回用直家中，进了上海商务印书馆编译部工作，家也就搬到上海。这期间，朱自清先后在浙江台州、温州、宁波、白马湖等地任教，有时他到上海就住在叶圣陶家中。1924 年 10 月，朱自清写成著名散文《背影》，刊登在叶圣陶主编的《文学周报》上。叶圣陶称赞"这篇文章通体干净，没有多余的话，没有多余的字眼。即使一个'的'字，一个'了'字，也是必须用才用"。朱自清曾有过谦辞，但他熟知老朋友的脾性，深知倘若不是他真心认为文章确实如此，定不会因为朋友情谊而虚妄赞美的。

1925 年，朱自清任清华大学国文系教授，1927 年他回到白马湖，打算携家眷去北京。途经上海，叶圣陶等挚友纷纷为他饯行。临走那天晚上，叶圣陶拉朱自清到小酒馆痛快地喝酒聊天，酒后又结伴上街漫步。当时已近半夜，走过爱多亚路，想起二人如此短暂相聚后又要分别，不知何时何地才再相见，才有今日畅饮长谈的快意，叶圣陶不禁惆怅满怀，吟诵起北宋词人周邦彦的词："酒已都醒，如何消夜永。"朱自清无言以对，两人又拐进一品香消磨了半夜。朱自清知道，叶圣陶生活极有规律，早上 7 点起床，晚上 9 点睡觉，这天为陪老朋友破例了。第二日，朱自清便乘船北上。

1931 年至 1932 年，朱自清去英国留学，回国后仍任清华大学教授，兼任中文系主任。叶圣陶蛰居上海，二人虽然一南一北相距千里，但书信往来不断。抗日战争爆发，叶圣陶和朱自清分别撤退到四川，继续从事教育和编辑工作。1940 年，两位好友终于在成都会面，当时朱自清正携眷在成都休假，住在东门外宋公桥，叶圣陶则应邀赴四川省教育厅任教育科学馆专门委员，住在西郊。四川省教育厅的《文史教学》杂志创刊后，叶圣陶和朱自清同时任该刊的编辑委员。成都古迹多，二人闲暇起来，就去游薛涛井，登望江楼，吟诗作赋。1941 年 4 月 13 日，叶圣陶写了旧体诗《和佩弦》，4 月 26 日又写了词《采桑子·偕佩弦登望江楼》，5 月 23 日，再写了《次韵答佩弦见赠之作》，9 月 21 日又写了《送佩弦之昆明》，二人交往之密切，由此可见。

抗战期间，叶圣陶和朱自清还合编了《精读指导举隅》《略读指导举隅》和《国文教学》三本书，由商务印书馆出版。1945 年二人合著了《国文教学》一书。

抗战胜利后，叶圣陶回到上海，朱自清回北平，复任清华大学中文系主任。1948 年 8 月 12 日，朱自清因病不幸逝世。叶圣陶悲痛万分，接连写了《佩弦的死讯》《谈佩弦的一首诗》《朱佩弦先生》《悼念朱自清先生》四篇文章，以表示沉痛的悼念。8 月 30 日，叶圣陶、陈望道等与清华同学会联合举行朱自清追悼会，并在会上致辞，对失去一位文坛干将和挚友而痛惜不已。叶圣陶还花了很多时间，参与编辑《朱自清文集》。叶圣陶和朱自清二人间的相知相惜，好比现代的伯牙、子期，隽永的友情犹如一首传唱多年的老歌，历久弥新，令人感动。

提携文学新人

叶圣陶曾经说过，如果有人问起他的职业，第一是编辑，第二才是教员。的确，他做编辑的年月比当教员的时间长得多，在没有进入商务印书馆之前就曾当过《文学周报》等杂志的编辑。但直到 1923 年春天，他成为商务印书馆编译馆的一名正式工作人员，把家从苏州搬到了上海闸北永兴路 88 号，他的专职编辑岁月由此开始。在做编辑的过程中，叶圣陶结识了很多志同道合的朋友，一起致力于文学理想的实现和社会改革的促进，同时他还发掘了很多当时不出名的青年作家，使他们的作品有更多的人阅读，使他们成为文坛上的新星，他也和这些青年作家在文学交流中结下了深厚的友情。

丁玲的第一篇小说《梦珂》，就是由叶圣陶代郑振铎主编《小说月报》的时候从来稿中发现的。他觉得这篇小说写得好，便在头条发表了，这对开始写作不久的丁玲是莫大的鼓舞。丁玲的第二篇小说《莎菲女士的日记》也发在头条，第三篇《暑假中》和第四篇《阿毛姑娘》都是头条。这接二连三的头条，在叶圣陶看来，是因为小说质量颇高，够得上发头条的水准；对于初出茅庐的丁玲来说，又无疑是一剂强心针，支撑着她在文学道路上坚定不移地走下去。在接连发了四篇头条后，叶圣陶给丁玲写了封信，说是可以把她的稿子合在一起出本集子，还说自己可以帮她去跟开明书店交涉，力促此事完成。这样，丁玲的第一个短篇集《在黑暗中》诞生了，丁玲本人也成为文坛上一颗冉冉升起的新星。

从此，叶圣陶和丁玲结下友谊，除了在创作上有诸多探讨外，叶圣陶还在生活上关怀丁玲。有一回，叶圣陶、王伯祥、徐调孚等人约好去海宁看钱塘潮，叶圣陶也邀上丁玲和胡也频同往。丁玲在上海期间，专门去叶圣陶住处看过他。胡也频被捕后，叶圣陶在开明书店募钱，又请国民党元老帮忙。尽管最后没有救出胡也频，但在当时的"白色恐怖"下营救胡也频，叶圣陶也是冒着很大危险的。丁玲被捕后，他又四方奔走，与蔡元培、胡愈之、郁达夫等 39 人打电报给国民党政府行政院长等要人，要求查明并释放丁玲。因为局势的原因，丁玲在被捕几年后才被放出来，中间还传出她已经牺牲的假消息，但她知道叶圣陶等友人为自己做了很多事，一直心存感激。

1976 年 5 月 16 日，丁玲在经历了"十年动乱"后平反，回到北京立即去拜访叶圣陶。这时候叶圣陶已经是 82 岁高龄了，见到丁玲，非常高兴，写了一首《六幺令》赠给她："启关狂喜，难记何年别。相看旧时容态，执手无言说。塞北山西久旅，所患唯消渴。不须愁绝。兔毫在握，赓续前书尚心热，回思时越半纪，一语弥深切。那日文学因缘，决定今生辄。更忆钱塘午夜，共赏潮头雪。景云投辖。当时儿女，今亦盈颠间华发。"半个世纪之后，两位老人越过记忆的山陵，回忆起种种前尘往事，那份情谊在波澜壮阔的历史中荡漾，越发珍贵。

巴金的成名也和叶圣陶的提携分不开。1928 年 8 月，巴金完成了他的第一部中篇小说《灭亡》，抄在五个硬皮练习本上，寄给一个在开明书店工作的朋友。这位朋友把小说转交给《小说月报》编辑部，叶圣陶看到后，认为这个作者非常有才气，文章也写得很好，因而亲自为其撰写内容预告："《灭亡》，巴金，这是一位青年作家的处女作，写一个蕴藉伟大精神的少年的活动与灭亡。"《灭亡》在 1929 年 1 月至 4 月号的《小说月报》上连载，年仅 24 岁的巴金由此成名。

"茅盾"这一名字在中国文学史上具有丰碑性的意义，大家都知道这是著名作家沈雁冰的笔名，可是知道这一笔名来历的人却不多。沈雁冰发表第一部小说《幻灭》的时候，本打算用"矛盾"做笔名，后来一字之差改为"茅盾"，还是和叶圣陶密切相关。沈雁冰与叶圣陶早在 1921 年就认识了，那个时候沈雁冰主要从事理论研究和文学批评，还没有进行文学创作。大革命失败后，他待在上海的家里，整整 10 个月，足不出户，回忆过去岁月中波澜壮阔的革命场景，后来只用了两个星期时间便完成了第一部小说《幻灭》的上半部分。他以前用的笔名如"玄珠""郎损"等，因为局势的原因都不能用了，便在稿件上署了个新笔名"矛盾",以喻示小说中描写的革命时期各阶级之间以及革命阵营内部的重重矛盾。叶圣陶拿到稿子,一口气看完,非常欣赏,第二天就找到沈雁冰说这样的好稿子《小说月报》正缺,已经决定发到 9 月号上。沈雁冰很吃惊,因为小说并没有写完,现在有的仅仅是上部。叶圣陶说这没关系,可以先在 9 月号上发上半部,10 月号再发下半部。又说,这笔名得改改,因为"矛盾"一看就知道是笔名,如果国民党方面有人来查问作者就比较麻烦了,不如改为"茅盾",姓茅的人不少,这样一改,估计不会引起注意。沈雁冰同意了,如此一来,文坛上多了个叫茅盾的大作家。

对后辈的关怀

朱自清曾说叶圣陶"寡言",并说,他的性情也极为和易,对待朋友、后辈又竭尽所能地关心。冰心的作品早就在《小说月报》上刊登过,但是一直没有和叶圣陶见面详谈过。国内革命战争时期,叶圣陶到了重庆,冰心也早一步到重庆,便先去看望他。恰好冰心去的时候叶圣陶出去了,冰心就留下字条,叶圣陶见字条后立刻到冰心家里探望冰心夫妇。当时冰心因为连日出席参政会,很疲劳,叶圣陶在文中记述这第一次见面,说冰心"已是中年人模样",没有原来想象的年轻。中华人民共和国成立后,二人常常在公共场所遇上,冰心怕登门拜访会影响叶圣陶休息,所以一直没有亲往拜谒过。1982 年春天,冰心因病住院,已近八十高龄的叶圣陶亲自到医院探望。正巧遇上冰心已经出院,叶圣陶便在儿子的陪同下到西郊冰心家里探望她,冰心回忆说,当她躺在床上,意外地看到白发如银的叶圣陶走进卧室,坐在她床边亲切慰问的时候,内心真有说不尽的感慨,实在为叶圣陶对朋友、后辈的关怀深深感动。

孙功炎是著名的语言学家、诗人，1946 年他向《国文月刊》投了篇稿子，稿费在叶圣陶的关照下提前从开明书店送来，算是对青年教师研究工作的物质鼓励。当时孙功炎还是一名非常普通的教师，叶圣陶已经是海内外著名作家了，孙功炎很尊敬叶圣陶，想见上一面并当面请教一些问题，后来通过开明书店的会计，见到了叶圣陶。孙功炎回忆说，叶圣陶和蔼且朴素，说话开门见山。当他知道教师收入微薄时，主动提出让孙功炎不要再买《国文月刊》了，以后每期奉送。

与共产党人的交往

叶圣陶非常爱国，具有强烈的斗争精神。1925 年 6 月，他和胡愈之、郑振铎等人创办了《公理日报》，号召爱国反帝，建立广泛的统一战线。尽管报纸只出了 22 期，但在上海租界造成很大影响。他在历史洪流中表现出持久不衰的斗争精神，以及一个知识分子应具有的正直、爱国的品性，这和他多年来结交共产党人朋友，受到他们的影响不无关系。

在文学道路上，沈雁冰得到叶圣陶的推荐，但在为人和进步思想上，他对叶圣陶的影响很大。1923 年叶圣陶在商务印书馆任编辑后，先是住在闸北永兴路 88 号，后迁至闸北景云里，和沈雁冰是邻居。沈雁冰当时也在商务印书馆做事，他利用自己的便利条件，开展党的各项工作，包括联络党内人士、宣传党的思想等。虽然叶圣陶不是党内人士，但出于对他人品的信任，沈雁冰常常有意无意地向他谈及党在各个事件上的主张，甚至借用叶圣陶家里的客厅后间召开党内会议。叶圣陶因为身份问题不能参加这类会议，但他信任朋友，沈雁冰及其同志们在家里做什么谈什么，他从来不过问，反而尽力做好对到会同志的掩护和安全工作。若干年后的一天，茅盾夫妇请叶圣陶吃饭，叶圣陶感到"彼此至熟，谈话无禁"，只是茅盾夫人的两鬓白发比过去多了。一转眼，多少年的交往就随着时间过去了。

瞿秋白是早期中国共产党的代表人物、杰出的马克思主义者。1922年，叶圣陶去郑振铎的寓所，正好瞿秋白也在，二人从此就认识了，并渐渐成为好朋友。叶圣陶到瞿秋白的寓所去，看到桌上有白兰地，瞿秋白谈得起劲就斟一杯白兰地，他在言谈中总是"谈锋很健，方面很广，常有精辟的见解"，叶圣陶在旁边听着，领受到很多新知异闻。五卅运动时，纱厂工人举行罢工。由于纺织工厂的工人主要是女工和童工，于是党派瞿秋白的夫人杨之华到女工中去开展工作，杨之华和茅盾弟弟的夫人张琴秋来动员茅盾夫人一块儿去，茅盾夫人又拉了叶圣陶的夫人胡墨林一同去，这样几家的关系就更密切了。瞿秋白曾给叶圣陶主编的《中学生》写过稿子，1949年，瞿秋白已经牺牲了多年，他夫人杨之华碰见叶圣陶后还说，自己那儿有一些瞿秋白的材料，遗嘱说可以交给叶圣陶作小说创作。斯人已逝，但在生命的最后关头仍不忘好友，那份牵挂的情谊，是无论时空如何变迁都抹杀不了的⋯⋯

1943年，文艺界、教育界、出版界、编辑界共同庆祝了叶圣陶的五十寿辰（虚岁），庆祝会在成都春意园举行，由文艺界抗敌协会成都分会出面组织。五十寿辰后，叶圣陶撰文《答复朋友们》："朋友厚爱我，宽容我，使我感激；又夸张的奖许我，使我羞愧，虽然羞愧，想到这无非是要我好，也还是感激。⋯⋯宽容跟奖许，'人情真足惜'啊！"这不仅是一份答词，更是叶圣陶一生的写照，他一直以来就是抱着这种感恩、珍惜的态度来关怀朋友、提携后辈，所以他才能广交朋友，得到人们无尽的敬爱。

两位朴学大师的学林佳话

——许嘉璐与郭在贻的交往

李象润　李浴洋

"重担非你我弟兄承担无贷"

许嘉璐 1937 年 6 月生于江苏淮安,早年师从著名训诂学家陆宗达先生,1959 年在北京师范大学毕业后留校任教。郭在贻 1939 年 1 月生于山东滨州。1961 年杭州大学毕业后留校,在语言文学研究室为姜亮夫担任助手至 1965 年。"文革"后调往中文系任教。1978 年,他在《社会科学战线》上发表《说文段注与汉语词汇研究》等五篇系列论文,开始在学术界崭露头角。

1980 年 1 月,许嘉璐与郭锡良、赵克勤两位先生一道访问杭州大学,征求对王力先生主编的《古代汉语》的意见。为此,杭大中文系专门组织了一场座谈会。在会上,许嘉璐第一次见到了郭在贻。座谈会上,郭在贻话不多,给许嘉璐留下的印象是"温文尔雅,言不虚发,功底很深"。当天晚饭后,郭在贻来到许嘉璐的房间拜访,两人相谈甚欢,从此成为莫逆之交。

在《郭在贻文集》中，收录了许嘉璐致郭在贻的 10 封书信，见证了他们交往的整个历程。因为种种原因，《郭在贻文集》的编者们只搜集到了一封郭在贻致许嘉璐的书信。许嘉璐致郭在贻的第一封信是 1980 年 5 月 19 日写的。在这封信中，许嘉璐谈到将自己关于文体和曲艺的两本著作寄给郭在贻。自此以后，两位先生都形成了把自己发表的论文或者出版的著作在第一时间寄给对方的习惯。

由于具有相近的研究领域与学术志趣，许、郭两位先生在推动我国传统的训诂学不断发展的事业中同舟共济，成为工作上默契的搭档。

如何在新的历史条件下继承和弘扬优秀的传统文化，使训诂学这门古老的学科符合时代发展的要求，更好地为社会主义现代化建设服务，是两位先生面临的共同课题。他们都感到成立一个全国性的研究组织机构的重要性。身在首都的许嘉璐"运筹帷幄"，广泛地致信学界前辈和同道，为即将召开的全国训诂学会第一届年会征求论文题目。遥在西子湖畔的郭在贻为其"摇旗呐喊"，不仅亲自拟定了论文题目，还代表许嘉璐前往蒋礼鸿先生处征求意见。经过一年的搜集准备，许嘉璐将精选的论文题目寄往各高校，促进了科研工作的开展，为成立全国训诂学会奠定了第一块基石。

1981 年 5 月，全国训诂学会第一届年会在武汉召开。郭在贻参加了年会，并作了大会发言。他充分发挥自己在高校从事研究、教学的专长，以高度的热情和极大的精力支持训诂学会的发展，他本人更以丰硕的训诂学学术成果独步海内，一时为同代学者瞩目。

1982 年 6 月，郭在贻赴京参加训诂学教材交流会；同年 11 月，赴苏州参加全国训诂学会第二届年会；1983 年，赴大连训诂学讲习班讲学。1985 年 6 月，他赴长沙参加杨树达先生百年诞辰纪念会，在这次会议期间，体质一向羸弱的郭在贻突发重病，愈后便只能困居杭州。凡是不在杭州召开的学术会议，他基本都无力参加了。但是，他并未因此减弱对训诂学会的关注。1988 年 8 月，在长春召开的全国训诂学会年会上，许嘉璐当选为会长，郭在贻在缺席的情况下当选为副会长。当唐文先生将这一消息告诉郭先生时，他当即命笔，给许先生写了一封信。这是目前所能见到的他写给许嘉璐的最后一封信（绝笔作于同年 8 月 27 日；翌年 1 月 10 日，郭先生病逝。——作者注）。现根据郭先生长兄郭连贻先生所藏原稿的影印件，全文照录：

若石兄鉴：

音问久疏，非不郁陶思君，只缘我忙兄更忙，故尔未敢动笔耳。近得研究生金小春君自美来函，谓兄在人代会上之发言，渠在美亦已看到。大声镗鞳，正气凛然，留美学子，览之振奋。因忆今春在武汉时，张舜徽先生有言：兄既居其位，登高一呼，必有应者。验之兄之发言在留美学生中之反响，是诚然矣。然国事蜩螗，似非一二豪杰之士可能靖难解纷，故弟恒作悲观想。

顷奉唐文兄函，谓长春训诂年会已圆满结束，与会者公推兄为会长，斯乃百川之汇海，众望之所归也。乃以弟之疲恭不振，又于训诂年会屡屡缺席，竟尔当选为副会长，岂非咄咄怪事乎？然亦可见诸公对小弟之厚爱，直令人心惭面赪。今后但当淬励奋发，以明不负师友所望。

弟八五年发病于长沙，兄所亲见者，自尔惩羹吹齑，不能免矣。故诸多学术会议，凡不在杭州召开者，弟均少参加。今夏之长春训诂会，北京国际敦煌学会及九月份之深圳近代汉语会，弟均收到与会通知，而均告缺席。今后大抵只能困死于小小杭城耳。虽较有安全感，但学术上之损失实非浅鲜。井底之蛙，不能窥东海之浩瀚；陋室之儒，无以见天下学问之大。斯真学者之大悲哀也。

　　纸短情长，欲言不尽。倘能于百忙中赐我数行，则不啻与吾兄茗话于西子湖，登眺于黄鹤楼也。

　　匆此，即颂

　　撰安

弟在贻顿首

一九八八年八月廿七日

　　收到来信后，许嘉璐于同年 9 月 18 日给郭在贻回信。许先生在信中除了安慰郭先生之外，更表达了对他大有作为的期待。许先生说："学会重担非你我弟兄承担无贷也。"此时的郭在贻已出版《训诂丛稿》和《训诂学》两本专著，发表论文数十篇，在 1986 年被国务院学位委员会评定为博士生导师，是当时人文社会科学领域最年轻的博士生导师。1987 年，郭在贻又与其学生张涌泉、黄征启动了"敦煌学三书"（即《敦煌变文集校议》《敦煌变文校注》《敦煌吐鲁番俗字典》）的撰著工作，把他专长的方俗语词研究推向了一个新的高度。

　　许、郭两位先生在全国训诂学会共事近十年。在郭先生病逝时，许先生已是北京师范大学副校长、北京市政协副主席和全国人大常委。1994 年，他开始担任国家语言文字工作委员会主任，1997 年又当选为民进中央主席。在 1998 年召开的全国人代会上，他当选为全国人大常委会副委员长，并于 2003 年连任。身居高位的他，依旧不改学者本色。在担任国家领导人以后，他出版了《未了集——许嘉璐讲演录》《未安集——许嘉璐说教育》《未辍集——许嘉璐古代汉语论文集》《未成集——论新时期语言文字工作》《未惬集——许嘉璐论文化》等书。将自己的著作全部以"未"字命名，流露出的是他对于自己不能在书斋中一心向学的遗憾，但彰显出的更是他对学术"一息尚存，不落征帆"式的热爱与执着。郭在贻先生病逝 13 年后，《郭在贻文集》出版。2002年 2 月19 日，许先生为之作了长篇序言。他说："在贻没有浪费在生之年的每一天。"

从朋友到"病友"

许、郭两位先生堪称"君子之交"的典范。他们不仅有相近的专业背景和学术追求，在生活中也有类似的情趣。

1982 年夏天，应郭在贻之邀，许嘉璐赴杭州大学主持毕业论文答辩。工作之余，郭在贻原本打算陪许嘉璐前往西湖湖心的阮公墩上品茗聊天，可惜当天没有合适的船只，只能作罢。数年以后，许嘉璐再次访问杭州时，郭在贻依然记得自己当初的承诺，这回他们终于如愿以偿。然而，过度的商业开发已经使得阮公墩不复往昔的"神韵"，于是郭先生又请许先生来到了杭州大学附近的黄龙洞。这里曲径通幽，惠风和畅，远比西湖景区僻静，不失为一处"桃花源"。虽然时隔多年，那时的对话却令许先生记忆犹新："'这里怎么样？我常一个人，带本书，要上一杯茶，在这里一坐就是半天。'在贻此时颇有了几分得意。'你真是"市中仙"。可惜我没有这份清福。''北京没有这个条件，你也忙。我是除了读书，写几篇文章，什么事也做不来。'"

郭在贻以"板凳甘做十年冷，文章不写一字空"作为自己的座右铭，他最惧杂务的纷扰，但对认定有价值的公事却从来都是尽心尽力。许嘉璐回忆道："我在大连、唐文兄在苏州，都办过训诂学讲习班，每次请他去讲课，他从没有二话，对食宿的安排也从不计较。"这自然是出于对传统文化和教育事业的热爱，其实也是郭在贻一生对友人坦诚相待的写照。有一次，许嘉璐参观郭在贻的书房，对窗台上的盆景注视良久。郭在贻看到后便记在了心里。1982 年 6 月，郭在贻进京参加训诂学教材交流会，一下飞机便首先到了许嘉璐家。许先生永远难忘那一幕："一进门，就见他手里提着一个大纸盒子，重重的，打开来，就是这个盆景。我提一提，总有十来斤吧。我说：'提这么重的东西来干吗？你身体又不好。''送给你的……你不是很喜欢盆景吗？这是虎皮石的，最好。'"如今，这个盆景仍然摆放在许先生家里的窗台上。每当看到这个盆景，许先生都会"睹物思人"。他说："我虽然不能像在贻那样以此寄山林之想，但却视同家珍，'时时勤拂拭，不使有尘埃'。"

1984 年，郭在贻以《楚辞解诂》和《唐代白话诗释词》两篇高质量的论文获得中国社会科学院首届青年语言学家奖。这是当时语言学界唯一的奖项，能够获奖是很高的荣誉。许嘉璐先生由衷地替他感到高兴。当得知郭先生应吕叔湘先生之邀，将亲自来京到社会科学院领奖时，许先生更是欣喜不已了。在许家，两位先生再次相聚。许先生陪郭先生先逛了琉璃厂，后在和平门外的一家餐馆里坐了下来，边吃边聊。此时的郭先生刚刚出院不久，胃口不佳，只要了几个清淡的素菜。没能好好招待好友，这令许先生自责了很长时间。

阅读许、郭两位先生的通信，可以显而易见一个主题，那就是"病"。早在 1980 年 3 月，郭在贻就频发早搏和高血压等症状。先天体质羸弱，后天因为"苦读"而造成的营养不良，都是病因。在此前后，许嘉璐也正被坐骨神经痛折磨得坐立不安。郭先生的长兄郭连贻先生曾概括郭先生写给他的数百封家书道："苦闷时多，欢快时少，几乎无一信不谈病。"兄弟之间，自然无话不谈。在许、郭两位先生的通信中，似乎也具有这样的基调。《郭在贻文集》中收录了郭先生给 70 位友朋的 248 封信和 52 位先生的 192 封来信，其中唯有许、郭两位先生的通信如此密集和深入地谈论到了"病"这个极为私密的话题。两人友谊的深厚程度，由此可见一斑了。

1980 年 5 月 19 日，许嘉璐在给郭在贻的信中写道："兄染心血管症，意颇快快，弟本当尽力劝慰。但弟自患坐骨神经痛后，心亦颇灰。谁料你我方壮之年，即成病友。同病相怜，何能相慰？当今一代中年学子，境遇多颇可叹，你我即是缩影。"以略带自嘲意味的"病友"相称，实属无可奈何。同年 11 月 6 日，许先生再次来信宽慰病中的郭先生。1981 年，对两位先生而言都是"困难时期"。许先生的工作量越来越大，母亲被确诊为癌症晚期，在学校和医院两地奔波的他在岁末病倒。同时，郭先生心血管病未愈，肝病又发作，侄儿意外骨折，家中一时"人仰马翻"。1982 年，他们的身体情况都有好转，也曾多次见面，彼此都留下了开心的记忆。1983 年，许先生在大连主持训诂学讲习班，郭先生北上"增援"。1984 年春节刚过，郭先生因心脏病复发住进了杭大医院，一个多月后出院。5 月，他再度入院。7 月，三度入院的他在经过一个多月的治疗后，于 8 月 31 日出院。许先生是多么希望自己的好友经过近一年的周折后能痊愈，可以自由地从事学术研究。

可惜天妒英才，康复不及一年的郭先生于 1985 年 6 月在长沙开会时病倒，他的健康状况从此急转直下。这是在杨树达先生百年诞辰纪念会期间发生的事情。当时，许、郭两位先生住在同一房间。许先生事后回忆道："我与他同一房间，后半夜，他突然腹痛，却不肯唤我，我平时睡得很死，可能他也发出呻吟了吧，我竟浑然不知。待我醒来，始见其辗转强忍之状，至今忆起仍令人胆裂心碎。幸亏附近即有医院，马上我与友生孙雍长等人把他送去，守候在旁，直到医生做出诊断。他患的是急性胆囊炎。此时我后怕起来——听说急性胆囊炎如果耽搁了，是能要人命的。看着他那蜡黄的脸色、扭曲的面容，我只能默默地站在床头，第一次品尝了目睹亲友的极其疼痛却束手无策的味道。他一再让我回到会上去，虽然我站在那里无济于事，但我还是不愿走开。医院的条件很一般，病房简陋，卫生状况也不让人放心。隔了一天，杭州大学派人来照顾并接他回杭，大家才放下心来。待到他第二次住院，不得不做手术，我才知道他的胆囊炎的严重程度。我不能不为他在长沙忍痛一夜的毅力而惊叹，同时也为我没有及时醒来而自咎。"6月22日至7月9日，郭在贻在长沙住院。出院返杭后，胆囊炎再次发作，于7月24日住进了浙江医院，两天后进行了手术，直到12月14日出院回家。谁知方才十天，他又因心脏病住院，治疗了近一个月。病情反复极大地损害了他的健康，也令因工作不能在病榻前守候的许先生十分挂念。在郭先生住院期间，许先生曾多次写信慰问。9月4日，许先生致信力劝郭先生珍重。9月15日，他再度"陈情"："若诚如医生所云心、肝旧疾一去不返，则宁受此疼痛。虽然，弟犹为兄担心：愈后尚能勤奋如初否？兄雄心胜过常人，若精力稍减，岂非又一重折磨？"可见，他是深知郭先生的。许先生于1985年11月上旬至12月中旬到复旦大学讲学。期间，他曾带领自己的几位学生前往杭州去看望了郭先生。

在看望病中的郭在贻时，许嘉璐是持乐观态度的。他后来说："我是心里装满西湖上空璀璨的阳光向他告辞的——病根除掉了，从此在贻会健壮起来。朋友们也都以为在贻的病在胆，不料夺去他生命的竟是肝癌；我更没有料到在浙江医院的一握竟成永别。"此后几年，许嘉璐因为工作繁忙没能再见到郭在贻。他们的通信一直到1989年因郭先生病重才不得不结束。

弟子之礼，挚友之哀

郭在贻病逝的时候，许嘉璐正在香港访问。"我当即与娜祺嫂通了电话，她那边泣不成声，我这边也只有呜咽，脑中一片空白，实在找不出什么语言能够安慰她、安慰我自己。"

许嘉璐应邀为郭在贻撰写了墓志铭。原本打算在郭先生安葬时亲往吊唁的他，终因时值访美而留下了永久的遗憾。直到 13 年后的 2002 年 5 月 23 日，许先生才来到好友的墓前，献上了一束兰花。在次日举行的学术研讨会开幕式上，许先生致辞时说："昨天上午我到姜先生和在贻先生墓前，一执弟子之礼，二致挚友之哀，在我心里稍稍得到安慰。"在会议间隙，许先生视察了浙江大学汉语史研究中心，听取了中心主任方一新教授、副主任王云路教授的工作汇报。方、王两位先生都是郭先生的弟子。来到好友曾经工作过的地方，看到由好友传递薪火的浙江大学汉语史、敦煌学研究事业的蓬勃发展，许先生感慨万千，即兴赋诗一首：

> 廿载违斯门，今来觅旧痕。
> 师朋或殒没，奥妙孰同论。
> 茂竹参天节，新松入地根。
> 此行何所获，喜见先贤魂。

郭先生一生坚守书斋，立足校园，在有限的学术生涯中取得了突出的成绩，并为学科队伍建设做出了卓越的贡献，他的许多弟子如今都是业内的名家；许先生则跨越出高校的院墙，来到了更加广阔的天地，在不同的工作岗位上实践着自己光大中华文化的理想。

我和子恺

舒群口述　廖倩萍整理

　　我与丰子恺先生的相识是通过什么机缘？是因为美国作家史沫特莱女士还是翻译家戈宝权的介绍？我都已不能记清。记得的只是在 1938 年的汉口。我们在汉口的交往却是短暂的，从春经夏，不过两个月。较长的时间是在桂林，大约跨过了一度春秋。

　　他比我长 15 岁，是我的前辈，我的师长。可他总以平辈待我，当时年轻幼稚的我，竟也跟他称兄道弟。我们一见如故，随之便成为忘年交的酒友、密友。他惯嗜花雕，而我爱喝白酒，我与他同饮，只能陪着他，迁就他的所好。其实，花雕贪多了，也醉人呢。

　　酒，是我们之间交往的桥梁，相系的纽带。不管在汉口还是桂林，无论在他的家还是我的陋室，我们每每长时间地同饮，无休止地交谈，我跟他推心置腹，他对我肝胆相见。如果说，我有老白干烈性的爽直；那么，他就有花雕酒柔感的真挚。

　　此刻，他往往要提及那念念不忘的"缘缘堂"。这座几乎以他毕生之力在故乡石门湾建造起来的家园，是他整个物质的财产、精神的财富，犹如他的生命，却在"八一三"后，毁于日本的炮火中。讲痛动心时，他落泪长叹："我今生今世再不能够重建第二个'缘缘堂'了！"还说："我出走是很犹豫的、很反复的，是舍不得的，我的书都在那里啊！我为什么最后下决心带着全家逃亡，把'缘缘堂'丢掉了、不要了呢？别人不理解周作人之所以做汉奸，我理解。周作人就是因为舍不得他北平的'缘缘堂'，因为舍不得，他就没有出走。日本人利用了他，由此变成了汉奸。这是前车之鉴，我无论如何不能做汉奸。精神的、物质的财产我全部丢掉，就是因为不能做汉奸！"

醺醺酒意中，他反反复复，像讲"缘缘堂"一样讲给我的，就是弘一法师。

弘一法师原名李叔同，是中国近代文艺的先驱者，是指引丰子恺走上艺术道路的贤师。弘一法师在音乐、美术、戏剧、文学、书法各方面堪称全才。而子恺承师之传，在艺术的各个领域里，也都深有造诣。他的漫画、散文早已闻名遐迩，众所周知。同时，他总结教学实践，写下了大量美术、音乐教材和众多的艺术理论译著，对我国早期的美术、音乐教育，也做出了卓越贡献。在那战争的年代，他还携有留声机，带着许多唱片，经常特意邀我到他汉口的家中欣赏音乐，一边放贝多芬第三交响乐，一边饶有兴味地讲解：这个交响乐，贝多芬原来是献给拿破仑的。拿破仑称帝的消息传来，贝多芬愤怒、失望至极，最后改成《英雄交响乐》。第一、二乐章，主要是表现主人公的战马铁蹄和雄才大略……在教给我音乐知识的同时，他还不忘谆谆地引导：交响乐不能像语言那样跟你说得一清二楚，得凭你的音乐修养去感受，而每个人的音乐感受又是各有不同的。我很愧对他，至今都没把音乐学好，辜负了他的希望。

弘一法师出家了，他们仍保持着亲密的友谊。对于出家一事，子恺是这样看的：弘一法师不是因为迷信出家，也不是做教徒出家，他是把佛教当作学术来研究，是作为学者出家的。

弘一法师圆寂后，子恺为自己倾心敬仰的先师写过一篇小传，寥寥千余字，言简意赅，情浓意挚。发表在什么杂志上，如今已不能记起。

当年，汉口有一条书店集中的文化街，就在这条街的读书生活出版社楼顶上，他与周立波同我，互相帮着照过相。我的单人照是他摄的。很庆幸，虽然历经磨劫，这张照片居然侥幸地保留了下来，如今仍珍藏在我身边。我和他的合影是周立波拍的，可惜连同其他留影都荡然无存了。因为我的关系，周立波和他有所交往，立波那本很有影响的《晋察冀边区印象记》，是通过我请子恺设计封面和题的字。汉口民众沸腾的抗战热情激荡着这位画家，他那支惯于写人生人世的乐趣、哀思、雅兴的笔，也投入了讨伐侵略者的战斗。除漫画外，他还写了文章，发表在我参与主编的杂志《战地》。

武汉、广州相继沦陷后，各界名人，特别是文化界人士纷纷云集桂林。巴金、欧阳予倩、田汉、夏衍、洪深、胡愈之、宋云彬、杨朔、林林……举不胜举，真可谓群星璀璨、文才荟萃。

1938 年 10 月我到桂林。他应桂林两江师范学校之聘，在该校任教，一家人也早于同年 6 月来到这山清水秀的小城。

我和王鲁彦同住在城内一家楼上的小屋里。王鲁彦和丰子恺年岁相仿，他们俩也是挚友，在为人品格上，同样可亲可敬。逃亡途中，大家都生活拮据，而桂林炎热、潮湿、蚊虫扰人。王鲁彦倾尽囊中银钱，只够买回一顶蚊帐，竟把这唯一的蚊帐给我挂到床上，好歹推辞都不行。我们住的小楼有个阳台，每天夜晚，王鲁彦都用那个能看星际的望远镜，在阳台上教我观看星象。

丰子恺常来此与我们相晤，一来，就给我带他的画。

访舒群，以画赠之。画中写一人除草，题曰《除蔓草，得大道》。此青年深沉而力强，吾所敬爱。故预作此画携赠，表示勉励之意。引自丰子恺《教师日记》。

桂林近一年中，他赠我的画不下 20 幅；我住他家时，又帮我画过几张相。此外，他住两江，我住市区，相距 70 余里，常有书信联系。他的信都是用宣纸写的，每封信都如同一篇散文，每一页信纸都犹如一张画，都可加工裱糊，以示后人。因为他不仅是画家，而且是书法家。可惜这些字画全部损失在"文革"之中。

后因城中住屋被毁，我迁居七星岩旁。此时，王鲁彦的一大家人已到桂林，他们和艾芜做了我的邻居。巴金似乎也住附近，但离我们稍远些。我那小屋里只有一张竹床，还是我在市内买来，用头顶着，跨过东江浮桥、花桥，运回七星岩的。有客人留宿，我就把竹床让出来，自己在旁边临时搭个铺。丰子恺从两江师范来到我的住处，也在这张竹床上留过宿。

他一家村居两江泮圹岭，他的卧室也就是画室，除桌椅外，只有一张床。我住他家，就在画室中另加床铺。

子恺的夫人是纯朴的家庭主妇，默默无闻地终日操持家务。在他十口之众的家里，但见人影来晃，声音却只有两种：他的说话声和一个人的念经声。念经人是他的姐姐，每天黄昏，传来她敲打木鱼声中哼出来的听不明白的经文，使我确实感到了这种声韵的凄凉、悲伤。听说，她结婚几天就离了婚，其时已有身孕。姐姐不愿再嫁人，他也不劝她再婚，一直赡养着这孤儿寡母。而且，无论何种生活待遇，都有意让外甥女比自己的女儿优厚。

晚饭后，子恺端坐在藤椅上，女儿们循规蹈矩地站在对面，外甥女也排队在内，听他宣讲，大概不外传统所称的"女训"之类吧。但他讲的还包括一些进步思想，比如他说：我主张恋爱自由、婚姻自主，但不主张你们私自与男的通信，公开是可以的，我还不拆你们的信。

他是一家之主，在家里可算有无上权威，可他给家里人说话仍很客气，即便是"女训"时，也和颜悦色，从不用训斥、命令的口吻。称得上是一位难得多见的文明先生。

一次，我从市内去泮圹岭，他正好在家，我觉得很奇怪，因为子恺教书很忙，课外辅导也颇多，白天少有如此消闲。我问："今天怎么这么巧？"他笑了笑，将桌上的日记本推到我面前，我记得上面写的是：蒋介石今日到校参观，我归家避之。他之所以"避之"，是出于文人学士的洁身自好，还是政治上以第三者自居呢？我以为两者兼而有之。但必须肯定，经过武汉、桂林两地抗战热浪的冲击，在和进步文化人士的频频交往中，他的思想已印上了大大小小红色的斑点。如果说，他过去的作品更多地表现了人间的情味和对苦难的不平，基本属于人道主义者，那么，他送给我的《除蔓草，得大道》等画幅，以及在武汉、桂林为抗日作的众多散文、漫画，可以说明，此时的他，已跃升为一位有理想、追求进步的爱国主义画家和作家了。

遗憾的是，在出版的《教师日记》中，却不见了上面这则日记。个中缘由，不得而知，但可以设想，大约是因为该书当年在重庆出版之故吧。

岳阳失守，长沙一把大火，点燃了桂林的紧张空气。敌情紧迫，何去何从？每个人都要做出抉择。关于子恺的去向，我时时为之挂心，因为他有一家之累，负担之重、压力之大，他常有所流露。我替他考虑，请他拿定主意，早做准备。

我曾劝子恺去延安，他没去。为什么呢？他说："我虽然是一个自由主义者，一个无党无派的人，但也不是不向往革命，不向往进步。我反反复复考虑了你的话，有时甚至作出了去的决定，但转而又否定了自己的想法。因为，如果我们是在红军长征时结识，或者是在苏区结识，你这样劝我，我倒真有可能上延安。可现在不同，共产党的天下稳定了，我怎么能带一大家人去坐享其成呢？像我这样一个没有为共产党出过力的人，去坐享共产党的果实，问心是有愧的。"

他决定不去延安，那么，去哪儿呢？这些年来，我无从知道。直到新中国成立的前后，我在沈阳忽然接到他从上海寄来的一封信，信很长，叙述了桂林一别后，这些年他颠沛流离、苦不堪言的动荡经历，特别提到他曾作过台湾之行。我不知道他的台湾之行是出于生活所迫而奔走，还是由于友情所诱而渡海？但至今还留有深刻而明确记忆的是，他对此行感到十分懊悔。信末表示，重返上海，志在追随先进的共产党人，决心为新社会尽以全力。

他匆匆而去，又毅然回归，一颗向往光明的心，终于看到了华夏春晖。此后，我们虽不常联系，但我听说，他历任全国政协委员、上海人大代表、中国美术家协会理事和上海分会主席、上海文联副主席、上海国画院院长等职，真正是尽以全力地用汗水浇灌了社会主义文艺的百花园地。

现今，子恺先生去世多年了，但他在美术、文学、音乐、书法、翻译等各领域的业绩，令人敬仰，难以磨灭。他给祖国的文艺宝库留下了巨大的精神财富，祖国和人民又岂能会将他忘怀呢？！

漫画搭桥

——丁聪和邵洵美的友情

———

绍 红

中华人民共和国成立后第一个春节前，我们一家刚从上海搬到这个古老的北京城。什么都新鲜，舅舅带我们去前门，爸爸不去，因为"小丁要来！"这小丁，说的就是漫画家丁聪。那时我刚 18 岁，对爸爸邵洵美大半生孜孜不倦的文学出版事业可以说了解甚微；不过，他在文化艺术界的朋友众多，他们时常来家欢聚畅谈，是我们从小就看惯的，所以一到北京，叶浅予来旅社，丁聪到我们新家拜访，是自然不过的事……那次丁聪为什么事来访，半个世纪后我才明白。

到了 1998 年我才第一次见到丁聪。那时，我几乎天天钻在上海图书馆。一天，上图侧翼的展览馆张贴着"丁聪漫画展开幕"的广告。想到他是爸爸的老友，我决定留下来一睹这位名画家的风采。见他和夫人与熟人握手言欢，见他受观众鼓掌欢迎，我挤进人群，冒昧地向他作自我介绍。听说我是邵洵美的女儿，他笑逐颜开。展览会人太多，未能细谈，他给我留下了他北京的住址。不料我远赴重洋，一去五年……再见丁聪已是七年后。来京的第二年，我已年逾古稀，由媳妇陪着到昌运宫拜访丁叔叔和沈阿姨。我带上妈妈回忆的《盛氏家族·邵洵美与我》，书里写到爸爸请好些作家画家朋友到家吃新婚满月酒。作画庆贺的画家里有丁悚——妈妈提道："他儿子也画漫画。"我特地复印了丁悚刊在《时代画报》的一张画，送给丁叔叔留念，延续两代的情谊。

丁叔叔一见我就说："你很像你爸爸。"接着他忆起往事："我为'时代'作画时还小呢，我爸爸为'时代'画得多。他当时在上海英美烟草公司画广告，空下来就为时代公司各份画报作画。他和邵洵美很熟很熟。"说到自己，他笑了："我从小喜欢画图，为'时代'作画时才十六七岁。家里兄弟姐妹十一个，我是老大，要帮助家庭，所以上中学时就作画投稿。中学一毕业就工作，在上海晏摩氏女中教图画课。我自己没上过美术学校（那时候画漫画的都没有上过），只是在上海美专自学画石膏像。上海美专是刘海粟办的，我爸爸是教务长助理。后来画家黄苗子介绍我进《良友画报》做编辑。《良友画报》是广东帮的；《时代画报》是上海帮的。我也为'时代'画。"提起时代图书公司那些画家，他讲，都是很棒的！叶浅予画《王先生》，他是编《时代画报》的；鲁少飞编《时代漫画》；宗惟赓编《时代电影》；张光宇编《万象》。

"张光宇编的《万象》非常好，一共出了四期，印得非常考究，邵洵美是老板哦！解放后我们一直想办份画报像当时《万象》那样的，没有成功。……当年墨西哥画家柯佛罗皮斯来上海，洵美招待他，也只有洵美招待得起！他为洵美画了张漫画像。（我翻开妈妈那本书，指着印着的那张）对！这张漫画像给大家的印象极深。柯佛罗皮斯是"Vanity Fair"杂志的编辑，画得非常好。张光宇就是学柯佛罗皮斯的，是洵美介绍认识的。后来张光宇画的《万象》和《十日谈》的封面尤其好。"

忽然，他想起上海的"一·二八事件"："闸北打仗，殃及商务印书馆，商务失火，书纸、纸灰在空中飘扬，好几天！商务的影写版机器也毁了。本来，《良友画报》是商务自己印的，后来就改为时代印刷厂印了……"说到这里，他讲到中华人民共和国成立后跟我爸爸的交往，那就是，由他经手为人民政府向邵洵美收购时代印刷厂。我从不知道这桩事是他居间具体办的，原来经过是这样的：

"解放后我回到北京，那时共和国还没成立。我被派出国，去布达佩斯参加世界青年代表大会和世界青年联欢节。一回北京，廖承志就来找我，要我编《人民画报》。那时刚解放，国家缺少人才，也缺少设备，文化事业要办。廖承志是负责这方面工作的，要在北京成立新华印刷厂，办《人民画报》。他知道邵洵美的时代印刷厂的影写版印刷设备非常好，就决定收购那爿工厂，派我去上海和你爸爸谈。我住在上海大厦。你舅舅盛毓贤是时代印刷厂的经理，他很精明，代表你爸爸和我谈判，提出的要求是，那套设备的售价按当时买进的美金原价，并且要以美元折算。我们不同意。眼看美元汇价天天上涨，最后只好同意。我拎着两只装满现钞的箱子到上海……为了编《人民画报》，找了胡考。胡考当年也是常在时代各种刊物发表作品的，他画漫画，也写文章，他可是正式美术学校毕业的……后来你们家搬来北京，住在景山东大街，我和胡考一起来拜访你爸爸。你爸爸这部印刷机为印《人民画报》确实起了很大作用的。"

当时政府收购这套设备时，把时代印刷厂全体技术人员13人一并带走了。前年，他们之中健在的6位曾和我见面，提到当年迁厂，他们说，设备中那块关键的网线版是丁聪随身带着上火车的。他们来京建立北京新闻摄影局印刷厂，后来几经变化，先后更名为北京美术印刷厂、北京新华印刷厂北厂、北京新华彩印厂，工厂由小变大，发展到1100

多名职工。他们 13 位技术工人和学徒受到党和领导的重视，培养成专业技术骨干，使影写版印刷技术在国内发展发达；承印的刊物除《人民画报》，还有《解放军画报》《民族画报》《中国摄影》等。《人民画报》除各民族文字版外，外国文字版就有 19 种。他们也把这种技术传授到朝鲜、越南、罗马尼亚、阿尔巴尼亚、蒙古等国。他们称道邵洵美目光远大，在日本侵略者已经觊觎我国领土，发动"一·二八事件"之后，他居然还拿出自己仅剩的财力，买进这一套设备，他是预见这套设备具有发展我国印刷事业的潜力。

见证这段鲜为人知的历史的老画家丁聪，也是漫画 20 世纪 30 年代在上海蓬勃发展的见证人。他兴致盎然地回忆当年漫画家们在上海时代图书公司的趣事，回忆他们共同参与创办的三份画报。尤其那份《时代漫画》，现今读者熟悉的许多著名漫画家都是从这里起步的，这些漫画家们几十年牢固的友谊也是从这里联结的。30 年代筹备全国漫画展和全国漫画家协会的任务落在《时代漫画》和《漫画界》的编辑鲁少飞和黄敦庆的肩头（当时《时代漫画》被罚停刊，变身为《漫画界》），丁聪也参与其事。"八一三"日军侵占上海，《时代漫画》编辑鲁少飞和宣文杰赶印了画家们的通讯录，这些漫画家大都成为抗日救国漫画宣传队的骨干。1984 年《时代画报》的同人曾在北京相聚庆贺创刊 50 周年。而今创刊 70 周年之后，在热心人的奔走下，《时代漫画》的选印本问世，老画家们高兴极了，一一题词作画纪念。丁聪是这样写的：

"翻阅旧作，恍如隔世，惭感之情，兼而有之。折腾了半个多世纪，终于还是回到漫画这本行，足证本性确属难移的。"

近距离接触了这位令我尊敬的漫画家，我特地收集了他的作品，细细赏读。看老人 20 世纪 70 年代后期以来第二个创作高峰，收获了如许成果：单是"丁聪漫画系列"就有十几集。他画的文人漫像多达 163

人，可见他的勤奋和对人的热情，他对一个个人物观察入微，笔下凸显每个人与众不同之点，显现他的漫画功底。他画的近千幅源自生活的讽刺画，充满善意；一位画家以揭露社会上的歪风邪气和不良现象为己任，那是他对自己的国家和人民的热爱。看他寥寥数笔，熟稔的线条里饱含深思，幽默的笔触中吐露真诚，一幅幅引人莞尔，发人深省。

记得那天聆听丁叔叔有滋有味的忆旧，两个小时滔滔不绝意犹未尽。直到二老送我们到电梯口，方才听得沈阿姨说起丁叔叔患急性胰腺炎刚好，令我十分不安，感动得说不出话来。然而，这是丁家两代漫画家跟邵洵美、跟时代图书公司、跟"时代"的漫画家们的交情，老人难以忘却。望着桌上我和他的合影，老人脸上的笑意深深印在我的心里。朴实敦厚的丁聪，并不口吐珠玑，但是他那双漫画家敏锐的眼睛，对人生万般事例的深入思索，对是非善恶美丑的分界，永驻人间。丁聪，他是一位哲人。

我与田汉的一段文字之交

李厚光口述　鲍国民　侯中久整理

随着岁月的流逝，许多人许多事都已淡忘了，但我和一代文化宗师田汉的一段交往，却深深地印在了我的记忆中。

缘　起

如火如荼的 1951 年，我国文艺界掀起了宣传抗美援朝的热潮，演出了一批宣扬爱国主义精神的戏剧。田汉创作于抗战之初的《江汉渔歌》，也由北京剧院与苏南大众京剧团重新排练演出。该剧以南宋抗金历史为背景，讲述一个以渔父为代表的爱国群众抗金、卫国、保家的故事。我应邀观看了大众京剧团在南京的首场演出，并参加了一个大型座谈会。与会者包括文化、艺术、教育、新闻等界的一些知名人士。当时因我年龄最小，资历最浅，没有在会上贸然发言，而是在聆听他们发言的同时一直在思考。我认为该剧内容很不错，有鼓舞人、教育人的作用，只是稍有微瑕，如能修改成为一个保留剧目，岂不是好上加好？

　　次日，我到南京图书馆查阅了一些相关资料，便写了《我对〈江汉渔歌〉的几点意见》一文，投寄到了中国剧协主办的《人民戏剧》。和我同住的室友知道后说："你好大的胆子，一个毛头小子，也敢评论起田汉的剧作来。"是呀，我算什么呢，一个初出茅庐的文艺新兵，只不过刚刚发表过几篇小说和一些豆腐块文章，竟评论起田汉的剧作来。《江汉渔歌》是抗战时期在大后方演出了好几百场的名剧，曾经激发了中国人民的抗日热情，如果真有什么缺陷的话，早就有文艺评论家写文章了，还轮到今天的我吗？室友的一句话，提醒了我，对它的发表，我不指望了，因为刊物的编辑也会笑我狂妄的。

　　田汉是"五四"运动以来的文化巨匠，一代宗师，共和国国歌的词作者，剧坛的领军人物，杰出的诗人。论地位，他是中国戏剧家协会主席，艺术事业管理局局长，我不过是一个吃大灶的普通文艺干部；论年龄，他长我29岁，时年我还不满24岁，的确是自不量力了。

　　或许是"初生牛犊不畏虎"吧，写该文的时候，只顾把想说的话一吐为快，其他什么也没考虑。我的出发点，是不愿看到剧中的瑕疵，损害田汉的名誉，因为那时大家都在唱《义勇军进行曲》了。至于我敬重他，则是在上高中的时候就开始的。我的一位语文教师，曾与田汉是同学，我从他那里读到田汉的一些诗，因此对田汉产生了浓厚的兴趣。"杀人无力求人懒，千古伤心文化人"，这两句当时大后方流传甚广的诗，就是田汉写的。

　　稿子寄出好几个月，好似石沉大海，又不见退稿（当时长稿不刊退回）。一天中午下班，传达室的同志招呼我："喂，小李，有你的汇款。"

　　"汇款，哪里来的？"

　　"请客吧，北京寄来的稿费，七十万咧（当时旧币一万元折合今币一元）！"

那时实行供给制，一个月零花钱折合今币才五六块钱，只有我们少数几个人，每月都有些稿费收入，成了大家羡慕的对象。只要领到一笔金额较大的稿费，大家都自愿慷慨解囊，请朋友们上小饭馆撮一顿，也算帮助他们改善一次生活了。

刊物和稿费同时寄到，我忙迫不及待地翻开目录。拙文题目居然是用三号黑体字印的，十分醒目。还有田汉写给我的一封信，附刊在拙文后面。他在信中说："厚光同志，您的文章，从北京转来，拜读过了，都是很好的意见……回去后我一定要大加修改，使《江汉渔歌》成为一个在今天或以后还能演出的剧本……只等我从大连回来，我一定抽暇进行修改，以答谢您的期待和盛意。实在很少人对这个戏的史实有过您这样细密的注意的……"当时我既兴奋又感动，几乎掉下泪来。并非因为文章的发表，而是田汉的大家风范深深地感染了我。我与他的声望、地位如此悬殊，他都没有置之不理，我对他更加肃然起敬了。

从此，我与一代文艺宗师田汉的一段交往便开始了。

初 见

我与心仪了多年的田汉一直没有谋面的机会，直到 1953 年 9 月我因事去北京，才到东四头条的寓所拜望了他。给我开门的是田汉的夫人安娥。等我说明来意后，她便朝北屋喊道："寿昌，有人来看你了，从南京来的。""谁呀？"应声从北屋里出来的人，中等个子，身体微胖，有些谢顶，这自然是田汉了。这座四合院，经过大门引道到北屋，有十来米的距离，我三步并作两步地走上前去："田汉同志，我是李厚光，特来看您的。"他紧紧地握住我的手，上下打量了一下："你是李厚光，就是那个写文章评论《江汉渔歌》的李厚光？还是个细伢子呀，原以为你至少有三四十岁了呢。"田汉一句"细伢子"的湖南土话，立即拉近了我们之间的距离。他对夫人安娥说："小李是湖南老乡，准备几个家乡菜，我们痛快地聊聊。"

"您不用客气了，看看您我就走。"我忙说着。他说："那可不行，你来一趟不容易。"

我们聊着家常，田夫人剥了几个松花蛋，做了麻辣豆腐等四个菜，温了一壶酒，这在当时是很丰盛的了。饭桌摆在书房里，室里弥漫着欢畅的气氛。还是田汉首先打开了话匣子：

"你对《江汉渔歌》的意见很正确，原打算重写。如今两年多过去了，还抽不出时间来，今天忙这个会，明天忙那个会，我真羡慕老舍，写出了《龙须沟》。我们这些老作家，解放以来，就数他最有成绩。真想把行政职务辞了，自己拿不出新作品，尽对人家写的说三道四，也不是一回事呀！再这样下去，我的这支笔，快生锈喽！"他又说："你还很年轻，要深入到群众的生活中去，从各个角度去观察他们，我相信，将来你会有成就的。"

我说："来南京这三年，文联就我们那摊子事多。我们的领导肖亦五，您是认识的，打日本打掉了一条腿。我最年轻，我不去跑谁跑，一天老是瞎忙。"

"怎么是瞎忙呢？"他打断了我的话："毛主席说的为工农兵服务，要正确理解。不是说，你写了工农兵，才是为工农兵服务了，关键是你写的东西，为他们所喜闻乐见，就是为他们服务。现在，你有机会和艺人、剧场员工打交道，他们都是你创作的对象。从旧社会过来的艺人，每人都有本辛酸史，有的还是血泪史。你看过我的《名优之死》没有？一个名优的下场都如此悲惨，何况那些跑龙套的了。他们中间，蕴藏着极为丰富的创作素材。农民种庄稼，离不开土壤，我们创作，也离不开土壤，我们的土壤，就是人民群众。再说，我还没有写过一个以工农兵为主角的作品，难道能说我没有为工农兵服务吗？"

他的这番话，使我深深地感到，这是他对我的关爱。在这之前，我还把他看成我们文化部门的一位高级领导，现在变了，他是我的老师，不但是良师，还是益友。以前我也这么想过，没有写工农兵，不等于不为工农兵服务，但老是有种"左"的观念隐隐约约地支配着我，不敢肯定是否正确。听了田汉的话，我茅塞顿开，认识到这才是真正的唯物主义观点，真是"听君一席话，胜读十年书"呀！这应是对毛主席《在延安文艺座谈会上的讲话》理解得最正确、最深刻的一番话。

他越谈越兴奋，又多喝了两杯酒，便对夫人安娥说："不是对你说过吗，我们湖南是出才子的地方，小李就是才子。"

"我算什么才子呀，您才是大才子咧！"

"我是才子，你也是才子，我们都是才子。"田汉哈哈大笑起来，脸上泛起了红光。多少还有点拘束的我，被他这一句话说得完全放开了，我和他心灵之间的距离，从咫尺缩短到了零。

借着几分酒意，我的胆子壮了，对田汉说："您是我们剧坛的领军人物，写下了众多的优秀作品，像《三个摩登女性》搬上银幕后，我就看了上海的首轮放映。但是，最喜爱的，还是您的诗，特别是写于国民党监狱里的那首《狱中怀安娥》，我还能背，不信，背给你们听。"我就背开了：

> 当（昔）年仓卒学逃亡，海上秋风客梦长。
>
> 斗室几劳明月访，孤衾常带（载）素薇香。
>
> 君因爱极翻成恨，我亦柔中颇带刚。
>
> 欲得（待）相忘怎忘得，声声新曲唱渔光。

早在 20 世纪 30 年代，田汉夫人安娥已是著名的词作家了，风靡于 20 世纪三四十年代的《渔光曲》，任光作的曲美，安娥写的词更美，经王人美灌入唱片，唱遍了大江南北、长城内外，一直唱到今天。

安娥说："看来小李真是有心人，叫我背，还怕有些背不全的。"他们两人都笑了。田汉说："那时我在吃官司，监狱里关的尽是左翼作家。可是，看守我们的那些兵，偏偏欢喜唱我们这位安娥女士写的《渔光曲》。"

我说："只要是好作品，都能感动人的，也能感动敌人。"

"我是听那些兵唱了《渔光曲》，才写下这首诗的。1935 年，你还是个蛮细蛮细的伢子咧！"

书房里的气氛，更加活跃、欢畅了。

我见他们特别高兴，自己也兴致勃勃起来："我也很喜欢写写诗，只是写得不好，当随军记者时，写有十多首。"

田汉眼睛一亮："是吗，现在青年人只写新诗，原以为只是我们这些老家伙，才捣鼓它呢。把它们抄下来给我们看看。"

随军期间，我从《过黄河》写起，一直写到《访问琼崖游击队》，计 18 首，统统抄了下来。田汉与夫人并肩看着，他还小声地念，念着念着忽然大声起来："'得得马蹄惊晓月，腾腾热气化晨霜'，好哇！好句，警句，颇有唐诗味道！"然后又对夫人安娥说："你看，'马蹄惊晓月，热气化晨霜'，惊晓月，化晨霜，多形象，对仗又工稳，出语天然，不露痕迹。什么叫好诗，这才是好诗咧！"

田汉的一句话，让我坐不住了。他们接着往下看，一会儿，他又高声念："'一过西江山郁郁，再看南岭雾茫茫'，很有气势，难得的好句。看来，一个再有才华的诗人，不亲临其境，也是写不出来的……你把自己认为满意的，再抄下几首吧。"

我站起来，说："时候不早了，等我回南京后，抄了再给您寄来。"田汉兴犹未尽，壁上的挂钟，当当当地敲了十一下，安娥也说："不早了，要你们这样谈下去，三天三夜也谈不完。现在早没有车了，小李还要走到西单那边。"

"'酒逢知己饮，诗向会人吟。'真是言之不虚，想不到今天交上了小李这个诗友。"田汉笑着站起来。

他们夫妻双双送我到门外，紧握住我的手说："再来北京，一定上家来。"

想我降生26年来，平生有过三次最兴奋、最愉快的时刻，一次是听到日本投降的消息，一次是刚刚穿上解放军的军装，再一次就是刚才我与田汉这次不普通的会见，这是一次心灵的沟通与交汇呀！

回到南京，仿佛还有一股热浪不时冲击我的心头，而致浑身发暖。一位文化巨人如此热情、平等地接待一个文艺小兵，真是令我没有想到啊！

重 逢

我再一次见到田汉，是在一年以后的上海。1954年9月到10月，华东军政委员会文化部举办了一次规模盛大的"华东地区戏曲调演"。除了地区所有剧种参加外，还有评剧、粤剧、汉剧等，演出了一大批新编剧目。华东京剧院参赛的《还剑》，由陈大护、金素雯、王金璐主演，获得了演出和剧本双一等奖。该剧是陈大护邀我合作，根据鲁迅《故事新编》里的《铸剑》改编的。

《还剑》演出闭幕后，我就去上海大厦招待所拜望了担任评委会顾问的田汉。见着我，他就笑着说道："你对我的《江汉渔歌》提了意见，这回，我要对你们的《还剑》提意见了。"

他快人快语，开门见山就说要提意见，表明他是一位心底无私、光明磊落的人。我心想，这辈子能遇上田汉，甚至成了忘年之交，是我的三生之幸与三生之缘了。我说："这几年，因工作关系，对京剧有过较多的接触，虽懂得了一些，却只踏进了一只脚，还有一只留在门外。我只写了它的唱词，其他都是陈大护的成绩。"田汉说："这个戏主要的优点，表现在剧情处理上的积极意义。《铸剑》的眉间尺是死了的，留下了宴之敖。眉间尺是一个才 16 岁的孩子，代表的是不可战胜的新生力量，怎能让他去死而留下老的呢？宴之敖主动做出牺牲，奋力拼杀，保护眉间尺逃出吴宫，很合理。唱词一听就知道是你写的，很美，只是太雅了。昆剧到了现在，为什么观众很少了，就因为唱词过雅。我们说为工农兵服务，首先应该让他们都能听懂，否则就失去它的积极意义了。主要的缺点，在剧本的结构和角色的安排上。你想，全剧六场，却明显地分成了上、下两部分，旦角只有上半场的戏，下半场再不登场，一个名旦是不会演出这样的戏的，最好再加上一场。眉间尺脱险后，回到莫邪身边，向母亲陈述报了杀父之仇的经过，这场以旦角为主，加上一段委婉动人的唱词，不失为一个补救的办法。一个团圆的结局，也符合了中国人的欣赏习惯。"

田汉如此坦率地提意见，我觉得这完全是一位长者对一个后生的关爱，我应该尊重他的意见。

永 别

此后，我被牵涉到"胡风案"中，根本顾不上剧本的修改。

1955 年春节，我去武汉探亲，回宁不几天，再也摆脱不了"胡风案"的纠缠。1956 年 4 月，我离开南京，下放到内蒙古，从此永远地离开了文艺界，踏上了一条坎坷而又漫长的人生之旅，无法再与田汉联系了。我不愿对一位曾经关爱过我的长者去说违心的话，又不可能对他坦诚诉苦，三年的交往，画上了一个十分不圆满的句号。

我与田汉的交往虽只有短短的三年，却让我终生铭记，其音容笑貌常在眼前。无论是在内蒙古草原，还是在嫩江之畔，每于夜深人静，我总会回忆起他。如今 61 年过去了，我离开了风华正茂的青年队伍，步入了耄耋者的行列，然而他的高贵品质和心灵，却一直深深地激励着我，成了我逆境中的精神支柱，伴我走过了几十年的春秋。

周信芳与戴不凡的交往

戴 霞

　　在京剧界，周信芳创立的"麒派"艺术享誉海内外。周先生祖籍浙江慈溪，1895 年 1 月 14 日生于江苏省淮阴清江浦，父母都是春仙班的演员。在他虚龄七岁时，以"小童串"登台，使观众大为惊叹，遂取艺名七龄童，后改为麒麟童。他从小勤奋好学，少年时代就已是小有名气的演员了。在艺术上，他善于融会贯通，去粗取精。他学谭鑫培，同时吸收王鸿寿的身段气度和唱法做工，又学习孙菊仙的唱腔、念法等，并博采南北众家之所长。经过长时间的刻苦钻研和磨炼，终于使自己的演技日益精湛。他敢于突破前人的条条框框，根据自身嗓音略带沙哑而又苍劲浑厚的特点细心揣摩，在艺术实践中不断总结经验，不断提高技艺，终于形成了刚劲质朴、特点鲜明的麒派艺术。周先生一生演过 600 多出戏，被称之为谭鑫培之后最优秀的老生演员之一。其代表性剧目有《打渔杀家》《坐楼杀惜》《乌龙院》《四进士》《义责王魁》《追韩信》《文天祥》《徐策跑城》《清风亭》《澶渊之盟》《海瑞上疏》等。除了演老生、小生之外，他还演过武生、花脸、小丑、老旦，可谓生、旦、净、丑，无所不通。他的表演充满着浪漫主义的色彩。周信芳不但精通表演，也能编、导。多年来，他创造出的一系列艺术形象，在观众心中留下了深刻的印象。剧中体现了百姓的情感，倾吐了大众的心声。用著名画家刘海粟的话说，就是"年轻人爱他的强烈，中年人爱他的生动，老年人爱他的深沉"。认识周信芳的人，都知道他心里想得最多的就是戏曲。笔者的父亲戴不凡先生和著名剧作家陈西汀先生生前都与周信芳先生合作过，深知周先生所创造的每一个成功角色，都是经他反复琢磨、推敲、修改，又听取他人建议的结果。即使是保留剧目，也是在不断地进行完善。

愉快合作　亦师亦友

1952 年 10 月，第一届全国戏曲观摩演出大会在北京举行。我父亲作为大会的工作人员，参加了会演活动，负责编辑会演肯定的 32 个剧目。以前在杭州，父亲看过许多麒派老生戏，很是喜欢，但就是一直没有机会观看周先生本人的演出。在会演中，父亲第一次观看了周先生的演出，并有幸认识了他。演出大会期间进行了评奖活动，周先生演出的《徐策跑城》获一致好评，故他与梅兰芳等七名艺术家一起获"荣誉奖"。虽如此，但艺术局副局长张光年以及包括我父亲在内的部分戏曲工作者都认为剧中的"叫家院带过了马能行"这句话不通，必须改。

一天，周先生去我父亲办公室，两人谈起这件事，周先生也觉得这句唱词不通，可对父亲所拟的方案，他却无法接受。因为它不仅牵扯到唱腔，而且在唱"马能行"三个字时，有一个紧锣密鼓配合的大幅度撩袍上马的动作，如果改了"马能行"唱词，强烈的舞台气氛就出不来了，真可谓"动一发而牵全身"，但始终也想不出一个可以替代的词来。

1954 年 3 月，父亲去上海参加周信芳先生演出剧目的整理、审定、出版工作。作为华东戏曲研究院的院长，周先生白天的日常工作与晚上的演出任务非常繁重，但是，父亲到上海的一个多月之中，周先生每天下班后都要到我父亲的办公室去，询问父亲整理剧本的情况。

我父亲热衷于麒派艺术，佩服周老"苦用功"的精神，欣赏他的现实主义表演，更敬佩他的人品。早在新中国成立前，父亲在报社工作编国内新闻的时候，上海戏曲界进步人士曾发起反内战、争自由宣言的签名运动，反对政府强令把演艺界的编导、演员与妓女、舞女列在一起发卡登记，他对当时走在"反对艺员登记"前列的周信芳就很佩服。1931年"九一八"事变、1932年"一·二八"事变后，周先生编演了借古喻今、宣传抗战、反对投降的《明末遗恨》《洪承畴》《董小宛》等新剧，轰动一时，起到了鼓舞人心的作用。解放前夕，周先生没有随国民党撤退去台湾。新中国成立不久，他与梅兰芳、盖叫天、杨宝森合作演出，为抗美援朝捐献飞机大炮等，周先生的爱国精神和行为深深感动着我父亲。除谈整理剧本以外，周先生还向父亲谈论一些梨园界的往事及对艺术的见解。作为著名演员，周先生从不摆名角架子，而且经常不耻下问，向当时名不见经传的还是小青年的父亲虚心求教一些历史和文学方面的问题，并对父亲的解答十分佩服。正因为如此，二人才有惺惺相惜相见恨晚之感。

周先生会的戏极多，经常演出的代表剧目也有数十种。由于这些剧目产生的背景所致，其思想的倾向性不可能不打上当时社会的烙印。而这部分内容，理所当然地要成为戏改中被"整改"的对象。如何更好地整理这部分剧目？父亲经过反复考虑，决定先从最困难的《坐楼杀惜》开始。这出戏是周先生的拿手戏，自从被批评之后，周先生就没敢再演，但他心里是非常不舒服的。父亲与周先生仔细分析了该戏原本存在的问题，并谈了对这个戏的修改意见。父亲说，宋江杀惜是革命者对反革命者的斗争，戏的基本情节是可以成立的，但不应丑化宋江，不应强调嫖客趣味。周先生听后十分赞同，认为这一观点很有见识。二人又经过反复探讨，后来周先生回家关起门来，按照父亲提出的具体修改方案，苦苦琢磨了四五天，最后终于把这个戏修改出来。随后，周先生带着这个戏去扬州演出，取得了很好的演出效果。由于周先生的大力支持和积极配合，使父亲提前出色地完成了任务。以后父亲和周老在一些问题的看法上往往是一拍即合，如 1958 年底，在为周信芳举行的怎样记录周信芳舞台艺术经验的会议上，周老对父亲提出的应先记录有哪些戏（这些剧目由周本人决定），再谈舞台生活历史，在分别记录剧目表演艺术经验之时，既要谈内心动作，也要谈外形动作；既要谈现在如何演，也要谈过去如何演等意见极为赞成。从此，周先生与父亲经常联系，他们见面的时候，也还是忘不了那匹"马能行"。

父亲对麒派艺术十分痴迷，也被周先生刻苦认真、努力钻研的精神所感动，并从周先生身上学到很多东西。1961 年文化部举办了纪念"周信芳演剧生活六十年纪念活动"，父亲撰写了《六十年的战斗》一文，从政治和艺术的角度，评价了周信芳六十年所走过的历程，文章经田汉伯伯修改后以戏剧报编辑部的名义发表。周先生性格内向，讷于言辞，生活中的他不抽烟、不嗜酒，衣着随便但却非常整齐，其业余爱好就是买书读书。无论是从车上下来，还是下后台，总是手不释卷。父亲曾在他的书房里，看到藏书满架的情景，令同样嗜书的父亲兴奋不已。这些藏书为周先生深入理解剧情起了很大的作用。

晚年力作　《澶渊之盟》

1960 年，戏剧界开展关于历史剧的讨论，当时我父亲正在撰写研究岳飞的文章。为了追溯靖康之祸的根子，他翻了许多有关澶渊之盟方面的史料。翻过之后，觉得这段历史本身就是一出很好看的戏。我父亲一度曾萌生自己动手来编写关于这段历史戏的想法。他认为，甲午海战中的邓世昌是个硬骨头；澶渊之盟的寇准也是个刚强的硬骨头。旧戏中寇准这一形象，给人的印象总是很窝囊，如果把历史上寇准的真实面目写出来，也是挺有意思的。

1961 年初，剧作家陈西汀伯伯从上海来信了解北京戏剧界的动态。父亲回信说，领导正在抓历史剧的创作。他又来信问父亲"《澶渊之盟》尚可一试否？"原来，早在 1955 年，陈伯伯到北京参加第一期全国戏曲编剧讲习会时，分在我父亲负责的小组里，当时他有个《澶渊之盟》的剧本请我父亲看过。虽然陈伯伯在全国戏曲编剧中很有才华，而且写了很多剧本，但由于我父亲的要求甚高，所以那个《澶渊之盟》的剧本没有继续搞下去。于是父亲即去信，谈了自己对《澶渊之盟》的种种想法，指出，这个戏一定要给人以"耳目一新"的感觉，使它成为一个真正的历史剧。父亲在与周信芳的交往中，感觉他是一个集正直、善良于一身的人，而且个人的艺术修养相当高，而剧中的寇准也是个诗人兼政治家，没有什么文化的人是演不好这个人物的。再者，这个戏必须在舞台艺术各方面都尝试创新，周先生恰恰不是墨守成规的演员。鉴于此，周先生应该是扮演寇准最理想的人选……陈伯伯回信时竭力希望我父亲帮助他编好这个戏，并把有关的资料寄去；并说他收到我父亲的信后，立即去找了周信芳院长，谈到父亲的建议。周先生听后大感兴趣，于是将《澶渊之盟》列入到 1961 年上海京剧院的创作计划中。为演好这个戏，周先生自己也钻到《宋史》中找"感觉"去了。父亲藏有《明刊续资治通鉴纲目》一书，"文革"后期，父亲曾回忆道："书甚有用。余为老牌（即周信芳）、汀兄搞《澶渊之盟》，据此本处甚多。"他将书中有关这段历史的许多材料均抄寄给了陈伯伯。

1961 年，是已 66 岁的周先生最为忙碌的一年。除参加演出外，他口述的《周信芳舞台艺术》一书，由中国戏剧出版社出版。他还参加拍摄彩色影片《周信芳的舞台艺术》，包括《徐策跑城》和《乌龙院》两出戏。2 月，他参加了由上海剧协举办的麒派表演艺术座谈会。"五一"节，他为毛主席演出，并受到亲切接见。6 月，参加了上海市京昆传统剧目会串，与俞振飞合作演出《群英会》《打侄上坟》等戏，并在报刊上撰文悼念梅兰芳先生。12 月，北京和上海举办了"周信芳演剧生活六十年纪念活动"。在北京的纪念活动中，他演出了《打渔杀家》《乌龙院》《四进士》《义责王魁》《海瑞上疏》等戏，受到了周恩来、陈毅等中央领导的热情接见。尽管周先生在纪念演出期间十分繁忙，还收了弟子，但他见我父亲到其下榻的新侨饭店去看望时，顿感十分高兴。他告诉父亲，《澶渊之盟》已编好，剧本也带来了，要父亲立刻就看，趁他在北京时给提提意见。其实，周先生已功成名就了，他完全可以像别的演员那样，编剧怎么编，他就怎么演，根本不必花那么大的力气，戴上老花镜去读什么《宋史》，去收集古籍中有关这个重大历史事件的原始材料，又与编剧反复分析研究探讨相关细节。这些，均显示了周先生对戏曲艺术事业不断探索、不断攀登新的艺术高峰的大家风范。

为了演好《澶渊之盟》，周先生付出了大量辛勤的劳动。一天夜里演出结束，他不顾疲劳就去看望陈伯伯，见其还在伏案疾书，于是便约出去吃夜宵。他们一边吃，一边谈论着如何修改剧本，包括怎样处理剧情、更好体现剧中人物性格等。陈伯伯表示一定要把剧本改好，不负周院长的厚望。按照周先生的要求，他几易其稿，使剧本日臻完善。1962 年，《澶渊之盟》终于脱稿。5 月，周先生以 67 岁的高龄在汉口人民剧场先行试演了由他担任导演、主演的《澶渊之盟》。不久，又在上海天蟾舞台公演。这个戏集合了当时上海京剧院的赵晓岚、汪正华、纪玉良、刘斌昆、王正

屏、李仲林、黄正勤、孙正阳等最著名的一些京剧演员。这是周信芳晚年
演出的最后一部大型历史剧。在剧中，他出色地塑造了深谋远虑、忠贞果
敢的宋代政治家寇准这一艺术形象。他那精湛的表演与富于魅力的麒派唱
腔，使在场的观众如痴如醉，既受到爱国主义教育，又充分享受到了麒派
表演的艺术魅力。演出之后，引起观众的普遍好评。大家一致公认，该剧
是麒派艺术晚期的杰出代表作。为此，我父亲特撰写《为演员写戏——谈
麒派新戏〈澶渊之盟〉》一文，并将《澶渊之盟》剧本推荐给《剧本》月
刊发表，上海文艺出版社后又将该剧出了单行本，特以著名画家程十发先
生所画周信芳饰演的寇准形象作为该书封面。

广陵曲散　麒派尚存

1954 年 5 月，周信芳先生邀我父亲去扬州。除看戏外，他要亲自陪
我父亲和编剧吕仲先生游扬州瘦西湖。父亲考虑到当时周先生已年近六
旬，又有繁重的演出任务，便婉言谢绝。但周先生执意相邀，并让夫人
也陪同一块去，让幼女来为大家照相。他的夫人裘丽琳气质高雅又非常
贤惠，是一位富家小姐，在少女时，由于经常看周信芳的戏，渐渐地爱
上了他，却遭到了家人的反对，于是从家里逃了出来，和周信芳结了
婚。为此，裘丽琳的家人在报纸上发表声明，和她脱离关系。她与周先
生结婚以后相濡以沫，对戏班的管理、建设提出了许多好的建议，是周
先生的贤内助。

在游湖过程中，父亲见周先生经常认真观察所到之处的一景一物。
他在入神地观察了渔夫如何撒网打渔后，对父亲说：《打渔杀家》中的
萧恩把肩上的网，一把朝前扔进河里，那是撒不开的，怎么能网得起鱼
呢？原来，周先生总是把生活中的许多事与演戏联系起来。5 月的扬州，
柳绿花红，春意正浓，周信芳夫妇与自己的两位合作者谈笑风生，不知

不觉，来到了著名的风景胜地平山堂蜀岗前。位于扬州瘦西湖畔的蜀岗之下，曾有一座隋炀帝命人修起的宫院，中心有一座房子叫"迷楼"。据说，楼中建筑豪华，室中美女珍宝无奇不有，人进去之后就会着迷，因此而得名。蜀岗下的右侧，便是北宋文学家欧阳修笔下所描述的"平山堂"，左侧山上是一座观音寺，寺里有一座特大的南北楼房式的建筑，很高。据说，这是在原迷楼遗址上重盖的。大家听着父亲讲隋炀帝、论欧阳修，一路上无拘无束，轻松愉快。

1976年春，父亲整理自己藏书时，四种明刊本唐人选唐诗一下跃入眼帘。他抚书良久，追思往事，不禁怆然。事后，他随手记下这样几行文字：

1954年春，因审完老牌剧目，而彼赴扬州演出，遂携吕仲老有扬州之行。于飞絮满天中，与演员同往绿扬旅馆，都十日。曾由老牌携其老伴暨幼女并吕仲老同舟泛瘦西湖，登平山堂，游观音寺，访迷楼旧址，复在虹桥附近由其幼女摄影。除数去招待所与彼海阔天空闲聊以外，夜则与仲老看戏，昼则余一人遍游市街。盖余卧则打鼾，又有早起习惯，仲不胜我扰，白天恒补足其睡眠也。于扬州城中穷访数日，仅见书肆一家，无甚好书，只得残烂不堪之竹坡梅册一、黄石牧《堂集续编》残本一而已。另于马路旁一私营杂货糖果之旧书店阁楼上，发现古书数堆，遍阅之，得此三册以归。价均奇廉。忆挟此而归时，正值与主要演员同去附近一包饭之茶馆就晚膳。团坐一桌，佳肴满席。余失却日来共饭时之谈笑风生，细翻此古本。晚岚素颜沉默，亦不禁笑我为真是书呆子。忆此一叹！……二十余祀矣！广陵曲散，牌、仲复于前去两秋九月物化，抚卷忆昔，慨莫能已。丙辰春日记。

周信芳早年有程毓章、高百岁等十大弟子，1959年又收沈金波、童祥苓等人为弟子。1961年他赴京参加"周信芳舞台生活六十年纪念"活动时又收李少春、李和曾等人为弟子，他无私地把自己的艺术经验传授给下一辈。父亲十分看好麒派的前景，他先后在《人民日报》《中国青年报》《北京晚报》和《戏剧报》等撰文，介绍周信芳，宣传麒派艺术，他因此曾被人戏称为"麒派评论家"。

"文化大革命"中，周信芳先生被诬陷为"反党分子""反动资本家"等，受尽残酷迫害，他的夫人想方设法保护周先生，自己却经常被打手们拉出去打得遍体鳞伤，最后悲惨地死去；他的儿子少麟因为说了不满"文化大革命"的话，被打成现行反革命判了刑；他的孙女目睹家中的遭遇，精神上受到了强烈的打击，以致被逼疯。张春桥曾几次说，"对周信芳不枪毙，就是宽大"。1974年秋天，79岁的周信芳被"宽大"了，上海市革委会对周信芳作出了"开除党籍，戴上反革命分子帽子"的处理决定，但周信芳坚决不予接受。受尽迫害、重病缠身的周先生得不到应有的治疗，于1975年3月8日含冤去逝。在弥留之际，他说道，我是热爱共产党，热爱毛主席的。没有共产党和毛主席，也就没有我这旧社会戏子的地位，我怎么可能反对毛主席、反对共产党呢！

周信芳夫妇被迫害致死，《澶渊之盟》上演不久就遭到摧残，"麒派"艺术今后会怎样呢？想到这些，父亲悲从中来，禁不住潸然泪下。"文化大革命"终于结束了，1978年8月16日，在上海为周信芳先生举行了平反昭雪大会和骨灰安放仪式，巴金致了悼词，邓小平等中央领导送了花圈。"湛湛青天不可欺，是非善恶人尽知，血海冤仇终需报，且看来早与来迟。"

这是周先生在《徐策跑城》中脍炙人口的唱词，也可以说是对"四人帮"下场的真实写照。父亲终于等来了为这位京剧艺术大师彻底昭雪的一天，人民给予了这位海派京剧代表人物所应有的地位。

父亲与梅兰芳的交往

马思猛

《致梅兰芳君》：一篇"油腔滑调"的文章

父亲马彦祥自幼酷爱京剧，梅兰芳18岁（1912年）和20岁（1914年）时两次到上海演出，父亲都随爷爷奶奶观看了他的演出，从此成了小戏迷。后来在北京市立第二中学读书时，曾经为了看戏而辍学，甚至为此跟爷爷反目，离家出走。可以说父亲的少年时代是在戏园子里泡出来的。而当他接受戏剧教育和接触西方戏剧理论后，开始主张对中国的旧剧进行改革，但是他坚决反对胡适、周作人等彻底否定中国旧剧艺术的极端观点。后来父亲到天津《益世报》主持《语林》副刊，在赴津之前，以梅兰芳先生为首的国剧学会邀请父亲为该会作《戏剧和时代的关系》的讲演，这件小事本身就体现了梅兰芳对旧剧革新的探索精神。鉴于梅兰芳当时已是中国国剧的领军人物，出于对旧剧改革的迫切心理，25岁的父亲写了《致梅兰芳君》一文，发表在《语林》上。

在文中，父亲提到：

在一般演戏的人当中，我觉得你是比较明白一点的人。今年夏天，我在你们国剧学会里讲演《话剧与歌剧》的题目，当你听到我很不客气地指责旧剧和旧剧的演员时，你偷偷地从门边溜走了。不，你不曾走，大概仍旧在门外听着，所以你后来表示很惭愧而且歉疚地对我说："您的话很对，我也觉得是这样，但是，咳！没有法子！他们（指你身边的许多人）都是上了年纪的人，顽固一点……慢慢地来吧！"这几句话当时很使我感动，觉得你的处境很可怜，有许多事不应该怪你。

父亲还就梅兰芳的博士资格调侃道：

你动不动就喜欢把"博士"抬出来，我觉得这也是不大好的。且不说这年头的博士多如过江之鲫，已不怎么值钱，即就博士本身来说，也有各色各种的不同。譬如说，你的朋友中，就有两位博士，一位是哲学博士胡适之，一位是文学博士刘半农。你一定相信，他们的博士资格的获得，没有像你那么容易，多少是费了一点点事的。你呢，据说也是文学博士，然而幸而大家都了解你，并不和你谈文学，所以你即使连文学的定义都说不上来也无妨。但是当你以文学博士自居的时候，就难免有人要请教你，譬如说我吧，可怜得很，不过是一个区区的"学士"，对于文学所知无几，当然要请"博士"指教，问题很多，例如"戏剧与时代""戏剧与人生""戏剧之社会的价值"等等，在你以唱"太真外传"者的立场来说，你应该怎样回答我呢？自然，我不过说说罢了，并非真要你答复，没有和你为难的意思，幸勿误会为要！

从父亲的这篇略带"油腔滑调"的文章中，可见其当时对中国旧剧的认识和改革旧剧的态度。事隔两年有余，父亲于 1935 年 6 月在《中央日报》发表《梅兰芳赴俄决定了旧剧的价值》一文，笔锋忽然转了180 度，这样鲜明的反差为何而来？也许是梅兰芳代表的中国旧剧艺术在社会主义苏联演出的成功，和梅兰芳舞台艺术得到世界的认可和尊重，是梅兰芳和梅派艺术为中国人争了脸面。为了探个究竟，父亲决心走出国门去探访"梅兰芳效应"的端倪。次年 8 月，他克服重重阻挠和困难，自费赴莫斯科参观苏联第四届戏剧节，从此改变了他的戏剧（曲）人生轨迹。

梅耶荷德：看过梅兰芳的戏后，决定把以前所做的全部推倒重来

父亲于 1936 年 8 月 18 日由上海搭"北方号"客轮赴海参崴，准备再乘火车经西伯利亚去莫斯科，他于 8 月 22 日下午 7 时抵达海参崴。令父亲感到意外的是在他看到苏联戏剧之前，却有机会在海参崴看到了中国戏剧，那可是在中国所看不到的中国戏剧。

在到达海参崴当晚 9 时，父亲花了九卢布（折中国钱六块多）买了中档座位的戏票，好奇地走进可容 2000 多观众的"中国戏院"。第一出时装京剧《青沟林》已经演了一半，这出描写日本帝国主义在中国东北蹂躏中国同胞，义勇军抗敌作战的戏，和当时国内曾流行一时的时装旧剧的演出方法没什么两样。音乐方面除了皮黄之外，还采用了一部分徽调，演技全部照搬旧剧的身段，但内容是现实的。另外还有两出地道的中国旧剧《金雁桥》和《辛安驿》，虽然演得并不怎么好，观众却很欢迎。散戏后，父亲冒昧地闯进后台，并在其坚持下采访了一位中国名字叫"铁牛"的编剧组主任。回国后，父亲在《光明》半月刊发表了

《中国戏剧在苏联》的通讯，向国内读者详细介绍了这次在苏联的看戏奇遇。

父亲在莫斯科国立梅耶荷德剧院（这是以著名导演梅耶荷德之名命名的国家剧院）亲自观看梅导排戏。他虽然不懂俄语，但是从梅耶荷德一再纠正每个演员的动作中，父亲看出了他们对于排演工作是怎样的慎重。演员都是剧院附设的研究所的学生，俄国的演员在当时真可以说是世界上最优秀的演员，他们真能了解排演对于整个戏剧演出的重要，而小心翼翼地受导演的指挥。梅耶荷德似乎特别重视动作的节奏，有一个女演员上场时，因为奔跑的姿势和节奏的不适宜，导演不厌其烦地竟纠正至十余次之多，累得那个演员连气都喘不过来了，他还丝毫不肯放松。父亲此时不由想起当年洪深先生"杀鸡吓猴"的一幕，从而奠定了他把戏剧导演制度运用于中国戏曲的决心。

父亲感叹道，我们平时排一出戏，至多费个把月的时间，已经算得上非常认真了，比起他们来，真是太少了。苏联的戏剧艺术水准能高出其他国家，就从这点看来，也可知绝非偶然的了。

父亲在莫斯科期间还对梅耶荷德进行了访谈，他们谈到了中国的旧剧，谈到了梅兰芳，谈到了戏剧遗产的继承问题……这位苏联戏剧家尤其欣赏梅兰芳的演技，认为梅的表演已经到了登峰造极的境地，他说："自从梅兰芳到苏联来表演了中国京剧之后，我发现所有莫斯科的男女演员，没有一个人的手足姿势是值得一顾的，我恨不得把他（她）们的手都剁下来。梅兰芳博士的剧团在我们这里出现，其意义远比我们设想的更为深远。我们这些正在建设新戏剧的人，现在感到惊奇和欣喜，同时我们也非常激动。当时我正要重新排演我的旧作《聪明误》，我在看过梅兰芳的戏后，就决定把我以前所做的全部推倒重来。"最后，梅耶荷德郑重地向父亲说，今晚在他的剧场里演出的《聪明误》一剧的说明书上，特印有"谨以此剧贡献给梅兰芳"的字样，希望父亲能将他的敬意转致梅兰芳君。随后父亲还沿着梅兰芳访苏时的路程访问了列宁格勒。

父亲的这次苏联之行，不仅使他对梅兰芳的舞台艺术价值有了全新的认识，也使他对旧剧如何继承，如何改革传统表演艺术形式，使之与时俱进，更好地为人民服务，有了新的认识。回国后，父亲撰写了《戏剧节的十日》和《第四届戏剧节的回忆》等文，发表于《光明》半月刊2卷2期和《戏剧时代》创刊号。

父亲：在戏改的重大问题上，总是要请教梅兰芳

父亲在戏改的重大问题上，总是要请教梅兰芳先生的。那是1956年夏天，父亲住在北海后门三座桥5号，离护国寺1号梅宅近在咫尺。一天下午，大门的铃声把我唤去开门，打开大门，我仰头望着出现在我面前的慈眉善目微微发胖的中年人（实际年龄已62岁），他微笑地问我："马局长在家吗?"啊！是梅兰芳！从来人说话的细声细气的语气我作出了判断，顾不上什么礼貌不礼貌的，撒腿就往父亲的书房跑去，上气不接下气地向父亲禀报："爸爸，爸爸，梅兰芳来了！"

梅先生是来和父亲谈工作的，而我给他开门的一刹那的影像，却永远保存在我的记忆之中。

那时正赶上浙江省苏昆剧团来京演出昆剧《十五贯》，轰动京城，文化部刚刚开完第一届全国戏曲剧目工作会议。父亲又正准备导演京剧《三座山》，想着通过这出从蒙古歌剧移植改编的戏，对京剧音乐、唱腔、表演进行一次大胆的改革尝试。父亲和梅先生针对京剧艺术的改革，尤其是如何表现现代生活广泛地交换了意见。

梅兰芳早在1913年就在京剧艺术上做过大胆尝试，一个20岁左右

初露头角的青年演员，竟在最讲究传统的北京舞台上演出从来没有人演过的时装戏，真可谓是胆大包天了。梅兰芳当时在京沪两大城市先后演出了京剧时装戏《孽海波澜》《一缕麻》和《邓霞姑》，轰动一时。对于父亲排演京剧《三座山》他表示支持。

梅先生告诉父亲："我当年排时装戏的初衷是了解到戏剧前途的趋势，是跟着观众的需要和时代而变化的。我不愿站在旧圈子里边不动，再受它的拘束。我决定在新的道路上寻求发展。这是个大胆的尝试，我还是下决心放手去做了，并没有考虑它的成功与失败。"

针对《三座山》是由蒙古歌剧移植改编而来，梅先生把自己早年尝试排演《嫦娥奔月》《黛玉葬花》和《千金一笑》等古装戏的体会介绍给父亲："我喜欢研究绘画，从一些含有宗教性的中国古画里，看到古代名画家创造人物形象，往往利用衣纹的生动和飘带的凌空，来表达人物的超然性格。当时我这样想：假使我穿上画中的服装表现神话剧，一定能把剧中的人物形象表现得更生动。因此我就吸收绘画艺术中的资料来创造新的服装和化妆，用到《葬花》和《奔月》中去。为了配合新的服装和化妆，我就创造了绸舞、花镰舞、袖舞、拂尘舞、剑舞、羽舞、盘舞等舞蹈。"

梅先生的一番话，既是对父亲的鼓励和支持，也大大拓宽了父亲的思路。后来父亲在排演京剧《三座山》时，专门请了舞蹈家贾作光先生为该剧的蒙古舞蹈设计，从而在中国京剧的舞台上，首次出现了演员们身穿蒙古袍跳蒙古舞的场面。为了加深蒙古民族和草原情调，在某些场次，伴奏乐器还加上了马头琴。

"火花"情深：梅兰芳的临终馈赠

关于父亲和梅兰芳的友情和交往，有一段美丽动人的故事，十几年前曾见诸报端，现在又流传于网络，故事梗概是这样的。

梅兰芳有收藏火柴盒的爱好，其中有一只火柴盒还有一段动人的故事。1956 年 3 月，梅兰芳回江苏故乡省亲，途经扬州应邀演出时，热爱收藏火花并喜爱梅兰芳京剧表演艺术的季之光，荣幸地求见了梅先生。交谈中梅先生告诉季之光，自己是一个火花迷，每次到海外出访或在国内巡回演出都要带回一些火花精品，日积月累已拥有 3000 多枚。梅先生告诉季之光，自己有一枚卓别林亲自设计、绘制并赠送的"地球、炸弹、希特勒"的火花，颇为奇特，火花上有法西斯党魁希特勒怀抱着大地球，屁股后面有一块磷片，盒内有七根形似炸弹的火柴棒，只要火柴棒在希特勒屁股上轻轻一擦，就会"嘭"的一声先爆炸，后着火。这枚火花寓意希特勒妄图以武力征服全球，必然玩火自焚。设计幽默而又寓意深刻。梅先生看出季之光对这枚火花非常神往，便说："今后如有机会，我一定让你大饱眼福。"

1961 年 8 月 8 日梅兰芳在北京病逝。两年后的一天，父亲到扬州检查工作时，带去了令季之光朝思暮想的"地球、炸弹、希特勒"的火花，火花封面下方还有卓别林、梅兰芳两位大师的亲笔签名。父亲说："梅兰芳先生病危时，特别关照我，今后如有机会到江苏扬州，务必要将这枚火花带给季之光欣赏欣赏，我就是代表梅兰芳先生完成他的遗愿的！"季之光手抚火花，睹物思人，潸然泪下。父亲还转赠了梅兰芳遗赠给季之光的一批朝鲜火花和越南火花。

父亲有收集火花之好，梅先生临终前把自己所集珍贵火花赠送给了父亲，还有卓别林送给梅兰芳的希特勒抱地球玩火的火柴盒逸事，我都听父亲谈过，可惜这些火花在"文革"中都散失了。

父亲的特别提醒：梅兰芳要上场了！

1961 年 8 月 8 日，梅兰芳先生因病突然去世，父亲发表祭文《悼念梅兰芳先生》：

8 月 8 日凌晨，我从电话里听到梅兰芳先生逝世的消息，真好像是做梦。这样突如其来的噩耗，怎么能使我相信是事实呢？6 日下午，我还曾到医院去探视过他，他是那样安详地在那里休息着；第二天晚上，我遇到葆玥，问她的父亲当日病情如何，她告诉我比前一天去医院看望他还见好一些。相隔还不过几小时，怎么就会发生这样突然的变化呢？我不敢相信这是事实，却没有勇气自己去证实它。我请那位通知我的同志再去问问看，会不会是误传。不幸的是，几分钟后，再一次传来消息，完全证实梅兰芳先生确已离开我们与世长辞了。

……

梅兰芳先生不仅是一位卓越的表演艺术家，而且是一位具有崇高的爱国主义精神和民族气节的艺术家。他富于正义，能明辨是非，故能有所为，亦有所不为。早在 1933 年，日本帝国主义对中国进行疯狂侵略的时候，梅兰芳先生就编演了以反抗侵略为主题的《抗金兵》《生死恨》两出戏。他们的演出，对当时人民的抗战情绪，曾起了很大的鼓舞作用。在抗日战争期间，他隐居上海和香港，蓄须明志，8 年不曾登台演戏。因为没有收入，曾以鬻画勉强自给。在上海时，敌伪当局几次三番来威胁他到广播电台去清唱，他始终坚拒。抗战胜利以后，国民党为了招待美国的麦克阿瑟，曾要他到日本去演戏，他拒绝了。1946 年春，梅兰芳先生在南京作营业演出结束时，恰好马歇尔也到南京，蒋介石为要欢迎马歇尔，特别要梅兰芳再多演一场戏，他没有接受，当天就离开了南京。北平解放时，一个曾与梅兰芳先生在戏剧方面合作过 40 多年的朋友，劝梅和他一起逃往台湾，梅先生早已看到了国民党穷途末路，对于这位"老朋友"的劝告丝毫不为所动，仍坚留上海，并且在上海解放不久，京沪交通尚未完全恢复的时候，就从上海来到北京，投入到人民的怀抱。

......

有一次，梅兰芳在一个中等城市的剧场里演出《霸王别姬》，他一出台时，台下许多农民观众忽然都把他们头上扎的白毛巾摘下来，过一会儿，才又把毛巾扎在头上。当时他不知道这个动作是什么意思，一直到剧终向观众谢幕时，看见他们又不约而同地站起来把毛巾摘了，向他鞠躬还礼。这时他才明白这是他们对他表示礼貌和敬爱。他非常感动，而且受到了极大鼓舞和教育。他曾在一篇文章里说："我在戏曲生活里度过了将近 50 年的岁月，但是我最近却感到自己越来越年轻了，这种感觉是在什么时候开始的呢？是在解放以后。是谁给了我这种青春活力的呢？是新中国的劳动人民！"这确是梅兰芳先生的衷心话……

解放以来，梅兰芳先生一直有一个宏愿，要在全国各地作巡回演出。几年来，他已跑了东北、华南、华北、西北、华东的许多城市。去年冬天，他有意要去新疆进行访问演出，当时政府因新疆的冬天气候较为寒冷，深恐影响他的健康，加以劝阻。今年夏天，他旧事重提，已决定 8 月去新疆，以偿夙愿，谁知 7 月下旬他就病了。周恩来总理在他病中去探望他的时候，他还是提到因病暂时不能完成去新疆的演出计划，深以为憾，想不到这一次竟是赍志以终了。

后来，父亲又为《中国青年报》撰写纪念文章《伟大艺术家的光辉永存》；在梅先生周年纪念时，父亲又在《北京文艺》发表纪念文章

《青年演员们向梅兰芳学习什么》，为上海美术出版社出版的《梅兰芳图录》作"序"，表现出对梅兰芳先生的特殊敬仰和怀念。

父亲自幼是看梅兰芳的戏长大的，对京剧艺术及梅派艺术的研究和认识的过程，和梅兰芳都有着千丝万缕的联系，他一生都在关注梅兰芳，研究梅派艺术对京剧发展革新的影响。记得小时候，父亲带我到西单长安戏院看梅先生的戏，前面是我最爱看的武戏，叶盛章的《打瓜园》，大轴是梅兰芳的什么戏我不记得了，那时候我对文戏毫无兴趣，就像鲁迅儿时看"社戏"一样，听不懂。但是父亲在梅先生要出场时特别提醒我："梅兰芳要上场了！"那语气就好像是在企盼着一个了不起的大人物登场一样，接着他又指着台口的青衣，告诉我："这就是梅兰芳。"父亲的声调充满了钦佩、敬仰的情感，至今让我记忆犹新。

筹建梅兰芳纪念馆：父亲戏剧事业的终结

1961 年 9 月，文化部成立"梅兰芳纪念活动委员会"，齐燕铭挂帅，父亲决定脱产一年，专门负责主持筹办各项纪念活动。纪念活动项目包括：出版梅兰芳文集，发行纪念邮票，举办梅兰芳艺术生活展览，纪念演出，举办梅兰芳舞台艺术影片放映周及座谈会等 10 项。在 10 月至 12 月间，父亲邀请有关专家成立梅兰芳唱片审听小组，亲自陪同定期在中国唱片社审听并研讨梅兰芳全部唱片和录音，齐燕铭也不时参加审听，经常工作到凌晨一两点钟。父亲经过一年的努力工作，圆满地完成了梅兰芳纪念活动的各项任务。

1983 年，中宣部与国家计委批复将梅兰芳故居辟为纪念馆。12 月 31 日，文化部成立了以父亲为组长的梅兰芳纪念馆筹备组。

1984 年 1 月至 1986 年 10 月，已近耄耋之年的父亲又受文化部委托，主持筹建梅兰芳纪念馆的工作，他不顾自己前列腺癌早期病症及年迈体弱（在担任这段工作期间，父亲做了一次前列腺肿瘤切除手术），为筹建梅兰芳纪念馆竭尽心力，奉献了自己生命中最后的能量。从开始借调工作人员、建立筹备处，到清点原有的梅兰芳资料、修缮梅兰芳故居，等等，直到最后开馆典礼，这两年多中父亲克服了种种困难，颇费周折地完成了这一工作。他始终都坚持自己亲临一线，尤其是清点梅兰芳资料他都要一一过目。这些梅兰芳先生的资料多达 3 万余件，那是1961 年梅先生逝世后，周恩来总理提议修建梅兰芳纪念馆后，由其家属全部捐赠国家，建馆事宜后因"文化大革命"而搁置。

梅兰芳纪念馆现藏有数万件文物，主要是 1965 年中国戏曲研究院从梅家拉走的那批东西。当年戏研院把那批东西拉走后，便存放在东四八条戏研所楼上的仓库里，门上加了把锁，时任院办公室主任的王子丰先生一直保存着库房的钥匙，20 世纪 80 年代初退休时也没有交钥匙，整整守护了这些资料近 20 年，直到父亲和屠珍（梅兰芳的儿媳）找到他家里，说明中央已决定筹建梅兰芳纪念馆，这位老人才把钥匙放心地交给了父亲。爬楼梯对于曾患过脑血栓且年近八旬的父亲来说，是极困难的事，加之又有前列腺病变缠身，他老人家却坚持不懈地一次又一次地攀登戏研所那一级一级的阶梯，好像是在攀登他生命中最后的高峰。终于在他病逝之前，完成了他一生为戏剧事业所承办的最后一件大事。父亲心安理得了，在梅兰芳纪念馆隆重揭幕典礼时，他的生命已经进入了倒计时。

摄影家沙飞与白求恩

王　雁

　　父亲沙飞一生中最珍贵的物品有两件：一是他为鲁迅先生所拍相片的底片；一是白求恩大夫临终时赠送给他的一部柯达照相机。父亲去世后，我们将这部相机捐赠给了中国摄影家协会。

　　白求恩大夫喜欢摄影，他是带着这部柯达相机和胶卷于 1938 年 6 月由延安到晋察冀边区的。开始，白求恩无法冲卷印片。当他结识了我的父亲沙飞——人民军队的第一位专职新闻摄影记者，问题就迎刃而解了。两个"影友"的爱好、性格有很多相同之处，父亲又懂英语，两人很快就成了挚友。他俩同心协力、密切配合，拍摄了许多战地新闻照片。

　　1938 年 9 月，白求恩在山西五台县松岩口村致信正在延安的马海德大夫："……你把那些胶卷冲洗了，而且寄往加拿大，我很高兴……今后我们打算就在这里冲洗胶卷，因为我们已经从天津弄来一些照相器材，我们还有一个很出色的摄影师，将寄一些我们拍的照片给你，以供人民外交协会之用……9 月 26 日，我们举行第一次工作会议，有四个委员出席……沙同志（原《抗敌报》的编辑，现为军区司令部的摄影师）负责委员会的军事组及摄影工作。我负责英文组，并特别注意医院、卫生等方面的工作。这个委员会的名称已定为延安人民外交协会晋察冀分会。……我们计划买一架电影摄影机，为我们的军队和游击队拍摄电影。也准备拍摄一套照片，供巡回展览之用。我们非常需要一架放大机和大号的印相纸，你能在西安给我们搞到这些东西吗？……"可以看出，此时白求恩与沙飞关系相当密切，而且白求恩自愿成为八路军的一名业余摄影战士，晋察冀对外宣传报道群体中的一名执行委员，力求在支援中国人民抗战事业中多做一点贡献。白求恩大夫注重开展对敌军的宣传工作，亲自给受伤的日本战俘做手术，为康复的日本战俘照相。1938年11月2日，白求恩在常峪给晋察冀军区司令部写报告："……我于10月27日离开花墓前，为这两名战俘和林大夫等拍摄了一张合影，林大夫穿着医务人员的长罩衫，上饰红十字和八路军袖章。我本人也和他们一起照了相。建议为这两名战俘派去一日文译员，要他们写信给日本亲属，附寄上述照片。另需在印发他们的家信和照片时加以说明，作为在敌占区和对外散发的宣传品。"1939年3月4日，白求恩在冀中河间写的战地日记中，再次提到他给日军战俘动手术及照相寄家人的事："……在一个后方医院，我和两个被俘的伤员一起照过相，他们写信到日本，告诉家里人我们照顾他们的情况，信中还附着那张相片。"

白求恩不放过每一次在战地拍照的机会。1939年夏天，军区司令部驻在何家庄村。一次日本飞机来轰炸，六七架飞机轮番扫射。白求恩大夫非常气愤地咬紧牙根挥舞着拳头，狠狠地向天空比了比，用照相机把日本飞机轰炸的情形拍了下来。他在一块木板上用英文、并叫翻译用中文写几个大字："日本法西斯强盗的飞机轰炸解放区"，再把它拍摄下来，用以揭露日军侵华暴行。

沙飞在晋察冀军区专职负责新闻摄影工作，更加倍努力，开创摄影报道、对外宣传的新局面。

白求恩和沙飞都拍摄了不少晋察冀抗战、优待俘虏的照片。他们千方百计向延安、向大后方、向敌占区、向侵华日军、向国外发稿，让全中国、全世界了解中国的八路军仍在顽强地坚持抗战，并努力争取瓦解日伪军。

白求恩在晋察冀工作期间，他不光是沙飞的"影友"，而且是沙飞新闻摄影采访报道的主要对象。1939 年 1 月，在平山蛟潭庄，沙飞和罗光达举办《敌后抗日根据地——晋察冀摄影展览》。这是解放区举办的第一次摄影展，也是第一个抗战照片街头展，照片基本是沙飞拍摄的。白求恩也来观看。当白求恩看到他创建的但被日军炸毁的模范医院由沙飞留下了完整的照片资料时，非常高兴。

沙飞不仅拍摄了白求恩大夫严肃认真工作的场面，而且抓拍了作为普通人的白求恩不少富有战地生活情趣的照片：《白求恩到达边区的第一周就检查了 520 多名伤病员》《白求恩为伤病员治病》《聂荣臻司令员会见白求恩大夫》《白求恩大夫在模范医院开幕典礼讲话》《白求恩在模范医院病室为八路军伤员做手术》《白求恩和小八路》《白求恩和民兵一起站岗》《白求恩大夫工作之余以樱桃逗村中女孩》《盛夏时节在唐河游泳逐浪的白求恩》《白求恩在日光浴》……沙飞满怀激情，多方位、多角度地将真、善、美集于一身的白求恩大夫的形象永远地留了下来。

1939 年 11 月 12 日，白求恩不幸去世。沙飞悲痛万分，星夜驰马奔到于家寨向战友告别，并拍摄了白求恩的遗容。

1940 年 1 月 25 日，沙飞拍摄了白求恩追悼大会。

1940 年 6 月 26 日，沙飞拍摄了白求恩烈士墓落成典礼。

白求恩去世前夕，给聂荣臻将军写了一封长信，作为遗嘱，详告后事。当沙飞读着白求恩的遗信"……照相机给沙飞……"手捧着战友的遗物时，禁不住掉下了眼泪。他明白，战友的馈赠，是对中国抗战、对中国摄影事业的支持。他特别珍爱这部相机，一直随身携带，精心保护。沙飞用这部相机拍摄了中国人民抗战的大量珍贵历史画面，用它培育了中国新一代的摄影记者。

1940年11月在白求恩逝世一周年之际，沙飞在唐县军城筹划举办了"纪念我们的国际朋友白求恩摄影展览"。展出了沙飞、吴印咸、罗光达等人拍摄的白求恩活动照片50幅，还展出了白求恩的摄影遗作28幅。沙飞用白求恩遗赠的相机拍摄了这次影展的实况。

1942年7月7日，沙飞及其战友创办的《晋察冀画报》创刊号出版。这是抗战期间，在中国解放区出版的第一本以摄影作品为主、配有中英文说明的新型画报，向国内外公开发行。在这期间，由于时间紧，任务重，生活又艰苦，沙飞累得吐了血。放照片时，用的就是白求恩大夫送给沙飞的放大机。因无电源，沙飞把它改成日光放大机。每放大一张相片，几乎要用一个小时。在创刊号上，沙飞精心组稿编排，刊出了一组《纪念国际反法西斯伟大战士诺尔曼·白求恩博士》的专题摄影报道，表达了中国人民对白求恩的缅怀之情，也表达了沙飞对战友深切的怀念。

1943年12月9日，日军包围阜平柏崖村。沙飞为保护底片，在突围中负重伤，双脚几乎致残。在白求恩国际和平医院医生的精心治疗护理下，终于保住了双脚。

1945年4月30日，沙飞在他主办的《晋察冀画报》第8期上又出了一组专刊——白求恩国际和平医院。10幅照片全部是沙飞负伤住院期间拍摄的。组照有内科、牙科、外科手术、为美军飞行员治疗、为百姓战士看病，反映了白求恩创建的医院的概况。

1948 年 5 月，沙飞病重住在石家庄白求恩国际和平医院……

1950 年 3 月 4 日，沙飞走完了人生最后的旅程。白求恩赠送的这部柯达相机一直伴随沙飞到生命的终点。沙飞去世后葬在了白求恩和平医院的墓地。与白求恩墓所在地——石家庄华北军区烈士陵园只有一墙之隔。两个老战友都长眠在他们战斗过的晋察冀这块热土上。

我与国际友人傅莱结深情

——

洛 林

抗日战争时期，我在华北根据地结识了国际友人、白求恩医院的傅莱（奥地利人）大夫，他是我永远不能忘记的救命恩人。

记得 1942 年，我们晋察冀第四分区机关干部来到唐县的"白校"——白求恩医院检查身体。当时白求恩医院的医疗设备非常缺乏，利用老百姓浇地的水渠驱动一台小小的发电机，并在水渠上架一间只容两人的小黑屋，装上一台小型 X 光透视机，便用来给干部战士们进行肺部检查。我们觉得这个小屋很奇特，而且管透视的还是两位外国人，真新鲜！

人们七嘴八舌地议论着，一个个地进去又出来。就在大家都检查完准备归队时，忽然一位医务人员把一封信交给我，并嘱咐："请把信交给你们单位的领导！"我心里非常奇怪："为什么只给我信，还要交领导？难道是因为我有肺病？"回想几年的艰苦生活，我的精神状态一直很好，唯有在每年春天要吐一阵子血，可因为年轻，自己从没当回事。当天拿着这封信，心里顿感忐忑不安，忍不住偷偷拆开……这一看可不得了，我痛哭起来！原来信中写道："这个孩子只能再活半年左右，但她还年轻，而且只有一个肺长了肺结核，另一个肺是好的，正符合我们做'人工气胸'试验的条件。希望见信后，送她来白求恩医院进行治疗……""人工气胸"是什么？只能再活半年了！去做试验？我不禁神魂颠倒，茫然若失。同志们的劝慰，我一概不听："不去！不去！就是不去！"把人家都顶了回去。

后来，党委书记来开导我："组织上是为了爱护你，才决定叫你去治病，你怎么能认为可以不去呢？"

"他们凭什么拿我去做试验？他们安的什么心？"我心中的郁结一下子发泄出来。

"哎哟！同志！你怎么可以这样想呢？组织上爱护你还爱护不过来，怎么能拿你乱做试验害死你呢？你难道相信党领导下的医院往死了治人？"

经过领导的反复劝说，我渐渐想通些了："去就去，万一能治好呢！"

在白求恩医院，我又见到了给我们作透视的那两位外国医生（另一位是柯棣华大夫，印度人）。由于傅莱大夫直接负责给我治疗，而且他的中国话说得比柯棣华大夫好些，所以后来我和傅莱大夫比较熟悉。

见我既不懂什么叫"人工气胸疗法"，更不懂什么科学试验，思想上很紧张，傅莱大夫一方面耐心地讲解治疗肺病的重要性；什么叫"人工气胸疗法"；另一方面亲自带我去试验室参观。

这是一间普通的民房，报纸把土墙壁及顶棚糊得严严实实；墙上挂着大大小小十几个酒瓶，瓶子间用一根皮管子相连，每个瓶子里灌有半瓶白开水。治疗时，用气筒从第一个瓶子打进空气，空气流经十几个酒瓶过滤消毒，而后通过注射器进入病人的胸腔，令有病的肺完全休息，以达到治疗肺结核的目的。这种"人工气胸疗法"在大城市医院很常见，只不过当时根据地条件艰苦，既没有纯氧气，也没有相应的设备，两位国际友人于是创造出用打气筒、酒瓶子的土办法来替代，我刚好"当选"为第一个试验者。

我躺在手术台上，傅莱大夫一边为我做手术治疗，一边仍耐心地对我说明"人工气胸疗法"的好处。我没打麻药很清醒，就见傅莱大夫用小刀将我右胸下部划破，然后举着针管安慰道："这针只有火柴一样粗细，扎入胸腔并不很痛……"我宽心了许多，果然往胸腔里打气没什么感觉，几分钟后停气拔针，很快竟完事了！我不由得赞叹傅莱大夫的医术。

回到简陋病房，我又意外地发现，我的床上挂了一副蚊帐！要知道，这东西在根据地十分少见，不仅老百姓没有，就连相当级别的首长也享受不到。成天行军打仗，哪有蚊帐可挂？后来，一位中国医生告诉我："由于在胸部打入气以后，你的一叶肺被压平了，停止了呼吸，翻身起床都会有困难。傅莱大夫怕你被蚊虫叮咬难受，便将自己的蚊帐拿来了。为了使你更快地恢复健康，他还嘱咐把自己每天喝的羊奶也拿来给你，在咱们整个晋察冀边区，恐怕只有他和柯棣华这两位国际友人才有蚊帐和每天喝羊奶的待遇，你可要珍惜啊！"我一时哽咽了……

记得傅莱大夫每天来看我两次，十分关心我的睡眠和饮食，有一次他还把听诊器交给我，教我听听自己的肺，并亲切地告诉我："有病的肺长时间休息，病就好得快。"

享受这样的"超级待遇"，又有非常细心的照料，我的确恢复得不错。可恰在这时，日军的扫荡开始了，医院把我送入一座很大很高的大山，托付给那里的老乡。两个多月后，我终于耐不住寂寞，告别老乡下山去找自己的战友。当时，根本无法与傅莱大夫打个招呼。

谁知1943年的一天，领导忽然通知我，要我马上来见傅莱大夫。我十分惊讶地了解到，他一直在找我，并对我这个"试验人"的病情十分关心，这次赴延安途中，终于打听到了我。他一见到我青春满面、健康活泼自然十分高兴，但还免不了开玩笑般地批评我："为什么不把自己的病情告知我（他也知道，当时的环境下我根本不可能联系到他们）。"我们聊得好快活，只可惜手头没有仪器，无法对我作进一步检查。

1946 年，机会来了。在张家口的大街上，我又碰上了傅莱大夫！他十分热情地把我请到和平医院。透视完后，他一本正经地问我："结婚了没有？"我紧张地回答："还没有！"他又问："有对象了吗？"我惶恐而羞涩地点点头。他突然笑着说："赶快结婚吧，你的病已经好了！"原来，他在跟我开玩笑……

与傅莱大夫交往渐多，是中华人民共和国成立以后的事了。大约是1965 年的一天，他来我家探望（当时我在中央党校工作，因感心脏不适正在家养病）。奇怪的是，他作为大夫，对我的心脏并不关注，反倒问我："听说你们中央党校在批判什么'合二而一'？"看来，他对当时思想理论界针对杨献珍（中央党校副校长）等的批判已有所闻。

我回答："是啊！"

"你是不是也受批判了？"

我点点头，说："我自然也被批了，因为没有写什么文章，只是被戴了一顶'杨献珍安排在新疆班的钉子'，被批了一阵子。可惜，没有材料，乱批了一阵也就不了了之。"

听了我的话，他认真地说："看来，你的心脏病可能是因为受了点批判，精神状态不好，是闹情绪吧？"接着又说："可不能闹情绪就不上班啊！"听了傅莱的话，我有苦难言，心里越发委屈，不觉眼泪掉了下来。

傅莱见我哭了，感到不好意思，忙说："我不了解情况，可能说得不对。如果你真的有病，我负责给你彻底检查。"于是，他带我到协和医院整整检查了一个星期，结果心电图正常。尽管如此，傅莱并不再责备我，只叫我好好休息，似乎理解了我的冤屈。

"文化大革命"开始后，由于局势动荡，我们相见少了。大家偶聚在一起，非常难得，自然会互相谈到自己的遭遇，并对当时的形势坦诚地交换意见。尽管傅莱是个地道的外国人，但他和我们对"四人帮"的看法一样，对江青等人的胡作非为也极其愤慨。言谈之间令人感到他已经不只是我的救命医生了，他的许多观感和老干部们十分接近，在许多问题上和我们有着共同的感受和共同的语言。

打倒"四人帮"以后，由于各自工作调动和搬家，我与傅莱大夫失去了联系，但我和我们全家都常常惦念着他，托人四处打听其下落。直到 2002 年，终于寻问到他家的地址及电话。

得知他病倒了，住在北京协和医院，我这个近 80 岁的老太婆拐着两条腿，急急赶去看他。他虽自己病着，却十分关心我离休后的生活。他问我："你把你受康生迫害，以及康生企图陷害周总理的事写出来了没有？"我惊讶他居然还记得这件事！那是几十年前"四人帮"还未打倒时，我曾对他讲过的事情。

我告诉他，离休后写了一些东西。有关康生的罪行，我早已经写下材料，并上送党中央了。另外我还告诉他："我在回忆中，有一段还写了你给我治疗肺结核的事。"他听了以后，很兴奋地说："你把它给我看看，行吗？"我爽快地答应了。

在我的回忆录中，虽然写我和傅莱大夫的个人来往只是其中的一小段，但却溢满着我对傅莱大夫的感激与敬佩之情。傅莱大夫不仅加入了中国籍，与中国人结了婚，而且参加了中国共产党。他已经是一位名副其实的中华民族中的一员，中国就是他的第二故乡。傅莱在我的心目中，是个奥地利人，但他更是中国的亲人！

四十年的友谊

叶 华①

一

1940 年初我同埃米在西安相聚。他从延安来，我带着 2 岁的儿子莱昂从斯德哥尔摩经过苏联、乌鲁木齐、兰州来到西安。我们到达八路军司令部的时间几乎相同，埃米在我之前一个半小时到达那里。就那时的旅行条件而言，真是令人难以置信的准时。10 月中旬，我们乘坐八路军的卡车到达延安。

我们到后不久，一天下午，我把一个木桶拿出来放在窑洞前的空地上，给莱昂洗澡时，有两个人沿着山路向我们走来。男的 30 岁左右，浅灰色的头发，东方型的容貌；在他旁边的女性非常年轻漂亮。他们是我们在延安的第一批客人——美国医生乔治·哈特姆（他起的中文名字是马海德）和他的中国妻子周苏菲。他们俩对我们在晚秋里露天洗澡感

---

① 叶华，原籍德国，1935 年 8 月加入苏联籍，与诗人肖三（即文中的"埃米"）结成伉俪。1964 年 10 月又加入中国籍，在新华社摄影部工作。后为全国政协委员、摄影家。

到震惊。我朝他们笑，他们俩和我一起笑起来。这种笑声建立了我们的友谊。

我们当时住在埃米领导的文化工作者俱乐部。俱乐部以及我们住的地方都是挖进山里的窑洞，四周是个大广场。除了演讲、展览等许多文化活动之外，星期六晚上埃米组织的"舞会"，这对斯巴达式的延安来说是相当新奇的。这些舞会受到许多人的欢迎，不只是年轻人经常参加舞会，延安的精英们也参加。老马（尽管别的朋友叫他乔治，而我叫他海德）和苏菲是我们的常客。看到他们一起在月光下翩翩起舞，令人高兴。

不久，埃米和我搬了家，成为老马的邻居。我们住在较低的三个窑洞里，前面有一大块空地。我同莱昂住的窑洞铺着平滑的木板，埃米的窑洞用作卧室、书房，同时还是"餐厅"兼"洗澡间"，但地上只是泥土夯实的。在我们上面的窑洞里住着马海德、苏菲和印度医生巴苏。苏菲曾是上海的女演员，后来她在日本侵略者到达上海之前不得不逃走，并同其他年轻的中国人一起在不同的城市做地下工作，直到1939年和德国医生汉斯·米勒及其他许多人一道离开重庆来到延安。米勒医生到前线去了，苏菲留在延安，1940年3月她同马海德结婚。她是鲁迅文学艺术学院的学生，只在周末回家。她学识广博、性格和蔼可亲，并有优雅的外貌。苏菲还是我一生中遇到的最好的家庭主妇，在延安原始、简朴的生活条件下，不可思议的是她能做出最好的精美食物，如肉、果饯和各种蔬菜，每一种都有不同的好味道。此外，她还能织补衣服。

老马1933年来上海，1936年同埃德加·斯诺一起来到延安。马海德在延安做了多年他非常热爱的医务工作。他能讲一口流利的中国话，他质朴、开朗、乐于助人的性格，使大家都乐于接近他。老马本身虽是一个外国人，却帮助我习惯在延安的生活。他和巴苏医生帮我复习我在学校学的英语。夏天，我们一起在小河里游泳。在漫长的冬季的夜晚，我们三人有时坐在老马的窑洞里品尝一杯珍贵的咖啡，议论上帝、世界各地风情、延安过去和现在的生活，以及在前线和遥远的国外发生的事情。未定的前途也常常是我们讨论的问题。那时，我们当中没有人梦想几十年后有那么一天我们会聚集在解放了的北京……

1941 年 12 月 8 日晚上，我坐在熟睡的小莱昂床边，小油灯发出微弱的亮光（蜡烛是前所未闻的奢侈品），我正在编织小孩的内衣。这是我从苏菲那里学来的技术。老马和巴苏来看我，当他们发现我正要分娩第二个孩子时，立刻给予帮助。但在两个年轻医生朋友面前，我觉得有点不好意思，并要求他们给我派个助产护士来。很快，一个活泼年轻姓李的女医生露面了，并帮助我的窑洞的儿子维克特来到这个世界上。这是 1941 年 12 月 9 日凌晨 1 点钟。这天早晨，老马和巴苏医生来向我祝贺，祝贺我的小家伙降生，并向摇篮里的小乖乖喊叫。

自从我没有奶了，我就用从斯德哥尔摩学来的知识人工喂养维蒂亚。当然我的知识不得不适应延安的条件，但我做得很成功。后来我经常被请去帮助解决喂养新生婴儿的问题。甚至在我怀孕之前和在此期间，经常有托儿所和幼儿园的人向我请教喂养和教育的问题。在这项新的活动基础上，在老马和米勒医生从前线回来的同时，他们为我在综合诊所建立了咨询部。因为这在延安是完全新的、不习惯的事情，二位医生将所有母亲喂养的难题留给了我来解决，而他们本人照顾真正有病的婴儿。我同时还学习中文，以便没有翻译时能够工作。在延安的那些年是我一生中唯一不忠实我真正的专业——摄影工作的时期。今天我会说："真遗憾啊！"

那些年延安正在进行毛泽东发动的大生产运动。每个人都参加，通过开展大生产运动使国民党的经济封锁失败了。男人和女人都参加了生产活动：纺纱织毛线，缝制夏、冬季穿用的外衣，生产著名的草鞋、军民用的棉鞋和布鞋。每个人，包括我们自己、老马和苏菲在住处前每一块可以利用的空地上种植蔬菜。我们吃的土豆、南瓜、西红柿、黄瓜、辣椒和其他蔬菜都是自己种植的。我还向苏菲学习把这些鲜菜腌制起来以备过冬。就这样，人们吃得饱、穿得暖，使国民党感到很震惊。

1942 年，巴苏大夫回到他的故乡印度，老马和苏菲搬到离我们较远的地方，我们彼此相见的机会很少。1943 年年底我没有深入考虑，带着两个小孩离开延安。我没有充分认识到国民党和共产党之间的敌意。尽管有正式的统一战线，敌对仍是主要的。我没有想到激烈的第二次世界大战。我只是收拾完东西离开，认为是一个"短暂时期"，但结果却是长长的五年。我同国民党军官乘坐国民党的卡车，国民党军官作为我们的同伴并没有把我们送到事先商定的西安八路军司令部，而是把我们交给国民党的总参谋部，并在那里被当成俘虏关了几个星期。当我们最终获释时，我们不能够回到延安。环境迫使我离开中国，当时我唯一的出路是去苏联。苏联正进行反对希特勒法西斯的战争。在那些艰苦的年代，我经常想，如果老马在我的身边，他一定会知道如何阻止我这次愚蠢的跋涉。在许多年之后，我才知道老马和苏菲唯一的儿子幼马在我离开那天——1943 年 11 月 22 日出生。

二

我和孩子在哈萨克住了几年，那里是许多从莫斯科疏散来的人的避难地。只有在战争结束的最后一段时间，我们才获准去莫斯科旅行。在北平解放以后的 1949 年 4 月，我在莫斯科再次见到了埃米。长时间的分离使我们彼此之间非常亲密，我们内心知道我们永远不会分离。1949 年 7 月他把我和小孩带回到解放了的北平。

那个夏天，我同孩子是在大连海上度过的。当我们 11 月到达北京，第一批欢迎我们的有米勒医生和老马、苏菲及他们 7 岁的儿子幼马。他继承了他父亲的大黑眼睛和长睫毛。我们相互间的友好感情一点也没有变化。又是老马帮助我习惯了在新中国的生活，了解这个国家和中国人民。1950 年我开始做一个摄影记者，以后成为一个电影工作者（我的照片和影片大多在国外刊登）。无论什么时候，我向老马请教问题，他都耐心地讲解中国共产党的政策，使我明白我的错误，并经常指出我对同事和领导的错误看法。

他能做到这些是因为他扎根于中国人民中间。他的医学工作硕果累累。在过去的几十年里，他培养了数千名的赤脚医生。在最边远的地区，他年复一年地同皮肤病和性病作斗争。常常是在极端困难的条件下，同各种医疗队一起工作。他把中国人民的事业当作他自己的事业——把他们从许多可怕的疾病中解放出来。我非常了解这一点。这就是为什么我总是从心里听从他的劝告并努力效仿他的原因。

1957 年，巴苏大夫同他的妻子英迪拉来到北京。我们已经 15 年没有见面了。经过这么长的时间，我连做梦都不敢想的事终于成为现实——老马、苏菲、埃米和我、巴苏以及他的妻子，又相聚在解放了的北京。我们一起回忆了过去难忘的岁月。

老马在中国和外国人中间有许多朋友，但他最亲密的朋友是路易·艾黎、汉斯·米勒大夫。汉斯·米勒的妻子和孩子是 20 世纪 60 年代初从沈阳迁到北京的。他们三人的友谊基础是对中国的热爱、对中国革命、中国的解放和新中国的建设的无私的贡献。我是在新中国成立后才认识路易·艾黎的，但我为能成为他们的朋友感到荣幸。

三

1966 年至 1976 年，暴风雨的乌云笼罩着中国从前多么晴朗的上空。马海德、苏菲、米勒医生、埃米和我都不得不忍受"四人帮"这些法西斯分子的专政。每个人都在以他自己的方式忍受着。埃米和我被关进监狱，分别 7 年之久。尽管我们仍在一个城市，但我们有 12 年不能看望我们的朋友。在这长长的 12 年里，我没有一分钟不相信真理一定会胜利。

1979 年 8 月初，我们——老马、苏菲和我再次在北戴河相聚。我们互相拥抱、亲吻，没有说话，眼里含着泪。"四人帮"没能破坏我们的友谊。

老马经受了三次大的手术，有两次他曾认为他已经完了。汉斯·米勒建议的第三次手术挽救了他的生命。当我们相见的时候，老马的腹部还有三个洞没有愈合。他用橡皮膏贴上它们，每天像鱼一样在海水里游泳。我知道他培养了几批要消灭麻风病的中国医生，老马是卫生部的顾问。

在北戴河，我每天早晨 6 点钟来到海滨，老马都已经开始锻炼了。大海在我们的脚下，海面只有微弱的波浪，或者波平如镜，中国的天空再次晴朗明媚。真理胜利了！我们两个站在那里，他是美国人，我是德国人，不年轻了。但我们的心是非常年轻的，我们与中国人民休戚与共。痛苦已经过去，只有欢乐和坚定的信念。我们将把我们所有的力量献给中国的光辉未来。

（周爱国根据香港 1981 年第 4 期英文版《大公报》译）

图书在版编目（CIP）数据

知音旧唱片／刘未鸣主编 . — 北京：
中国文史出版社，2018.9
（纵横精华 . 第二辑：历史的侧影）
ISBN 978 - 7 - 5205 - 0873 - 5

Ⅰ . ①知… Ⅱ . ①刘… Ⅲ . ①历史人物—生平事迹—
中国—近现代 Ⅳ . ①K820.5

中国版本图书馆 CIP 数据核字（2018）第 268169 号

责任编辑：金硕　胡福星

出版发行：**中国文史出版社**

社　　址：北京市海淀区西八里庄 69 号院　　邮编：100142

电　　话：010 - 81136606　81136602　81136603（发行部）

传　　真：010 - 81136655

印　　装：廊坊市海涛印刷有限公司

经　　销：全国新华书店

开　　本：787 × 1092　1/16

印　　张：16.5

字　　数：205 千字

版　　次：2019 年 2 月北京第 1 版

印　　次：2019 年 2 月第 2 次印刷

定　　价：52.00 元